Anselm Grün y otros

Sigue
tu propio camino

con la frente alta

Grupo Editorial Lumen
Buenos Aires - México

Colección **Biblioteca Anselm Grün**

Coordinación gráfica y diseño: Lorenzo D. Ficarelli
Título original: *Aufrichtig den eigenen Weg gehen. Ein Mutamcher aus dem Kloster*
© 2005 by Vier-Turme GmbH – Verlag Münsterschwarzach

Sigue tu propio camino : con la frente alta / Anselm Grün... [et.al.]. - 1.ª ed.
Buenos Aires : Lumen, 2006.
280 p. ; 22x15 cm.

Traducido por: Sergio Acosta

ISBN 987-00-0636-1

1. Espiritualidad. I. Sergio Acosta, trad.
CDD 248

2.ª reimpresión

ISBN 10: 987-00-0636-1

ISBN 13: 987-978-00-0636-7

Grupo Editorial Lumen
Viamonte 1674, (C1055ABF) Buenos Aires, República Argentina
4373-1414 (líneas rotativas) Fax (54-11) 4375-0453
E-mail: editorial@lumen.com.ar
http://www.lumen.com.ar

Se terminó de imprimir en el mes de mayo de 2009 en el Establecimiento Gráfico LIBRIS S. R. L.
MENDOZA 1523 • (B1824FJI) LANÚS OESTE • BUENOS AIRES • REPÚBLICA ARGENTINA

PRÓLOGO

Típicos de los monasterios son los corredores largos y luminosos. Quien los transita, no sólo transita sino que recorre un camino. Espacio libre sobre él, espacio libre a su alrededor… y cuando ingresa al templo, es tanto el espacio que encuentra, que tiene la sensación de poder erguirse a su gusto.

Ése es el sentido de los monasterios. Al menos cinco veces al día, los monjes ingresan al templo, se inclinan ante Dios y vuelven a erguirse. ¡Cuántas cosas oprimen y afligen al ser humano! Preocupaciones cotidianas, preocupaciones por el prójimo, problemas en el trabajo y la familia. Nos vamos encorvando progresivamente porque aumenta la presión en el mercado laboral y en la sociedad, porque la inseguridad y el miedo estrechan la mirada.

Por eso cada vez hay más gente que hace como los monjes: volver a erguirse dirigiendo la mirada a lo esencial, a Dios. Recobran la confianza en sí mismos y ante la vida. De ese modo se reorientan con rapidez en un mundo que cambia vertiginosamente. Prefieren poner su corazón en lo permanente y no en lo efímero. Ya no tienen que encorvarse: ahora pueden erguirse.

La editorial Vier Türme, editorial de los monjes benedictinos de Münsterschwarzach, quiere servir precisamente a ese fin. Con motivo de celebrar sus cincuenta años de existencia, presenta esta colección de textos escogidos. Más de la mitad de los autores son religiosos. Todos ellos procuran compartir con otros sus experiencias.

El camino hacia una vida recta, "erguida", comienza con una cabal percepción de sí mismo. Ésa fue la experiencia de los Padres del desierto. Si me digo "sí" a mí mismo tal como soy, estaré ya muy cerca de Dios, quien me dice "sí" incondicionalmente. En un primer momento, el autoconocimiento puede ser algo doloroso y desagradable. Los monjes lo sabían, por eso se reunían en comunidades ya desde época temprana. Porque el prójimo con el cual comparto la vida me refleja, sin miramientos, cómo soy yo. Por otra parte, donde haya dos o tres reunidos, el cristiano puede sentirse rodeado por su Dios. Sea como fuere, el ejercicio de la convivencia sincera y alegre seguirá siendo una tarea hasta el fin.

En este camino hallaré a quien mi alma busca siempre. De pronto estará ante mí, quizás justamente cuando no contaba con Él. Pero no podré aferrar al Amado de mi alma: la búsqueda ha de continuar. Sí puedo proseguir ejercitándome en vivir en su presencia, en la cual nos movemos y somos. Aprender a hablar con Él, eso que llamamos "orar". Y si permanezco en el camino el tiempo suficiente, aprenderé incluso la oración sin palabras, la contemplación.

Las oraciones de los monjes son siempre breves. El camino desde el templo al refectorio es tan alegre y edificante como el que lleva hasta el templo. Luego del *"Ora"* viene siempre el *"Labora"*, el trabajo. Lo que hemos experimentado en la iglesia tiene que demostrar su bondad en la vida cotidiana. Jesús no se quedó en el Monte de las Bienaventuranzas. Ahora hay que asumir las realidades aparentemente bajas de la vida cotidiana, de la familia, de la profesión. Pero en el camino hay algo que ha cambiado. SUS huellas se encuentran por todas partes. Y en ellas me encuentro a mí mismo.

P. Dr. Mauritius Wilde OSB
Director de la editorial

Sigue tu propio camino con la frente alta, en el trato con uno mismo

Allí donde está nuestra flaqueza, allí radica también nuestra fortaleza

Johanna Domek

En todo ser humano existen diferentes fuerzas e inclinaciones. En general se puede decir que allí donde está nuestra flaqueza, allí también está la fortaleza. Y viceversa: allí donde reside nuestra fortaleza, allí también está la flaqueza. Y en este punto se cometen los pecados más frecuentes. Alguien dijo que pecamos siempre en el área de nuestros mejores talentos.[1] Ambas cosas están indisolublemente entrelazadas: la percepción de nuestros pecados y la percepción de los talentos recibidos.

Es oportuno meditar sobre el pecado, porque al hacerlo descubrimos nuestra gran precariedad ante Dios, nuestro vacío y pobreza, y ello aumentará el anhelo de Dios, así como a veces en días oscuros anhelamos la cálida luz del sol. Pero ahora queremos reflexionar juntos sobre la otra parte, sobre los talentos. Lo dicho se pone particularmente de manifiesto en los santos con sus caracteres tan marcados. Contemplemos, por ejemplo, a los príncipes de los apóstoles, Pedro y Pablo.

Pedro se anticipa a todo, es espontáneo e irreflexivo... y justamente él es puesto por Jesús al servicio de la primera comunidad cristiana. Algunas veces vaciló en ese servicio, por ejemplo, cuando se trató sobre la forma de incorporar a los no judíos a la comunidad cristiana proveniente del judaísmo (Ga 2, 11 s.). Pero en él siguieron siendo predominantes y fuertes su espontaneidad, su prontitud para seguir a

---

[1] M. y D. Linn, *Beschädigtes Leben heilen. Was Gebet und Gemeinschaft helfen können* (Curar la vida lesionada. La ayuda que ofrece la oración y la comunidad), Graz, 1984, pág. 171.

Cristo en el camino hacia una tierra nueva, para animarse a cosas totalmente nuevas en alas del amor de Dios. Pensamos en el sueño de Pedro en Joppe, y cómo siguió a los hombres enviados por el centurión Cornelio (Hch 10, 9-23). Por otro lado, Pedro peca por su carácter atrevido, y no sólo hasta la muerte en cruz de Jesús, sino también más tarde. Hay que tomar en cuenta ambas cosas: fortaleza y flaqueza. O aceptamos a Pedro tal como es o bien nos decimos: "Si realmente es así, tan atrevido que me crispa los nervios, más vale entonces mantenerlo a distancia." Pero con el transcurso de la historia acabamos aceptando a este Pedro tal como es, y lo llamamos san Pedro. (¿Qué pasaría si san Pedro viviera hoy en nuestro monasterio?) También nosotros hemos de aceptarnos a nosotros mismos y aceptar a las personas que nos rodean tal cual ellas son. Y lo mismo deseamos que los demás hagan con nosotros.

Contemplemos ahora a Pablo, a quien, entre tanto, hemos pasado a considerar santo. Pablo tenía una fuerza que a veces resultaba terrible. Una misma fuerza lo impulsó primero a perseguir fanáticamente a la joven comunidad cristiana y, más tarde, a anunciar el Evangelio en muchas ciudades y regiones, hasta llegar a Roma. Su culpa y su mérito proceden de la misma fuente. En la medida en que Pablo permitió que la culpa del pasado fuera curada por Cristo y puesta a Su servicio, ella se convirtió en fuente de dones. Luego de su conversión en el camino a Damasco, Pablo tampoco fue un hombre sencillo y pacífico con el cual se podía tratar fácilmente. Recordemos que al regresar a Jerusalén sólo gradualmente fue aceptado por la comunidad de los discípulos. Pablo generó tal agitación en la naciente comunidad (por sus discusiones con los helenistas) que fue enviado a Cesarea y, de allí, de nuevo a Tarso (Hch 9, 28 ss.). Más tarde Bernabé fue a buscarlo allí y lo llevó a Antioquía (Hch 11, 25 s.). No era fácil tratar con Pablo. Pero la tensión que existía en él lo impulsó también a seguir caminando, a llevar el Evangelio a los paganos. Ambas cosas van juntas, fortaleza y flaqueza. No podemos tomar sólo una mitad. ¡Qué pobres seríamos sin hombres como Pablo!

Algo similar ocurre con los talentos que Dios nos regala. Contemplémoslos con realismo y humildad. La persona sensible suele ser también una persona susceptible. Quien aborda las tareas con fuerza suele hacerlo a veces con rudeza. Quien tiene un fino sentido para la justicia en el mundo, rápidamente puede convertirse en una persona hipercrítica y gruñona. Quien tiene el don de la palabra es capaz de construir comunidad, pero, dado el caso, también de acaparar el diálogo e impedir que personas más tímidas se expresen. Quien tiene visión de conjunto y es buen organizador, se entromete fácilmente en los asuntos de los demás. Las fortalezas y flaquezas constituyen las dos caras de una misma moneda. ¿Qué hacer entonces?

Creo que deberíamos comenzar por aceptar y asumir nuestros lados fuertes y débiles como una madre abraza los hijos que le dio Dios (en nuestro caso se trata de mellizos); hijos que necesitan la atención y ternura de la madre justamente cuando hay algo malo o doloroso. Empecemos, pues, por aceptarnos a nosotros mismos. Con calma, con mucha sinceridad y autoconocimiento llamemos fortaleza a la fortaleza y debilidad a la debilidad. Habremos de alegrarnos y de padecer por ello. Y luego tomaremos todo en brazos (como una madre a sus hijos) y se lo ofreceremos y regalaremos a Dios. Le haremos ofrenda de nuestras fortalezas y flaquezas, para que las bendiga tal como bendijo a los hijos de aquellas madres del Evangelio. Justamente los hijos más problemáticos necesitan más de la bendición; justamente en nuestros puntos más débiles necesitamos que el Señor nos cure y bendiga. Seamos en este sentido insistentes como las madres del Evangelio (Lc 18, 15 ss.). Creo que deberíamos hacer ofrenda de todo lo que está herido, de todo lo malo que haya en nosotros. Y hacerlo con mucha más frecuencia. Y cuando nos hayamos aceptado nuevamente y llevado hacia Cristo, cuando nos hayamos confiado a él, intentaremos aceptar y llevar a los demás hacia Cristo. Porque sabremos cómo se siente el ser humano en su miseria y necesidad. En realidad, no debería costarnos tanto comprender a los demás, porque ellos deben sobrellevarse a sí mismos igual que debemos hacerlo nosotros con nosotros mismos.

A eso se refiere san Benito en el capítulo 72 de su Regla, cuando habla del "celo bueno que los monjes deben tener". En su regla cita dos veces un versículo de la Carta a los Romanos (Rm 12, 10): "Estimando en más cada uno a los otros": en el cap. 63, "El orden en la comunidad" y aquí, en el cap. 72. Es notable cómo continúa san Benito en este punto donde habla de la mutua estima. Dice: "Tolérense pacientísimamente sus flaquezas así corporales como morales" (Regla de san Benito, 72, 5). Estima no sólo cuando nosotros u otros descuellan, sino que también estima del otro cuando en él se revelen los lados flacos. Sobrellevar, llevar, como lo hicieran aquellos amigos que llevaron al paralítico hacia Cristo sobre una camilla (Lc 5, 19). Cada uno de nosotros necesita amigos de esa índole y puede ser realmente un amigo tal. Llevémonos unos a otros hacia Cristo.

Oremos, cada uno, esta noche, por otro hermano con el cual quizás compartimos algo hermoso, o con el cual tuvimos un altercado o en quien hoy no reparamos en absoluto. Intentémoslo, tomémonos al menos cinco minutos... Y llevemos hacia Cristo a toda la gente que hoy encontramos, a cada una de sus flaquezas y fortalezas, con una actitud de agradecimiento y de súplica. Y tengamos plena confianza, ya que sabemos que justamente allí donde están las flaquezas de una persona, allí también están (a veces escondidas y no descubiertas) las fortalezas. Si Cristo toca, bautiza, bendice y toma a su servicio esos aspectos que no queremos ocultarle, con ellos podrá hacerse algo magnífico. Contemplemos a los santos... ¿Por qué Dios no podría obrar así en nuestro caso?

Oremos unos por otros, llevémonos unos a otros hacia Jesús, como una madre lleva a sus hijos, como los amigos llevaron al paralítico, como un hermano lleva a sus hermanos.

Dígase "sí"

Reinhard Abeln, Anton Kner

❖ *Las flaquezas son parte de la esencia del ser humano*

"Te animas a dar tu `sí´, y encuentras un sentido; repites tu `sí´ y todo cobra sentido. Si todo tiene sentido, ¡cuán distinta será entonces tu vida!" Estas palabras de Dag Hammarskjöld (1905-1961), ex Secretario General de la ONU, nos permiten ver qué es en definitiva lo importante en la vida humana:

Con la palabrita "sí" puede resumirse todo lo que hace que un hombre sea hombre. Es la más corta de la lengua (alemana), expresa concretamente en qué consiste el ser del hombre y qué es aquello por lo cual debería empeñarse con todas sus fuerzas.

Bernhard Rieger, obispo auxiliar de la diócesis de Rottenburgo-Stuttgart, escribe: "Muchas personas no pueden decir sí, ni a sí mismas, ni a nuestro mundo, ni tampoco a Dios. Están urgidas por cuestiones abrumadoras: Incertidumbre, duda, contradicción, protesta, miedo. Sus labios están más prontos a decir no que a decir sí. Por eso necesitamos hombres que con su vida nos den ejemplo del sí, que den testimonio de la esperanza que los colma."

Hay un sí que es particularmente importante en la vida: el sí a uno mismo. ¿Qué significa ese sí?

"Sí" significa que así es la realidad. No la niego. Soy de tal y cual manera. He hecho tales y cuales cosas. No quiero disimular nada. Las admito.

"Sí" significa hacerme cargo de mis faltas, de mis torpezas, no negarlas, no engañarme ni a mí ni a los demás.

"Sí" significa asumir mi enfermedad. Pongo y muestro las cartas sobre el tapete y abrazo mi condición de enfermo.

"Sí" significa, por lo tanto, que reconozco algo, que admito algo, ante mí y ante los demás. Que ello resulte y cómo resulte depende de la sinceridad, mejor dicho, de la humildad que sea capaz de poner en práctica. Naturalmente a los 70 años ya no puedo hacer cosas que a los 40 hacía con suma facilidad.

Pero no basta. "Sí" significa también *desembuchar*: hablaré sobre lo que me motiva, oprime, preocupa. El refranero popular dice: "La procesión va por dentro." Me liberaré de ese asunto que he venido rumiando desde hace tanto tiempo.

Esto es un problema para aquellos que hasta ahora se han guardado todo, que han tratado de silenciar sus fallas o enfermedad, que querían ocultar todo a las personas de su entorno. No obstante, muchos problemas sólo se pueden solucionar cuando se los expone, cuando se los saca a la luz. El hombre ha sido creado para comunicarse. Así lo decía ya el relato de la creación: "No es bueno que el hombre esté solo. Voy a hacerle una ayuda adecuada." Todo ser humano necesita alguien que "esté cerca de su corazón" (Martín Buber), a quien pueda decirle todo lo que lleva en su alma.

"Sí" significa, por último, otra cosa más: no tomarme a mal que yo sea como soy, que haya hecho tales y cuales cosas. Esta actitud exige, de todas maneras, no sólo sinceridad sino también una considerable cuota de madurez humana.

Hay personas que jamás se perdonaron haber cometido determinadas faltas. Otros no quieren ver ni aceptar que se han enfermado. Quieren aparecer siempre como hombres cabales, hacer buena figura, ¡nadie debe notar que me siento desdichado o afligido!

En algún lugar se leía esta hermosa y certera frase: "Al decir 'sí' el hombre manifiesta no sólo su veracidad sino también su nobleza espiritual. No es ninguna vergüenza ser débil, tener miedo, haber fracasado, no haber alcanzado el rendimiento esperado." No vivimos en un mundo perfecto.

No se encuentran hombres perfectos. El hombre es ciertamente el ser más genial pero también el más vulnerable que existe. Las flaquezas son parte de su esencia (dicho sea de paso: a los ojos del experto resultan sospechosos los tapices orientales que no presenten algunas fallas en su trama).

Lamentablemente uno se topa una y otra vez con personas que condenan con soberbia los fracasos ajenos: "¿Te parece que eso es ser una ama de casa, un profesor, un maestro...? O: "¿Eso es ser cristiano...?" Quien procede así, no sólo es ingenuo sino también una persona sin caridad; no sabe nada de la vida, no tiene idea de lo que hay en un ser humano.

◆ Los grandes ejemplos

En las Sagradas Escrituras hallamos grandes personalidades que asumieron sus fallas y flaquezas, que admitieron sus miedos y necesidades, que se aceptaron tal cual eran, en suma, personas que dijeron sí.

El profeta Jeremías (uno de los espíritus religiosos más grandes de la humanidad) admitió, por ejemplo, que estaba en las últimas, que ya no sabía cómo tratar con Dios (Jr 20, 1 ss.). En su amargura le reprochaba a Dios ser la causa de su desgracia, y maldecía su destino. Sin embargo, y similarmente a Job, pronto logró reconquistar la confianza.

También el apóstol Pablo dijo "sí" y se aceptó tal cual era. Fue lo suficientemente sincero para admitir que llegó a Corinto "débil, tímido y tembloroso" (1 Co 2, 3) para dar allí testimonio de Dios.

Incluso Jesús en el huerto de Getsemaní confesó: "Mi alma está triste hasta el punto de morir." Cuando les dijo estas palabras a Pedro y a los dos hijos de Zebedeo en el huerto de Getsemaní, le sobrevinieron miedo y tristeza (traducción bíblica de "depresión")... y agregó: "Quédense aquí y velen conmigo."

Cristo se desahogó en su situación. Oró a su Padre del cielo. Y ese desahogo, esa oración, "tuvo éxito". La aflicción no se transformó ciertamente en júbilo, pero Jesús se levantó y emprendió el camino de su pasión: "Entonces se le apareció un ángel venido del cielo que lo confortaba" (Lc 22, 43).

Cuando se solucione ese "problema número uno" —decirse "sí" a uno mismo, a las propias fallas, enfermedades, mengua de fuerzas— se habrá dado un importante paso para asumir la vida con un sentido, con actitud cristiana. Eso a veces exige mucha energía y vencimiento de sí mismo, pero hay que esforzarse continuamente por hacerlo.

✧ Dios nos conoce

Los versos de un salmo nos darán aliento para ser nosotros mismos. Nos recuerdan que no sólo vivimos delante de los demás sino, sobre todo, delante de Dios. Él nos conoce. Ante Él no precisamos esconder nada. Ante Él no necesitamos representar ningún papel.

Delante de Dios podemos ser nosotros mismos. Nos presentamos llenos de confianza ante su juicio:

"Yaveh, tú me escrutas y conoces. Sabes cuándo me siento y cuándo me levanto. Mi pensamiento calas desde lejos. Esté yo en camino o acostado, tú lo adviertes. Familiares te son todas mis sendas" (Sal 139, 1-3). Los cristianos deberíamos saber que estos versos nos pueden ayudar a sacar coraje para ser nosotros mismos.

Ser amigo de uno mismo

Anselm Grün

En las conversaciones escucho con frecuencia la siguiente queja: "Deseo fervientemente tener amigos... pero no tengo ninguno. Cuando un hombre o una mujer me resultan simpáticos y busco su amistad, muestran una actitud de rechazo para conmigo o bien tienen ya otro amigo o amiga." Y con frecuencia contesto: "¿Eres amigo de ti mismo? No se puede forzar la amistad de otro. Pero puedes ser amigo de ti mismo." Y muchos me preguntan entonces: "¿Cómo se hace?"

En nuestro idioma, ser amigo de uno mismo significa: amarse a uno mismo, preservarse, protegerse, asistirse, tratarse benévolamente. Si pretendo obsesivamente tener un amigo o una amiga, acabaré siempre desilusionado. Pero sí puedo aprender a ser amable conmigo mismo. De todas maneras no es tan sencillo. Tenemos una imagen muy determinada de nosotros mismos. Y a menudo lo que amamos es esa imagen y no a nosotros mismos tal cual somos.

Lo que escribe Matthias Claudius sobre la amistad con otra persona vale también para la amistad con uno mismo: Si en el amigo quieres "amar y honrar sólo las cualidades más amables, ¿para qué serías su amigo? Has de abrazar y proteger a tu amigo con todo lo que tiene". Se trata, ante todo, de una decisión. Decidirme por mí mismo, por mi cuerpo, por mi historia, por mi sensibilidad, por mis fortalezas y flaquezas. Para ello es necesaria la voluntad de amar y honrar las cualidades menos amables que haya en mí. Esto requiere abandonar ilusiones que me haya hecho sobre mí y mi vida. Recién entonces seré capaz de amar las cosas menos hermosas o menos buenas que haya en mí y reconciliarme conmigo. Reconciliarse significa abrazar lo que en mí me resulte más desagradable. Entonces descubriré lo más amable, incluso en aquello que, a primera vista, me resulte muy difícil aceptar en mí.

Luego de haberme decidido por mí viene la amabilidad para conmigo mismo. He de contemplarme con una mirada benévola tal cual me he desarrollado. Trataré de alegrarme de mí, de agradecer por existir y ser tal cual soy. Quien se tiene rabia, quien es duro consigo mismo y con su cuerpo, no será capaz de acoger con amabilidad al prójimo. Aun cuando desee un amigo o una amiga, el otro percibirá una irradiación de dureza y rechazo. Tal como nosotros nos tratamos, así también será la influencia que ejerzamos sobre el prójimo, aun cuando queramos lo contrario. La irradiación inconsciente es más fuerte de lo que querríamos conscientemente. De ahí que la condición más importante para hallar un amigo es ser amigo de uno mismo. Eso es algo que podemos hacer siempre. No hará falta entonces esperar a otros. Los griegos hablaban de *filoautía*, de la amistad con uno mismo. Ésta consiste en preocuparse por uno mismo y el propio bienestar como condiciones para ser un buen amigo.

Parte de la amistad es ser fieles y soportar. Quien piensa que debe adaptarse a todos para ser amado por todos no experimentará ninguna amistad real. Tenemos que ser fieles a nosotros mismos en lugar de doblegarnos continuamente. Sólo quien es fiel a sí mismo, quien se mantiene firme, aun cuando algunas cosas le resulten difíciles de asumir, tendrá capacidad de amistad. Porque así el amigo sabrá qué es lo que está asumiendo. Si el otro retrocede una y otra vez, no sabré cómo abordarlo. Y ya no tendré ganas de estar con él porque no logro percibirlo tal cual es. No podré encontrarme con él porque no tiene un eje que yo pueda tocar.

Más arriba dije que en nuestro idioma el término "amistad" incluye el concepto de "proteger". Sólo cuando me protejo a mí mismo el amigo sentirá que puede estar en mi cercanía sin ser herido continuamente. Me protejo cuando ceso de condenarme y desvalorizarme a mí mismo. Me protejo cuando me trato con cuidado y consideración. Una flor delicada sólo puede crecer y florecer en un espacio protegido. Debo procurarme un espacio protegido para llegar a ser esa delicada flor que Dios ha pensado para mí. Y la amistad necesita un espacio protegido. Porque es algo delicado y sensible que sólo puede prosperar en un espacio de respeto y cuidado.

La fe como camino hacia el verdadero yo

Anselm Grün

Sobre todo es el evangelio según san Juan el que nos dice lo que ha acontecido en nosotros a través de Jesucristo y quiénes hemos llegado a ser gracias a él. En este evangelio encontramos a Jesús, no tanto como aquel que cura a la gente y les anuncia el mensaje del Reino de Dios, sino más bien como aquel que se manifiesta a sí mismo, que revela el misterio de su propia existencia, que nos señala que en él ganamos la vida eterna. Jesús nos indica cómo ha transformado nuestro ser. Somos aquellos en quienes Dios mismo ha establecido su morada, somos aquellos que están colmados del espíritu de Dios. Y Jesús nos señala el camino por el cual vivir en armonía con nuestro ser.

En su evangelio, Juan quiere responder a las preguntas de la Gnosis que inquietaban los corazones hacia fines del siglo I. La gente anhelaba iluminación, conocimiento. Sentía que esas cosas por las cuales se empeñaba y luchaba en el mundo no podían ser todo. Tenía que haber una ventana por la cual llegara a ellos la verdadera luz desde el cielo, la luz que ilumina nuestra oscuridad. Debía haber otra vida distinta a lo que llamamos aquí "vida": algo más que esta lucha por salir triunfantes en la comparación con los demás. Tenía que haber una vida verdadera, vida en plenitud, vida en libertad, vida en alegría y amor. Debía haber algo más que las heridas de nuestro corazón, algo más que divisiones entre la gente. Así pues, se añoraba la unidad, la unidad entre Dios y la humanidad, la unidad consigo mismo, la unidad entre todos los seres humanos. Iluminación, conocimiento, vida, luz, verdad, amor y unidad: he aquí los conceptos claves de la Gnosis que también Juan menciona en su evangelio.

Juan responde a los anhelos y preguntas de sus contemporáneos. Y viste su respuesta con las palabras de Jesús. Jesús es el que vino del cielo y nos trajo luz y vida. Juan toma en serio los interrogantes de la Gnosis. No los deshecha como mera tendencia gnóstica, tal como sucede hoy con frecuencia. Nuestra época es similar a la de la Gnosis. También hoy los seres humanos anhelan iluminación, ampliación de la conciencia, unidad con el cosmos, unidad integral. Y así recurren a todo tipo de métodos y vías que se les ofrecen en el mercado espiritual para llegar a tales experiencias de unidad. En lugar de condenar su búsqueda de unidad e iluminación, deberíamos presentarnos ante ellos tal como lo hiciera el evangelio de san Juan de fines del siglo I.

Precisamente el evangelio místico de Juan podría dar respuesta a nuestras preguntas. Juan describe a Jesús como luz que descendió del cielo para iluminar nuestras tinieblas. En él se nos abre una ventana por la cual asomarnos al mundo del cielo, al mundo de Dios. Jesús descorre el velo y nos revela el misterio de Dios: "A Dios nadie lo ha visto jamás: el Hijo único, que está en el seno del Padre, él lo ha contado" (Jn 1, 18). Sin embargo él no sólo nos ha contado sobre Dios, sino que en él resplandece la gloria de Dios. En él está la Palabra Eterna por la cual fue creado todo el mundo, el fundamento último de todo ser. "Y la Palabra se hizo carne y puso su Morada entre nosotros, y hemos contemplado su gloria, gloria que recibe del Padre como Hijo único, lleno de gracia y de verdad" (Jn 1, 14).

Si el mundo ha sido hecho por la Palabra, entonces es comprensible para nosotros, está transido del mismo espíritu que tenemos en nosotros. Y si esa Palabra se hace hombre, visible y tangible para nosotros, se ilumina el misterio del mundo y todo se hace claro.

Cristo nos dio el poder de llegar a ser hijos de Dios, "no nacidos de sangre, ni de deseo de carne, ni de deseo de hombre, sino de Dios" (Jn 1, 13). La pregunta es desde dónde nos definimos. Si nos definimos desde el éxito, desde el reconocimiento de los otros, desde nuestro rendimiento, desde nuestra apariencia, entonces tales definiciones se ubican en el plano del ego, de la carne, de la voluntad del hombre. En cambio, Jesús nos señala una vía por la cual definirnos de otro modo: como hijos de Dios, como personas nacidas de Dios y no del favor de los hombres, personas que tienen su origen en Dios y no en el cariño humano. Jesús nos quiere recordar nuestro núcleo divino. Esto suena, en un primer momento, muy abstracto, demasiado hermoso para ser verdadero, demasiado lejano, de modo que no sabemos cómo hacerlo vida. Pero si recordamos el modelo de la psicología transpersonal, estas declaraciones de Jesús adquieren de pronto otra dimensión. Jesús describe nuestro verdadero yo. Nuestro misterio radica en haber nacido de Dios. Si tomamos en serio esta realidad, se relativizarán muchos problemas, abordaremos de otra manera los problemas de nuestra vida, lograremos mantener una distancia interior de ellos.

Hace poco di un curso a un grupo de chicas. Todas eran muy simpáticas y estaban muy abiertas a lo que yo les decía. Pero estaban ocupadas sobre todo en la cuestión de quién era amiga de quién. Una chica había cambiado de amiga en el grupo y de ese modo lo había dividido. Entonces todo había pasado a girar únicamente en torno a problemas de relación. Las chicas se definían desde sus mutuas relaciones. Ése era el patrón que determinaba si se sentían satisfechas o insatisfechas, bien o mal, felices o infelices. Advertí así cuánta razón tenía Juan cuando no nos define desde nuestras relaciones sino desde nuestro verdadero ser. La mayor parte de las chicas era piadosa, pero su oración apuntaba a pedir una amiga verdadera para no sentirse solas. La fe había sido rebajada por completo al plano de las relaciones humanas. Sin embargo, Jesús nos exhorta a elevarnos en la fe por encima de ese plano. Si me diese cuenta cabal de lo que significa haber nacido de Dios, no me resultaría tan importante haber nacido de la benevolencia de tal o cual persona, o recibir reconocimiento y cariño.

Mi maestro de novicios, el P. Agustín, a quien venero mucho por haberme dado buenos consejos en mi camino espiritual, decía a menudo que yo debía solucionar sobrenaturalmente tal o cual problema. Que cuando tuviese dificultades con algún confrater, debía allanarlas espiritualmente. Con ello me quería decir que debía rezar y meditar en lugar de preocuparme demasiado por los problemas. O bien debía orar por el confrater en cuestión, y de ese modo lo vería bajo una luz distinta.

Con frecuencia me resistía a tales soluciones sobrenaturales, porque me parecían muy fáciles, me parecían que pasaban demasiado rápidamente por alto el problema. Sin embargo, ahora tengo una visión un poco distinta. Algunos problemas con el prójimo no pueden solucionarse por más que se converse mucho sobre ellos. Será de ayuda, entonces, ir a otro plano, a un plano en el cual ya no sea tan importante cómo piensa tal o cual confrater. Advierto que no sirve de nada pretender solucionar ese continuo afán de reconocimiento únicamente reparando más en nuestros lados buenos y en las confirmaciones de parte de los demás. Hay que trascender ese plano y preguntarse: ¿Desde dónde me defino? ¿Desde mi valor ante Dios, desde mi misterio de ser hijo de Dios?

Ésa sería una solución sobrenatural. Porque la fe no pasa por encima de ese plano, sino que lo trasciende. Pasarlo por alto significaría no percibir cuándo anhelo yo reconocimiento y cariño. Lisa y llanamente estaría reprimiendo esos sentimientos. No abordaría el problema sino que me refugiaría en el mundo intacto de la fe, me guarecería en la cueva junto a Dios. Trascender significa, en cambio, admitir cuánto me duele que otros reciban más amor y cariño que yo, pero sin aferrarme a esa realidad. Admitir que aún soy susceptible y fácil de herir en el plano de mi ego. Pero trascender ese plano y volverme hacia el verdadero misterio de mi ser: soy hijo de Dios.

Si medito esta realidad, ya no giraré en torno del reconocimiento esperado sino que me experimentaré de un modo nuevo. Tomaré distancia de mi necesidad. Ésta ya no me dominará. Pero no basta tener sólo claridad intelectual sobre el tema. Nuestra definición desde el plano del yo está tan arraigada en nosotros que debemos ejercitarnos en la otra definición mediante la meditación, la oración, la liturgia y la lectura de la Palabra de Dios. Hemos de dejar que Dios nos diga una y otra vez quiénes somos. La Palabra de Dios tiene que adquirir más fuerza en nosotros que la palabra del hombre.

Para el desarrollo del hombre es ciertamente necesario colocarse también en el plano del ego. Repito que no debo compensar la falta de reconocimiento de parte de los demás retirándome a la caverna de mi corazón, en la cual estar junto a Dios. Para un joven eso sería huir de la realidad cuando debería luchar por su posición en la vida. Hay que desarrollar primero el yo para luego estar en condiciones de poder desasirse de él. No se trata de una opción: búsqueda de fortalecimiento del yo o trascenderse elevándose hacia el yo verdadero, sino de la relativización del plano del ego. Admito su razón de ser, pero no me dejo dominar por él. No estoy aferrado a él sino que puedo elevarme también al plano del yo transpersonal, para, desde allí, contemplar bajo otra luz las necesidades del plano del yo.

No niego esas necesidades, pero paso a mirarlas desde un punto de vista más elevado. Ya no serán más como una montaña que me impida contemplar el horizonte, sino que se desprenderán y se precipitarán en el mar. A eso se refiere Jesús cuando dice sobre la fe: "Yo os aseguro que quien diga a este monte: 'Quítate y arrójate al mar' y no vacile en su corazón sino que crea que va a suceder lo que dice, lo obtendrá" (Mc 11, 23).

Por la fe trasciendo el plano en el cual se acumulan los problemas. Podré mirar más allá de la montaña. Ésta se hará pequeña y se precipitará en el mar. Juan desarrolla en su evangelio lo que hemos llegado a ser gracias a la venida de Jesús al mundo. En el reconocimiento de nosotros mismos y nuestras posibilidades nos revela nuestro nuevo ser y el misterio de Jesús.

En el primer capítulo, Juan nos presenta a Juan el Bautista dando testimonio de que Jesús es el verdadero Mesías. Y los primeros discípulos se fascinan por ese Jesús y lo siguen. Sienten que han hallado a aquel que anhelaban, "ése del que escribió Moisés en la Ley, y también los profetas" (Jn 1, 45). En el segundo capítulo, Juan describe las bodas de Caná. El acontecimiento externo es símbolo del misterio de Jesús mismo. En Jesús, Dios celebra las bodas con el género humano. Con esta historia de bodas Juan da a entender el misterio de la encarnación de Dios. Así como el hombre y la mujer pasan a ser uno por las bodas, así en Jesucristo nuestra naturaleza humana se hace una sola cosa con Dios.

En Jesucristo participamos del amor infinito de Dios, se nos eleva integrándonos a la unidad con Dios. Experimentamos el misterio del hombre, experimentamos que Dios mismo ha venido a nosotros para celebrar una fiesta con nosotros: la fiesta de nuestro desposorio con Dios. En Jesús nos resplandece la gloria de Dios. Nuestra agua se convierte en vino, ese poco de amor que tenemos se convierte en vino gracias al amor divino de Jesús; un vino que jamás se nos agotará (Jn 2, 1-12). Nuestra vida adquiere un nuevo gusto, un gusto divino de amor y de éxtasis.

Para Juan todos los milagros y acciones de Jesús son signos, signos de la gloria de Dios, signos de que Jesús nos ha traído la luz y la vida. Así pues, la expulsión de los mercaderes del templo (cf. Jn 2, 13-22) es un signo de que mediante su encarnación él ha hecho de nuestro cuerpo un templo de Dios. Porque nosotros mismos nos parecemos a menudo a un mercado: comerciamos, cambiamos dinero, nos comparamos con otros y sólo queremos sacar ventaja. Pero ésta es una visión muy mezquina de nosotros mismos. Si nos quedamos en ese plano no percibiremos nuestro verdadero misterio. Cristo nos descubre nuestro misterio: somos templo de Dios. La gloria de Dios quiere morar en nuestro cuerpo. Si por Jesús hemos comprendido el misterio de nuestra vida, de nuestro cuerpo, de nuestra existencia, podremos vivir de una manera diferente. Ya no nos definiremos más desde el papel que desempeñamos entre los hombres, desde el valor que tenemos ante ellos, desde la moneda con la cual hemos comerciado entre ellos, sino desde nuestra verdadera esencia, desde el misterio de que Dios mismo mora en nosotros y nos colma con su luz, su vida, su amor, su gloria.

Y así, Juan despliega cada vez más el misterio de Jesús y nuestro misterio. En el capítulo tercero Jesús habla con Nicodemo sobre el misterio del renacimiento. El nacimiento de Jesús, la encarnación de Dios en Jesús, nos señala también el misterio de nuestro nacimiento, de nuestro verdadero origen. No somos solamente los que hemos sido engendrados por nuestros padres, los que hemos sido dados a luz por nuestra madre, sino que hemos nacido del Espíritu Santo, de Dios. Ése es nuestro verdadero ser. "Lo nacido de la carne, es carne; lo nacido del Espíritu, es espíritu" (Jn 3, 6). Hemos nacido del Espíritu. Por eso ya no estamos más bajo el dominio de otros hombres, no dependemos de su voluntad, no hemos sido engendrados por su benevolencia, sino por Dios. Nuestro verdadero fundamento es Dios. Por eso vivimos en libertad, con independencia de lo que la gente diga de nosotros. Vivimos de la gracia de Dios, de su cariño, de su ternura, del cobijamiento que nos regala, de su benevolencia, de su amor. He aquí el verdadero misterio de nuestra vida.

En los capítulos siguientes, Juan nos señala que Jesús colma nuestro verdadero anhelo. En el diálogo con la samaritana Jesús se manifiesta como el agua que se convierte en fuente que mana en nosotros obsequiándonos la vida eterna (cf. Jn 4, 14). Ni la bebida ni el cariño de muchos hombres podían calmar la verdadera sed de esa mujer: sólo Dios podía hacerlo. En Jesús, Dios calma nuestra sed más honda: la sed que tiene el alma de vida y plenitud. Y Jesús nos vivifica, nos libera de parálisis e inhibiciones, de anquilosamiento y rigidez. Jesús explica sus milagros. La curación del paralítico señala que él puede regalar vida verdadera, vida no afectada por miedos e inhibiciones, vida que incluso trasciende la muerte. Y su multiplicación de los panes, en el capítulo sexto, nos permite reconocer en Jesús el verdadero pan de vida que desciende del cielo y sacia nuestra hambre. Agua viva, pan dador de vida, luz que ilumina... ésa es la esencia de Jesús que él proseguirá desplegando en los debates que se presentan en los capítulos séptimo y octavo.

En el capítulo noveno Jesús cura a un ciego para mostrar que él es la verdadera luz que vino al mundo para que veamos, para disipar toda tiniebla de nuestro corazón, para que podamos caminar en la luz. Y él es el buen pastor. Nos conoce. Nos acompaña en nuestros caminos. Más aún, da su vida por nosotros, para que tengamos vida en plenitud. Ese misterio, que el pastor dé su vida por sus ovejas y de ese modo les regale la vida eterna, es desarrollado en los capítulos sucesivos, incluyendo la pasión. Quien cree en Jesús no permanece en la muerte. Eso es lo que él señala con la resurrección de Lázaro. En la cruz, Jesús vencerá al dominador de este mundo y atraerá hacia sí a todos los que crean en él. Mediante su muerte somos arrancados del poder de las tinieblas y pasamos a ser para siempre hijos de la luz.

En los capítulos 13-17, antes de describirlo en los capítulos 18-21, Juan alude al misterio de su pasión y muerte y de su regreso al Padre por la muerte y la resurrección. La pasión y muerte de Jesús son las últimas consecuencias de su encarnación. La gloria de Dios ha descendido tan profundamente hacia los hombres que se entrega a su muerte. El lavado de los pies señala que, en la muerte, Jesús se inclina hasta los pies sucios del hombre, para purificarlo desde lo más hondo. Se inclina hasta su pecado para limpiarlo con su amor. En el discurso de despedida, Jesús nos permite asomarnos nuevamente al misterio de su ser.

En ese momento expone el nuevo ser que nos ha regalado por su muerte y su resurrección. Con su muerte Jesús partió corporalmente. Pero no nos dejó huérfanos. Nos regaló su Espíritu. Y en ese Espíritu lo veremos.

"Pero ustedes sí me verán, porque yo vivo y también ustedes vivirán. Aquel día comprenderán que yo estoy en mi Padre y ustedes en mí y yo en ustedes" (Jn 14, 19).

Con estas palabras Jesús nos dice quiénes hemos pasado a ser gracias a él. Hemos cobrado vida. "Vida" era un concepto clave de la Gnosis: anhelaban la vida, no la vida mezquina, no la vida aparente,

SIGUE TU PROPIO CAMINO

SIGUE TU PROPIO CAMINO

sino vida verdadera, vida en plenitud. Y esa vida es Jesús en nosotros. Viviremos por su Espíritu. Si dejo que esas palabras calen en mí, me experimentaré de un modo nuevo, descubriré recién entonces mi vitalidad interior. Tomaré contacto con la fuente de vida que hay en mí. Y el núcleo de esa vitalidad es éste: "Ustedes en mí y yo en ustedes." Ya no se puede explicar más estas palabras. Hay que intentar saborearlas como recomiendan hacer los monjes en la *lectio divina*, en la lectura meditativa diaria de la Biblia. Así nos sentiremos nuevos, percibiremos el misterio del propio ser. Pero el nuevo ser necesita formas de expresión. Para Jesús ello se realiza observando los mandamientos: "El que tiene mis mandamientos y los guarda, ése es el que me ama; y el que me ame, será amado de mi Padre, y yo le amaré y me manifestaré a él" (Jn 14, 23).

Según Jesús, la observación de los mandamientos no es algo externo sino que en esa observancia se concretiza el nuevo ser. Si sentimos quiénes somos, viviremos espontáneamente según su Palabra, buscaremos espontáneamente una expresión para nuestra existencia. Y en esa búsqueda nos toparemos con los mandamientos de Jesús. En ellos se expresa nuestro nuevo ser. Porque cuando un conocimiento queda sólo en la cabeza, acaba por desvanecerse; necesita expresarse corporalmente para mantenerse vivo en nosotros. Por lo tanto, los mandamientos no son cosas exteriores sino que nos ayudan a sostener la experiencia del nuevo ser y encarnarla en todas las áreas de la vida.

Juan describe el nuevo ser mediante la imagen de la viña y los sarmientos. Así como el sarmiento está insertado en la viña y por él corre la vida de la viña, así estamos insertados en Cristo. Una y otra vez habla Jesús en este contexto sobre el "permanecer en él": "El que permanece en mí y yo en él, ese da mucho fruto" (Jn 15, 5). La imagen de la viña nos parece demasiado alejada de nuestra experiencia cotidiana. Necesito tiempo para que me interpele. Al meditarla vislumbraré algo del misterio de mi vida. Mi misterio consiste en que soy uno con Jesús, en mí palpita su vida, en él vivo y doy fruto. Si tomo conciencia de que soy así, de que esa es mi realidad, entonces abordaré de otro modo mi vida diaria con sus problemas. De las palabras de Jesús no extraigo ciertamente ninguna receta para actuar. Pero mediante esa imagen tomaré contacto con mi yo verdadero y así viviré con mayor adecuación a la realidad. No exageraré la importancia de mi trabajo, de mi eficacia en el trato con la gente, sino que todo adquirirá su verdadero valor. De pronto, ya no será importante para mí que hoy tal o cual persona piense en mí, me escriba una carta o me llame. Ya no será importante ser pasado por alto por algún confrater, o que alguien, llevado por su insatisfacción, me espete palabras ofensivas. Todo eso será insignificante en comparación con el misterio de mi vida. No me haré ningún reproche si esas palabras siguen escociéndome, si, a pesar de la meditación, me sigue asaltando el enojo o me siento dominado por los celos. Los dejaré fluir. Me retiraré a mi verdadero ser. Esas cosas no lo afectan porque está unido a la circulación de Cristo, está inmerso en Dios. Replegarme a mi yo trascendente no es una mera maniobra para evitar ser herido. Porque no me habré hecho invulnerable. Al contrario, seguiré siendo vulnerable. Pero la herida no calará hasta la médula. No me identificaré con ella. No estaré bajo la presión psicológica del eficientismo que me dicta que debo arreglármelas mejor con las heridas que recibo. No emplearé todas las energías para luchar contra mi vulnerabilidad. El plano del ego y todas sus necesidades y heridas seguirá existiendo, pero yo no estaré reducido a ese plano.

En la fe puedo sumergirme en la realidad de Dios, en la realidad de mi ser. Y por eso, las heridas que me puedan inferir perderán poder sobre mí. En ese sentido la fe será una ayuda para la vida. Lo será precisamente en la medida en que no se abuse de ella recurriendo a ella como un mero auxilio, sino abordándola como camino para abrazar a Dios y ser uno con Él. Al apartar de mí mi mirada y ponerla en Dios, se solucionarán ciertos problemas. Porque los problemas se hacen amenazantes cuando me identifico con ellos. En cambio, cuando encuentro mi identidad en Dios, los problemas no calan ya hasta mis raíces.

Jesús desarrolla el misterio de nuestro ser al final de su despedida: "Como tú, Padre, en mí y yo en ti, que ellos también sean uno en nosotros, para que el mundo crea que tú me has enviado. Yo les he dado la gloria que tú me diste para que sean uno como nosotros somos uno: yo en ellos y tú en mí, para que sean perfectamente uno" (Jn 17, 21-23).

Unidad, ser uno, es otro concepto clave de la Gnosis. Los hombres anhelan unidad, unidad consigo mismos, con la creación, con los demás hombres y con Dios. Jesús responde a ese anhelo señalando que podemos ser plenamente uno con nosotros mismos y unos con otros porque Dios mismo se ha hecho uno con nosotros. Cristo nos dio su gloria. En griego gloria se dice *"doxa"*, que significa plenitud, la forma, la figura. Cristo nos colmó de la gloria de Dios y de ese modo nos reveló la imagen que Dios se ha hecho de cada uno de nosotros. Nos condujo hasta nuestro verdadero yo. Por él hemos sido liberados del desgarramiento interior, del desgarramiento entre espíritu y materia, entre razón y sentimiento, entre Dios y hombre. Por él nos hemos hecho uno con nosotros mismos, con nuestra sombra, con nuestra luz, con nuestra esencia.

Ser uno conmigo mismo significa también estar de acuerdo con mi vida, reconciliado con mi pasado y las heridas que me ha inferido, estar en armonía con lo que Dios me exige en mi trabajo, en la comunidad en la que estoy, en armonía conmigo mismo. En esa experiencia de unidad y armonía se hace posible aquello que anhelé siempre: aceptarme por fin a mí mismo, decirme un sí sin reservas a mí y a mi vida. Pero ese logro no es el resultado de mi propio esfuerzo sino de la experiencia de la unidad con Dios que Jesús me prometiera en sus despedidas. Por más que me empeñe, no lograré aceptarme a mí mismo por mis propios medios: para ello hace falta una experiencia que está por encima de mí. Si todo eso que tan a menudo me molesta y enoja se hace uno con Dios, y si en la meditación experimento la unidad con Dios, entonces todo en mí quedará inmerso en Dios y, fundado en Dios, seré uno conmigo mismo, estaré en armonía con mis debilidades.

La unidad conmigo y con Dios conduce a la experiencia de la unidad con el prójimo y a la solidaridad con toda la humanidad. En Dios nos hacemos uno con las preocupaciones y necesidades de todos los hombres. Sin embargo, en esa profunda unidad con Dios nuestra paz no se verá perturbada por los apremios de los demás. No nos inquietarán las personas difíciles con su insatisfacción y agresiones. Ya no hará falta esquivarlas para protegernos de ellas. En el puro silencio ante Dios podremos sentirnos uno con ellas sin ser desgarrados por su desgarramiento. Siendo uno con Dios seremos uno con los hombres en un plano más profundo que el plano de los sentimientos. Es la unidad que percibió Siddharta (en Hermann Hesse) cuando estaba sentado junto al río y observaba a los hombres con sus preocupaciones y deseos materiales y a menudo bastante infantiles. Se sintió en comunión con esa humanidad, experimentó una profunda compasión, estuvo en armonía con todo y percibió en todas partes el soplo del espíritu de Dios.

La experiencia de la unidad es gracia, es don de Dios. Jesús nos dice que esa unidad ya está en nosotros. Pero no la sentimos. En la meditación podemos abrirnos a ella, pero no está en nuestro poder experimentarla realmente. Estamos tan hondamente marcados por las palabras que día a día escuchamos y decimos, que las palabras de Jesús nos suenan extrañas. Nos cuesta acatarlas. Así pues debemos decirnos una y otra vez: "Ésta es la verdad cabal de nuestra vida. Dios está realmente en nosotros, y nosotros en Él." Entonces, en nuestra meditación, quizás vislumbremos algo de nuestra verdadera esencia, de nuestra unidad con Dios, con el prójimo y con nosotros mismos. Si a lo largo de nuestra vida cotidiana volvemos a meditar sobre el tema, posiblemente nuestro escritorio siga tan desordenado como antes. Pero abordaremos el trabajo con otra actitud. Habremos tomado distancia del papel que a menudo debemos desempeñar en nuestra labor. Porque entonces lo desempeñaremos sabiendo que nuestro ser está sumergido en otras dimensiones totalmente distintas y la actividad compartida con los demás no nos puede separar del misterio de Dios.

Juan describe la muerte de Jesús como un ir hacia el Padre. La Palabra eterna de Dios que habitó entre nosotros se va para prepararnos una morada junto al Padre. En la muerte, Jesús exhala su espíritu para que éste nos colme y vivifique. De su costado abierto mana sangre y agua, imagen de los sacramentos, sobre todo del bautismo y de la eucaristía que nos obsequian la vida eterna, la vida que no pasa, la vida divina. Luego de su resurrección, Jesús sopla sobre sus discípulos y los llena de su espíritu. Vivimos sin ver ya a Jesús. Pero estamos embebidos de su espíritu. Y en su espíritu vivimos, como él, una vida en plenitud, una vida de luz y de amor, una vida de libertad y gloria. Juan escribió el evangelio "para que crean que Jesús es el Cristo, el Hijo de Dios, y para que creyendo tengan vida en su nombre" (Jn 20, 31). La meta de la venida de Jesús al mundo fue que tuviésemos vida. Jesús nos señaló la auténtica vida, nos regaló su espíritu para que pudiésemos vivir verdaderamente, vivir no ya en el plano mezquino de nuestra visión superficial del mundo sino en las dimensiones que Jesús nos abrió.

Preocúpate de tu prójimo como de ti mismo

Bertold Ulsamer

Los hombres y mujeres que, como profesión o tarea de su vida, han elegido la labor de ayudar corren peligro de no preocuparse suficientemente de sí mismos debido a la preocupación por el prójimo necesitado. Para mí, la necesidad de preocuparse de uno mismo se desprende ya de aquellas palabras de Jesús: "Ama a tu prójimo como a ti mismo."

Amarse a uno mismo es condición para amar a los demás. Quien sólo tiene tiempo para los demás y nada para sí mismo, quien presta atención sólo a las necesidades y cuitas del prójimo y no a las propias, tiene poco amor a sí mismo. En el fondo está la observación psicológica de que es imposible amar a otro más que a sí mismo. El amor a sí mismo determina la medida posible del amor a los demás. Quien se ama poco tendrá poco amor, poca compasión verdadera para con el otro. Porque cuando uno se combate a sí mismo, cuando se es inmisericorde con las propias debilidades y faltas, ¿de dónde vendrá la compasión por las debilidades y falencias de los demás?

Repito el pensamiento porque es de importancia fundamental: el amor a sí mismo determina la medida posible del amor a los demás. Simultáneamente este axioma apunta hacia una buena dirección: quien comienza a amarse más a sí mismo amará también más a su prójimo.

En este punto quizás sea conveniente definir con mayor precisión el término "amar". No se ama necesariamente a sí mismo quien pretende vivir bien a costa de otros. Detrás de tal actitud a menudo se ocultan grandes heridas y, como consecuencia, odio y desprecio por el ambiente al que se explota por todos los medios posibles. Así pues, alguien quizás "viva bien", pero no por ello se amará a sí mismo.

"Amar" no significa entonces una actitud arrogante y egoísta. Porque si nos consideramos mejor que otros, nos engreiremos, nos ocultaremos determinados aspectos de nuestra personalidad. Y, sin embargo, seguiremos teniendo tales aspectos, y nuestro prójimo los percibirá aun cuando nosotros no queramos verlos.

Quizás una persona en su trabajo sea tolerante y amable en el trato con sus clientes, pero no por eso dejan de existir sus puntos flacos. Cuando alguien roce alguno de ellos y, por ejemplo, haga una determinada crítica, esa persona tan amable cambiará de actitud. Su rostro se demudará, el tono de su voz se hará tajante y repentinamente aparecerá un aspecto totalmente nuevo y distinto de su personalidad. Es algo humano y normal. La situación difícil se torna cuando la persona pretende ignorar por completo esa faceta o la combate como algo "extraño a su ser".

El hecho de ser padre o madre contribuye al conocimiento de sí mismo. Los padres saben que difícilmente podrán ser siempre amables, condescendientes y comprensivos: en algún momento sus hijos habrán de sacarlos de quicio. Los hijos tienen la capacidad, más aún, parecería que tienen la intención de poner al descubierto las facetas ocultas de los padres.

Amar presupone el cultivo de determinadas cualidades. Si amo a alguien, primero tengo que "ver". No de la manera y modo corrientes como miro, evalúo y juzgo a otro. Más bien tengo que ver al prójimo tal cual él es, absolutamente, sin interferencia de otros juicios. Porque juicios como "es bueno" o "es malo" empañan la visión.

Quien comienza a amarse más primero tiene que aprender a contemplarse y conocerse a sí mismo sin prejuicios. Porque en todo ser humano existen luces y sombras. En la sombra se hallan aspectos que experimentamos como amenazantes y desagradables. En el fondo se trata de dos áreas: dolor e ira. En el fondo arrastramos las conmociones y heridas sufridas alguna vez en el transcurso de nuestra vida, sobre todo en la niñez. Conmociones y heridas cubiertas por una capa de ira y furia. Conocer la sombra resulta difícil y fastidioso porque a menudo la rechazamos y combatimos.

Pero rechazarla y combatirla ayuda poco. Si me vuelvo de la sombra hacia la luz, la sombra persistirá. Habrá quedado a mis espaldas, donde no puedo verla. Pero para amarse a sí mismo es importante mirar la sombra, descubrirse tal cual se es. Contemplaré la realidad con una mirada libre de prejuicios: "Así soy yo"; o ante determinados rasgos personales desagradables: "Así también puedo ser yo."

Para amar es necesario un segundo paso: simpatía. Con este término me refiero a una profunda comprensión que mana de un corazón lleno de amor. Sabemos que podemos tener simpatía por otros... pero... ¿y por nosotros mismos? Es posible. Lo contrario sería una actitud dura para consigo mismo, inmisericorde. Incluso la propia culpa puede ser vista, contemplada y reconocida con esa simpatía, sin reprimirla.

Recorrer con la mirada nuestra familia puede ayudarnos a lograr esa comprensión. Porque si contemplamos nuestra familia, especialmente a nuestros padres, con ojos nuevos, con mirada amorosa, se generará una actitud nueva y amorosa para con nosotros mismos.

El diálogo
con mis pensamientos y sentimientos

Meinrad Dufner, Anselm Grün

Espiritualidad desde abajo significa escuchar las voces de Dios en nuestros pensamientos y sentimientos, en nuestras pasiones y necesidades. Dios nos habla en ellos. Si los escuchamos, descubriremos la imagen que Dios se ha hecho de nosotros. Escuchemos sin juzgar esas emociones y pasiones. Todas tienen un sentido. Lo importante es comprender qué es lo que Dios quiere señalarme.

Muchos se condenan a sí mismos por sus propios sentimientos negativos tales como la cólera, el enojo, los celos, el desgano. Tratan (a menudo "con la ayuda de Dios") de combatir esos sentimientos para liberarse de ellos. La espiritualidad desde abajo me propone reconciliarme con mis pasiones y emociones. Todas pueden llevarme hacia Dios. Sólo he de profundizar en ellas y preguntarles qué quieren decirme.

En lugar de combatir mis celos y condenarme por ellos, reprochándome que a pesar de toda mi espiritualidad sigan estando en mí, puedo contemplarlos y preguntar: "¿Qué anhelos subyacen en mis celos? ¿Sobre qué necesidad me llaman la atención? ¿De dónde proceden? ¿De qué tengo miedo? ¿De ser abandonado, de no ser la persona más importante para mi amigo o amiga? Si confieso con humildad mis celos, ellos me llevarán a Dios. Entonces me ofreceré a Dios con mis necesidades, con mi miedo de ser abandonado, y le pediré que sacie mi anhelo de un amor al cual pueda confiarme.

Para la espiritualidad desde arriba las pasiones existen, sobre todo, para ser dominadas y vencidas. El ideal de la serenidad, del amor al prójimo, de la amabilidad, exige dominar la ira y la furia. Pero muy a menudo en mi furia Dios me habla y señala el tesoro enterrado en mí. Si presto atención a mi furia, ella me dirá quizás que estoy viviendo en contradicción con mi verdadero ser, que no he dejado que se plasme esa forma que Dios pensó para mí. La furia señala a menudo que le he dado demasiado poder a otros. Que siempre cumplí las expectativas de los demás y no reparé en mí y mis necesidades. No he vivido mi propia vida. He permitido demasiada injerencia de otros en mi vida; ellos transgredieron límites y me hirieron.

En lugar de reprimir la furia, dialogaré con ella y por ese camino descubriré el tesoro que hay en mí, descubriré en mí la imagen que Dios se ha hecho de mí. La furia es energía para echar fuera al otro que me ha herido y generar una sana distancia de él. Recién cuando haya echado al otro fuera de mí, podré perdonarlo y liberarme realmente de su poder. Precisamente para las mujeres que han sufrido abuso sexual en su infancia es importante tomar contacto con su furia y echar fuera a aquel que ha abusado de ellas. Es la condición para que sus heridas cicatricen.

Pero también existe una furia que sencillamente me domina y con la cual ya no puedo establecer un diálogo. No capto su sentido, no comprendo el lenguaje de esos perros que ladran en ella. Entonces será una fuente en la cual he de sumergirme, como lo hiciera la niña Goldmarie en el cuento infantil "La señora Holle". Goldmarie tuvo que saltar a lo profundo de la fuente cuando ya no había otra posibilidad, cuando ya no tenía sentido cavilar. Quizás descubra, como ella, que en el fondo de mi fuente hay un prado florido, de tal modo que todo en mí y a mi alrededor se transforme. O bien halle en el fondo de mi furia una fuente de energía, y mi furia se transforme entonces en ganas de vivir. O que, en mi impotencia para liberarme de mi furia o administrarla bien, reconozca por último que debo abandonar mis propios esfuerzos y sencillamente ponerme en las manos de Dios. No me libraré jamás de la furia; pero ella puede ser un estímulo constante para confiarme a Dios.

Tres son siempre los caminos de la espiritualidad desde abajo: el primero es el diálogo con los pensamientos y sentimientos; el segundo, descender hasta el fondo, escuchar atentamente las emociones y pasiones, percibirlas hasta lo más profundo, hasta que se transformen y, apoyándome en ellas, que yo pueda descubrir nuevas posibilidades y encontrar a Dios; y el tercero, capitular ante Dios, admitir que no puedo seguir adelante valiéndome de mis fuerzas, rendirme a Dios, abandonarme en sus manos bondadosas, o bien, como se lee en el cuento "La señora Holle", arrojarme a la fuente.

Muchos opinan que la ira es un rasgo de carácter que no se puede cambiar. Pero si entablo un diálogo con mi ira, quizás advierta que esa ira es un reclamo de vida. A menudo la ira está referida a situaciones de la infancia en las cuales la persona no se ha sentido tomada en serio en su originalidad, en sus sentimientos personales. En ese entonces, posiblemente era vital defenderse con ira de ese "no ser tomado en serio", para que no se pisoteara y sofocara sus sentimientos. Por entonces la ira era importante para sobrevivir. Pero ahora ya no es una buena táctica. Al contrario, muchos sufren por su ira, que amarga su propia vida y la de los demás.

El diálogo con la ira nos pone en contacto con el deseo oculto en ella: poder tener nuestros sentimientos propios y muy personales. Pero existen también personas a quienes el diálogo con su ira no las ayuda. Han de reconciliarse entonces con toda humildad con sus sentimientos incontrolados y dejarse llevar por su ira hacia la experiencia de la propia impotencia, cuando ya no queda otra cosa que abandonarse a Dios.

Muchas personas padecen algún tipo de miedo. Una reacción común es querer dominar el miedo o a través de una terapia o bien pidiéndole a Dios en la oración que les quite el miedo. En ambos casos se quedan fijados en su miedo y buscan librarse de él a toda costa. No comprenden el mensaje de su miedo. Sin miedo no tendríamos medida alguna. Nos sobreexigiríamos continuamente. Un miedo exagerado nos está señalando a menudo una falsa actitud de vida.

A menudo, la causa de nuestro miedo es el perfeccionismo. Si en todas partes he de ser el mejor, si en una discusión siempre he de tener los argumentos perfectos, si espero que mis opiniones parezcan brillantes a todos, tendré entonces miedo continuo de hacer el ridículo. Mis expectativas son tan elevadas que me infunden miedo. La psicología cognitiva del comportamiento nos dice que el miedo indicaría la existencia de presupuestos básicos tales como: "No debo cometer ninguna falta, de lo contrario no valgo nada. No debo hacer el ridículo, de lo contrario seré rechazado." El diálogo con nuestro miedo podría ayudarnos a desarrollar presupuestos fundamentales más humanos: "Puedo ser como soy. Puedo cometer faltas. Puedo hacer el ridículo. Mi dignidad está en mí. No me es quitada por el mero hecho de hacer el ridículo."

Sea como fuere, no se trata de un truco para liberarme de mi miedo. El miedo me invita a tratar mejor conmigo mismo, a hallar una imagen más adecuada de mí mismo. Puede ser también que de nada sirva el diálogo con mi miedo, que a pesar de ello el miedo continúe y me paralice. Entonces el miedo me llevará hacia Dios. No me quedará otra cosa que admitir mi incapacidad de asumir convenientemente mi miedo. El miedo será entonces ese fondo que tocaré para impulsarme hacia Dios. El miedo me obligará a abordarlo espiritualmente, a ofrecerme a Dios o recitar palabras de las Sagradas Escrituras como: "Aunque pase por valle tenebroso ningún mal temeré, porque tú vas conmigo" (Sal 23, 4). O bien: "Yaveh está por mí, no tengo miedo, ¿qué puede hacerme el hombre?" (Sal 118, 6). El miedo habrá pasado a ser un desafío espiritual y una prueba de cuán seriamente tomo yo a Dios y sus promesas.

Si creo realmente que Dios está conmigo, el miedo no se desvanecerá, pero en la vivencia de mi miedo tendré un ancla en la cual afirmarme. Me reconciliaré con mi miedo y no caeré presa del pánico al menor asomo de temor. Otra ayuda es confesar el miedo pero a la vez creer que en mí hay un espacio al cual el miedo no puede acceder. Mis emociones están marcadas por el miedo, pero el miedo no puede seguirme cuando me interno en mi profundidad.

A veces tenemos miedo de nosotros mismos. Reprimimos nuestras agresiones y tememos que estallen. Una mujer, por ejemplo, tiene el miedo irracional de que podría matar a su hijo al que ama tanto. El diálogo con ese miedo podría señalarle que ella junto con su amor también siente agresividad para con su hijo. Es comprensible que una madre que se ocupa de su hijo las 24 horas del día sienta también agresividad. Porque ella querría tener momentos en los cuales estar a solas consigo misma. La agresividad le señala que necesita tomar más distancia de su hijo. Pero en su espiritualidad desde arriba no podía concebir que ella fuera presa de tal agresividad. Tenía un elevado ideal de madre. Como madre debía ser siempre amorosa para con su hijo. Cuanto más alto ponía ese ideal, tanto más fuerte se hacía el polo opuesto, la agresión. Así pues, el diálogo con su miedo podía llevar a la madre a cuidar más de sí misma sin por eso descuidar al niño. El miedo siempre tiene un sentido. Deberíamos comprender su lenguaje para descubrir el tesoro que nos señala.

De todos modos, existen también miedos ligados necesariamente a la existencia humana: miedo a la soledad y miedo a la muerte. Dejemos fluir el miedo y vayamos al fondo de él. En lo más profundo estoy solo. Hay áreas a las cuales nadie puede seguirme. En ellas me siento solo. Hermann Hesse define el ser del hombre como un estar solo: "Vivir es estar solo. Nadie conoce al otro, todos están solos." Para Paul Tillich la religión es lo que cada uno hace con su soledad. Si me reconcilio con mi soledad y mi miedo a ella, descubriré el secreto de mi existencia. "Quien conoce la soledad más profunda, conoce las cosas más profundas" dice Federico Nietzsche.

La soledad, el estar solo, me podría llevar a la profunda experiencia de que soy uno con todo. Mi soledad me remite, por último, a Dios. Esto es lo que experimentó en su última soledad, antes de morir, el filósofo católico Peter Wust: "Creo que la razón más honda de toda soledad humana es la nostalgia de Dios." En la muerte estamos solos. "Morir significa soledad última y completa. Morir nos pone en soledad, nos sumerge en una extrema soledad."[2] De ese modo la soledad me exhorta a abandonarme por entero a Dios. Así la soledad será fecunda para mí, se hará fuente de mi espiritualidad.

A pesar de la fe en la resurrección, siempre quedará el miedo de morir. Sólo resta dejar fluir el miedo y decirme: "Sí, moriré. Por un accidente, o de cáncer, o por un infarto. En definitiva, no hay manera de quedar a salvo de la muerte." Si lo admito, me veré obligado a meditar sobre mi condición humana: ¿En qué consiste mi vida, cuál es el sentido de mi vida? El miedo a la muerte me llevará a las cuestiones fundamentales de mi existencia humana. Pasando por esa experiencia de miedo cobraré nueva conciencia de las verdades cristianas: que gracias al bautismo, vivo ya más allá del umbral de este mundo, que ya he muerto con Cristo y la muerte no tiene más poder sobre mí. En mí hay algo que la muerte no puede destruir. La imagen que Dios se ha hecho de mí es imperecedera. Recién en la muerte habrá de resplandecer en toda su verdadera belleza.

---

2 C. Schutz, "Soledad", en: *Lexikon der Spiritualität (Diccionario de Espiritualidad)*, Friburgo de Brisgovia, 1998, pág. 277.

La espiritualidad desde abajo tiene otra manera de tratar nuestras pulsiones. No procura dominarlas sino transformarlas. Se pregunta hacia dónde quieren impulsarnos las pulsiones. Hoy son muchos los que tienen problemas con la comida. Algunos luchan inútilmente con ese problema toda la vida. El ayuno puede ser un buen camino para liberarse de la bulimia. Pero si me castigo con el ayuno por haber comido demasiado, siempre estaré girando en torno del tema comer o ayunar. Sería más importante preguntarme por qué quiero comer tanto, qué anhelos se esconden detrás de mi bulimia. Si establezco contacto con ese anhelo entonces también la pulsión se transformará. En el comer se esconde el anhelo de disfrutar. La curación consistiría más bien en aprender a disfrutar y permitirme la buena comida. Según la mística medieval, la meta de la vida espiritual es gozar de Dios, *"frui Deo"*. Quien se prohíba todo goce tampoco experimentará nada de Dios. La verdadera ascética no es renuncia y mortificación sino ejercitarse en la encarnación, ejercitarse también en el disfrutar.

Algo similar ocurre con la sexualidad. A menudo la recluimos en la mazmorra, por miedo a que sus mastines nos despedacen. Pero entonces nos falta la fuerza de la sexualidad para nuestra propia vitalidad y para nuestra espiritualidad. Una espiritualidad que ponga en prisión la sexualidad tendrá continuamente miedo de la concupiscencia que acecha para asaltarnos. Considerar la sexualidad sólo como algo que hay que dominar es una visión negativa de la sexualidad. La sexualidad es la fuente más importante para nuestra espiritualidad. Si nos hacemos amigos de ella y, como el joven del cuento, hablamos amablemente con ella, ella nos señalará el tesoro que subyace en nuestra profundidad, el tesoro de nuestra vitalidad y de nuestro anhelo espiritual. Quizás nos diga: "Procura vivir y amar realmente. Porque tal como tú vives ahora, vives al margen de ti mismo y de la vida. No te conformes con una vida que sólo sea 'correcta'. En ti hay anhelos más grandes de vida y de amor. Confía en tus anhelos. Entrégate a la vida, entrégate a los demás, ámalos de corazón! ¡Y ama a Dios con todo el corazón, ámalo con tu cuerpo y con tu pasión! ¡No descanses hasta que te eleves por encima de ti mismo y te adentres en Dios y seas uno con Él!"

Pero no sólo se trata de descender a la mazmorra y hablar con mi sexualidad para descubrir el tesoro al cual ella quiere guiarme. A menudo la sexualidad nos asalta de tal modo que no logramos dialogar con ella. Simplemente nos tiene en su poder. Muchos sufren por la masturbación. Toda lucha contra ella culmina por lo común en una decepción. En lugar de castigarse con sentimientos de culpa sería más útil admitir que se es impotente para dominar la propia sexualidad. Para muchos es provechoso no poder dominar su sexualidad, porque ello los obliga a admitir humildemente que son hombres de carne y hueso, que con violencia no se pueden hacer hombres puramente espirituales.

Los monjes dicen siempre que primero hemos de confesar nuestra impotencia. Recién entonces Dios aceptará nuestra lucha. Así dice un apotegma: "Un hermano consultó al anciano Agatón sobre un problema relativo a la castidad. Él le respondió: Confiésale a Dios tu impotencia y recobrarás la calma."[3] Sólo cuando el joven monje admita su impotencia para dominar la sexualidad, Dios podrá guiarlo hacia una nueva libertad haciéndolo pasar por esa impotencia. Existen las dos experiencias: alcanzar la paz consigo mismo y con Dios mediante la impotencia ante la propia sexualidad, o la transformación de la sexualidad tal como se practica, por ejemplo, en el tantrismo. En el tantrismo se procura expresamente la excitación sexual para despertar fuerzas espirituales. La sexualidad es considerada aquí como una fuerza espiritual que nos impulsa hacia Dios.

En la espiritualidad desde abajo aceptamos nuestra sexualidad con gratitud porque ella nos recuerda continuamente que nuestra vida espiritual culmina en las ganas de vivir; que no sólo debemos vivir correctamente sino que podemos elevarnos por encima de nosotros mismos hacia el éxtasis en Dios. En nuestra tradición espiritual, por lo común, hemos considerado la sexualidad como una pasión que nos separa de Dios. Naturalmente la sexualidad es capaz de determinarnos tanto que acabemos cerrándonos a Dios. Pero también existe la experiencia espiritual de que las mociones de la sexualidad traen consigo energías espirituales, que la sexualidad nos recuerda siempre nuestro anhelo de fundirnos con Dios con toda pasión y amor, y experimentar en Él la satisfacción de nuestro anhelo.

---

[3] *Weisung der Väter* (Apotegmas de los Padres), Tréveris, 1998, n. 103.

En lo profundo de nuestro ser subyace el deseo de asumir y dominar nuestros sentimientos negativos tales como la tristeza y la susceptibilidad. Pero a menudo percibimos que no podemos apartar esos sentimientos simplemente procurando pensar de modo positivo. Incluso con frecuencia tampoco ayuda la oración. Algunos le piden continuamente a Dios que los libre de su depresión. Pero entonces con su oración no hacen otra cosa que girar en torno de sí mismos.

Una religiosa sufría estados de profunda tristeza que la asaltaban continuamente. Una falta de consideración de parte de otra religiosa, la insatisfacción con su trabajo, la sobreexigencia o cualquier otro motivo bastaban para convertir súbitamente su alegría en negra tristeza. Y se reprochaba el no poder liberarse de tales estados a pesar de la asistencia de un terapeuta y de un acompañante espiritual. Estaba decepcionada de sí misma y desesperaba. Sería erróneo pensar que existe un truco espiritual o psicológico capaz de liberarla para siempre de los estados de tristeza. La cuestión era por qué deseaba ser liberada de su tristeza. ¿Era realmente la voluntad de Dios o sólo la suya? ¿Quizás su tristeza no condecía con su ideal de religiosa que siempre vive de Dios, que mediante la oración y la meditación está siempre serena y por encima de las cosas? Pero ese ideal ¿era realmente la imagen que Dios tenía de ella? ¿O bien ella pretendía poner por encima de la imagen de Dios su propia imagen, que era más de su gusto, que era más perfecta e ideal? ¿Quería usar a Dios para que la ayudase a cumplir sus propios ideales?

Durante mucho tiempo pensó en vencer su susceptibilidad mediante la oración y la meditación. Sin embargo, ese no era el camino; porque de ese modo estaría utilizando a Dios para librarse de los sentimientos que la atormentaban, demostrando así que en realidad no tenía ningún interés por Dios. Si en su espiritualidad lo importante era Dios y no una vida serena y satisfecha, entonces no encontraría a Dios esquivando sus estados de tristeza, sino sólo asumiendo y pasando por dichos estados. El camino correcto sería admitir la tristeza y la susceptibilidad: "Sí, estoy herida, sufro."

Si no sólo hablo con mi tristeza sino que me sumerjo en ella, voy a su fondo, cobrará para mí un sabor agridulce. Sentiré que mi tristeza es un sentimiento intenso, que en ella vislumbro algo de la pesadum-

bre de la vida y del misterio del ser. Me hará bien permitir esa tristeza: puede convertirse perfectamente en un hermoso sentimiento, en
una vislumbre de que en mí deben desvanecerse aún muchas ilusiones hasta reconocer y percibir la verdad de mi vida y la verdad de
Dios.

A menudo, precisamente en el campo de las relaciones humanas,
existen problemas para cuya solución no ayuda comprender el lenguaje de los perros ladradores. Si en una comunidad siento continuamente
que se me excluye, que se me interpreta mal, ciertamente puedo buscar
las causas y participar más en el diálogo para aclarar malentendidos.
Pero con frecuencia subsiste la sensación de la exclusión, de no ser entendido. No tiene sentido entonces esforzarse una y otra vez por ser
finalmente entendido y aceptado. Porque cuanto más gire en torno de
esa aceptación de parte todos, tanto menos experimentaré dicha aceptación. Sólo me resta contemplar la situación en la comunidad como
un desafío espiritual.

Tanto en una comunidad monástica como también en el matrimonio existen situaciones tan complicadas que no pueden solucionarse.
Me obligan a buscar mi sostén y amparo en Dios. Justamente cuando
la comunidad no cumple mis expectativas, he de preguntarme cuán
en serio tomo aquellas palabras del salmista: "El Señor es mi pastor,
nada me puede faltar" (Sal 23, 1). ¿Es Dios sólo la confirmación de mi
bienestar o puedo decir con Teresa de Ávila que "sólo Dios basta"?

Problemas insolubles en la convivencia pueden ser oportunidad de
probar en qué medida tomo en serio a Dios. Aprenderé a confiar plenamente en Dios, a dirigir mi anhelo sólo a Dios, a esperar sólo de Él
la salvación y el cumplimiento. Si no hallo en otros amparo y hogar,
los buscaré en mí mismo. En mí existe un espacio al cual no tienen acceso los alfilerazos de mi prójimo, un espacio de serenidad en el cual
Dios habita en mí, en el cual verdaderamente me siento en casa, porque Dios mismo, el misterio, mora en mí. Yo decido entonces entre girar continuamente en torno de la realidad de ser incomprendido y la-
mentarme por ello, o aprovecharla para crecer más hondamente en
Dios.

Estos son sólo algunos ejemplos que nos señalan cómo la espiritualidad desde abajo podría verse concretamente. Ella se pone de mani-

fiesto sobre todo en la actitud de inclinarse hacia aquello que está en nosotros, de tomar en serio los sentimientos que afloran en nosotros, de no condenarnos por algún sentimiento, por alguna pasión. Más bien, contemos con que Dios justamente nos habla ahí, queriéndonos señalar que estamos viviendo al margen de nuestra esencia.

El diálogo con los sentimientos y pasiones podría llamarnos la atención sobre áreas reprimidas que pertenecen fundamentalmente a nosotros y sin las cuales nuestra vida sería más pobre. Quizás las emociones que por lo común nos prohibimos podrían ponernos en contacto con la imagen que Dios se ha hecho de nosotros, pero que hemos cubierto con nuestras propias imágenes ideales. Nuestra imagen ideal es a menudo ser personas con dominio de sí, serenas, pacíficas y amables. Pero con esa imagen ideal deformamos la imagen que Dios se ha hecho de nosotros. En mí quizás quiera vivir algo muy distinto, algo irrepetible, algo que Dios quiere desarrollar sólo en mí, pero que yo reprimo porque no se corresponde con mis expectativas.

Pero a la vez experimento que en mi espiritualidad desde abajo vuelve a deslizarse una y otra vez el deseo de cambiar por mí mismo, de encontrar por mí mismo el camino hacia Dios, de manera diferente a como lo hacía en mi juventud, pero siempre "por mí mismo". Pero espiritualidad desde abajo significaría admitir que jamás hallaré un método para redimirme por mí mismo, para transformarme por mí mismo. Tengo más bien que decirme sin cesar: a pesar de todos mis esfuerzos espirituales, a pesar de los libros que escribes, lucharás siempre con los mismos problemas, jamás te librarás de tu susceptibilidad y ambición. Sólo esta confesión de mi impotencia me abrirá realmente a Dios. Entonces sentiré que tengo que abrir aún más mis manos y abandonarme a Dios.

Sigue tu propio camino con la frente alta, en el trato con los demás

El misterio del otro

Mauritius Wilde

La Ilustración trajo mayor claridad al hombre. Éste se armó del coraje necesario para servirse de su propio intelecto y así no estar ya librado —impotente e inconscientemente— a las fuerzas oscuras de la naturaleza o del destino. Con la ayuda de las ciencias descubrió constantes según las cuales el hombre y el mundo se comportan con una seguridad bastante grande. No podemos volver a los tiempos anteriores a la Ilustración.

¿Pero hacia dónde nos ha llevado la Ilustración? Allí donde la claridad aumenta sin cesar, en determinado momento no se podrá ver más por el exceso de luz. Porque vemos cuando existe una mezcla de luz y de sombra. Un ejemplo en el cual se ha generado una gran falta de claridad por exceso de ilustración: en nuestra sociedad se ilustra, se informa exhaustivamente sobre la sexualidad. Todo niño conoce hoy desde muy temprano diferentes técnicas sexuales, pero sin comprender aún el sentido de la sexualidad y su peculiar belleza y fascinación. En la información parece haberse perdido algo esencial: el misterio.

Para el Principito el misterio desempeña un gran papel. Todo planeta al cual llega no sólo es extraño sino misterioso. Misterioso es algo más que extraño. Porque la extrañeza nos hace temblar, quizás nos haga retroceder; en cambio el misterio atrae. "Cuando el misterio es demasiado grande no se puede resistir", escribe el narrador del Principito. Extraña era esa personita en medio del desierto que, sin presentarse, le pidió que le dibujara una oveja. En ese hombrecito, el aviador no sólo percibió lo extraño sino también un misterio, un misterio irresistible.

Así pues, lo particular del misterio es que no resulta obvio enseguida, que no puede ser entendido inmediatamente. Obvias y "comprensibles" son las cosas exteriores. Por ejemplo, la edad de una persona, su peso, el número de sus hermanos, los ingresos de su padre. Todo

41

eso es fácilmente explicable. Uno puede informarse rápidamente sobre el punto. Pero sobre el hombre mismo no se sabe aún nada, sobre su misterio, sobre su corazón. "Lo esencial es invisible a los ojos", le confía el zorro al principito.

El misterio es el motor que me permite adentrarme en el mundo del otro. En lo que me es inexplicable en él, lo que no he comprendido pero que me gustaría saber porque me parece que de algún modo tiene sentido. Un mundo que confía en números, técnica y computadoras no sabe qué hacer con el misterio. No ve el misterio que existe en todo ser humano, en todo pueblo, en toda religión, en toda cultura. Y si el otro se sustrae tenazmente al cálculo, si su conducta no es previsible para mí, entonces me infundirá miedo, un miedo contra el cual sólo puedo defenderme recurriendo a la violencia. Quizás ese fue uno de los motivos más profundos de las guerras del golfo. El mundo islámico, que parece pensar, sentir y creer de manera muy distinta del mundo occidental, no era previsible para Occidente. Así pues se procedió al ataque en lugar de respetar el misterio y emprender el camino de la comprensión de este mundo diferente.

"¿Qué haces con quinientos millones de estrellas?, preguntó el Principito. Y el hombre de negocios contestó: "Quinientos y un millón seiscientos veintidós mil setecientos treinta y uno. Soy un hombre serio. Soy exacto." Nuestra época toma todo con exactitud científica. Pero lamentablemente toma con exactitud lo falso, lo no esencial, lo exterior. Porque... ¿A quién o a qué conmueven tales cifras? ¿A quién atraen?

A quien tome en serio el misterio que hay en el otro se le descubrirá su misterio. Ése es otro mensaje del principito. Verá realmente algo; naturalmente no con los ojos o la computadora, sino con el corazón. El aviador tenía mucha sed. El Principito le propone: "Busquemos un pozo de agua." El aviador advierte enseguida la inutilidad de la propuesta. No se puede esperar hallar un pozo de agua en la infinitud del desierto. Sin embargo acompaña al Principito. Lo está atrayendo el misterio sin que él mismo lo advierta. En el camino el Principito le dice: "El desierto es hermoso. Lo que hace hermoso al desierto es que en algún lugar esconde un pozo de agua." Entonces se le abren los ojos al aviador. Se da cuenta de que el desierto, que él siempre había amado, esconde un misterio. Y que ese misterio es lo que hace bello al desierto. Se produce un cambio: el que lo había hecho caminar hacia el misterio del desierto se cansa. Y el que antes había sido guiado, toma en sus brazos a su guía y lo lleva por el desierto. Y de manera muy sencilla, como algo natural, encuentra efectivamente, al despuntar el día, el pozo de agua.

La historia describe cómo llegar hasta el misterio del otro. En un primer momento no existe (contemplado racionalmente) casi ninguna perspectiva de encontrarlo. Y, sin embargo, el misterio del otro es también la salvación de mi vida. Así pues emprendo el camino contra toda esperanza. Ésa es la etapa del "no te comprendo". Andando el camino, al ingresar en el mundo del otro, se me revela su misterio. Aún no lo alcanzo directamente. Se me revela sólo como misterio. Donde antes sólo había cosas extrañas, incomprensión, perplejidad, impotencia, advierto ahora que en el otro subyace un profundo misterio que lo hace tan fascinante y hermoso, y que me atrajo hacia él a pesar de que yo no tenía ningún motivo para adentrarme en su mundo. Consciente de ese misterio, prosigo la marcha. Si antes fui guiado, ahora paso a ser yo mismo mistagogo, introductor al misterio, y me abro camino en el mundo del otro. Y de pronto, inesperada pero no ya sorpresivamente, habré llegado al misterio del otro.

Vale decir que es posible conocer al otro, encontrarlo. Pero tengo que ingresar hasta su misterio, que subyace en el fondo de su persona y no en la superficie. El otro no perderá por ello su condición de misterioso. Pero podrá ser que por primera vez yo vuelva a decir, y ahora con razón: "Comprendo. Te comprendo". Sólo quien pudo ver el misterio del otro, podrá entonces comprenderlo.

Existen algunas escenas de los evangelios en las cuales Jesús ve algo con antelación, como si tuviera cualidades de videncia. También el Principito puede prever cosas (por ejemplo, el pozo en el desierto). Pero ahora descubrimos que esa mirada "vidente" no es un talento de algunos pocos iluminados o especialistas, sino que la tiene aquel que ha pasado por la oscuridad de la extrañeza y del misterio, y ha avanzado hasta llegar al misterio. Ése contemplará las cosas y las personas como si las viese desde adentro, desde su fondo esencial, y por lo tanto preverá las cosas que son obvias. La verdadera ilustración se consigue pasando por la oscuridad. De lo contrario, se quedará en la superficie.

Amar al hermano y a la hermana

Anselm Grün

El mandamiento del amor al prójimo nos parece una sobreexigencia. ¿Cómo amar a una persona que me resulta antipática, que genera sentimientos negativos en mí? No puedo forzar mis sentimientos, no puedo ser insincero para conmigo mismo ni para con los demás. Si partimos del concepto de amor como la transformación de una realidad a la cual se ha reinterpretado o el buen trato que se dispensa a lo que se ve como bueno, entonces el amor no nos obliga a reprimir nuestros sentimientos negativos ni a fingir una conducta amable para con todas las personas.

Debemos obligarnos a una nueva visión del otro. Hemos de cuestionar nuestros prejuicios y tratar de contemplar al otro expresamente a través del cristal de la fe y creer en el núcleo bueno que hay en él. No debemos obligarnos a amar. El amor se deriva de la fe. Nuestra tarea es armonizar nuestra conducta con nuestra manera de ver las cosas. De lo contrario estaremos escindidos en nosotros mismos. No necesitamos generar en nosotros ningún sentimiento de amor. Si descubrimos en el otro un anhelo de bien, surgirán, también en nosotros, sentimientos más positivos. Amar significa tratar al otro de tal modo que tomemos en serio su anhelo de bien, que motivemos cada vez más lo bueno en él, que contribuyamos a que lo bueno en él supere más y más lo enfermo y no redimido, lo malo y lo oscuro, de tal modo que toda la persona se haga buena. Amar significa hacer bien al otro, transformarlo cada vez más en una persona buena.

Si la fe es el reconocimiento de una alternativa de solución, entonces el amor es el que aplica esa solución. Como la fe, así también el amor abandona el plano en el cual se juegan juegos interminables. Un juego interminable es el juego de victoria y derrota. Algunas personas sólo pueden tratarse en el plano de la victoria y la derrota. O soy más fuerte o soy más débil que el otro, o triunfo yo o triunfa él. Uno de los dos debe perder. Es un juego sin fin. Porque cuando pierdo, lucho entonces por ganar la próxima vez. Y si no puedo ganarle al mismo contrincante, me busco otro a quien vencer. Porque no puedo soportar ser un eterno perdedor.

El amor abandona el plano de victoria y derrota, pasa por encima de él y asciende con el otro a un plano superior. No contemplará al otro como contendiente, sino como una persona en la cual hay muchas cosas buenas. Le interesará fortalecer lo bueno que haya en él, estimular sus capacidades y dejarlo vivir. No necesita de la derrota del otro para poder creer en su propio valor y fuerza. Quien haya encontrado su fundamento en sí mismo, más aún, en Dios, quien haya encontrado su valor, aceptará al otro con su correspondiente valor. Esta actitud es menos fatigosa que la presión continua por tener que vencer al otro.

Al elevarme por encima del plano de triunfo y derrota me sustraeré a la lucha continua por autoafirmarme. De pronto descubriré posibilidades mucho más positivas para tratar con el otro. Me alegraré de su valor. Eso no menoscabará mi propio valor sino que, al contrario, me hará participar de la riqueza del otro. Sólo hace falta mucha imaginación para superar el plano de victoria y derrota y así obtener una alternativa de solución. Es parte de la esencia misma del amor el dejarse guiar por intuiciones, idear soluciones imaginativas, descubrir nuevas sendas y posibilidades. El amor nos hace creativos. A veces, incluso, es un poco loco. Pero sus soluciones locas son más humanas que el interminable juego en el plano de triunfo y derrota.

A menudo se nos hace dificultoso el amor al prójimo porque tenemos ideales demasiado elevados al respecto. Nos proponemos una y otra vez amar al otro. Pero nos sentimos tremendamente decepcionados cuando el otro tiene una opinión totalmente contraria, cuando nos ofrece resistencia o incluso nos combate. A menudo confundimos amor con armonía. Sería muy hermoso que todos pudiéramos vivir en armonía. Pero es una utopía. En nuestro anhelo de armonía son por lo general los otros quienes perturban esa armonía. Y entonces se nos hace difícil seguir amando a los aguafiestas de la esperada armonía.

El verdadero amor no plantea condiciones a los demás. Los acepta tal cual son. Constata con total sobriedad lo que hay en ellos: insatisfacción, agresividad, ambición de poder, búsqueda de reconocimiento, intriga, pero también anhelo de bien. El amor no se hace ilusiones, transforma lo que es posible transformar. Suscita lo bueno en la persona enferma y quebrada. El amor no tiene miedo a los conflictos. Porque está por encima del plano de los conflictos. Cuando surge un conflicto, se pregunta qué es lo que le hace realmente bien al otro. Al elevarse por sobre el plano del conflicto, no se aferrará a las emociones sino que seguirá con consecuencia la búsqueda de una auténtica solución. El mero anhelo de armonía esquiva la dura realidad y se refugia en un mundo aparente. En cambio, el amor enfrenta la realidad, la aborda y la transforma. Sólo se puede transformar lo que se ha aceptado. El amor cumple esta ley fundamental de la vida asumiendo lo que encuentra como algo ya dado.

Las fantasías utópicas dificultan a menudo el amor entre los cónyuges o entre los amigos. Se sueña con un amor mutuo, pero cuando el cónyuge no lavó los platos se derrumban súbitamente los castillos de arena. El vuelo del amor acaba en las trivialidades de la vida. Para san Benito el amor fraterno se manifiesta muy concretamente en la disposición a asumir los servicios diarios y cumplirlos concienzuda y cuidadosamente. El amor debe encarnarse y abrazar la realidad de la vida. La realidad a menudo es austera y consiste en mil pequeñeces. Al otro no sólo lo acepto con sus sublimes pensamientos y sentimientos, sino también con sus costumbres que me crispan los nervios.

Por eso, para san Benito el amor se pone de manifiesto también en la mutua tolerancia de las flaquezas (cf. Regla de san Benito, cap. 52). En lugar de aferrarse a fantasías, el amor aborda la realidad del otro y de la convivencia, no cierra los ojos ante la realidad, pero se eleva por encima del plano en el cual se riñe. Ve lo invisible en el otro más allá de lo visible, ve su buena intención, su buen núcleo, sus capacidades positivas. Y lo trata desde ese plano. Por ese camino se relativizan muchas disputas. Éstas no serán ya tan terriblemente importantes. No se las niega ni reprime, sino que se las acoge y transforma. La utopía termina en resignación, en cambio el amor aborda activamente los problemas de la vida cotidiana, con mucha fantasía, con paciencia, con perseverancia, y con humor, que es una típica solución alternativa. En la Carta a los Corintios, san Pablo describe clásicamente estas cualidades del amor: "La caridad es paciente (*makrothymos*, magnánima), el amor es servicial (*chresteuetai*, nos hace buenos)... todo lo soporta, todo lo cree, todo lo espera, no acaba nunca " (1 Co 13, 4.7).

El amor enfrenta la realidad, la soporta, la transforma, porque cree en el bien que Dios ha depositado en ella. Y porque cree que Dios, en su amor, es capaz de transformarlo todo.

Ser compasivos y poner en práctica la misericordia

Lothar Kuld

❖ Ser compasivos

Naturalmente en la discusión en torno de la compasión mucho depende de lo que se entienda por "compasión". Unos dicen "compasión" y se refieren a algo distinto de "sentir con el otro". La compasión es para ellos algo despreciable; en cambio, sentir con el otro es señal de sensibilidad. En el fondo compasión y sentir con el otro se refieren a lo mismo. El término "sentir con el otro" alude al lado más psicológico de la compasión y por eso se lo preferiría hoy en día. Compasión en el sentido de sentir con el otro es una actitud que todo ser humano conoce y que lo liga con su prójimo. Todos podemos sentir con el otro. Todos podemos obrar así. Sentir con el otro es parte de nuestra inteligencia emocional.[4]

Por esa vía nos hacemos una idea de lo que el otro siente. La historia de la humanidad no comenzó cuando, en algún momento dado, uno de nuestros antepasados fabricó una herramienta para hacerse un poco más cómoda la vida, sino con esa capacidad de representarse al otro, de imaginarse cómo el otro se siente y piensa, y compartir compasivamente lo que le sucede. Así comenzó la historia de la comunidad.[5]

Compasión es la capacidad de imaginarse que la otra persona sufre. La compasión afirma la convicción de que para mí es extraordinariamente importante averiguar si el otro sufre, y luego no descansar hasta suprimir ese dolor, en caso de que fuera evitable. La compasión está ligada a la convicción de que el sufrimiento de una persona, y también de todo un pueblo, debería ser eliminado y suprimido, siempre y en la medida en que sea posible. La compasión, el sentir con el

---

[4] Cf. D. Goleman, *La inteligencia emocional*, Vergara, 1999.

[5] Cf. L. Boff, *Principio de compasión*, Friburgo de Brisgovia, pág. 23.

otro, son puentes hacia el prójimo. Me señalan la falta de felicidad y de reconocimiento que padece el otro. Compasión es la indignación y rebelión contra la desgracia y la injusticia que se le hace al otro. Quizás no pueda cambiar nada de ello, pero, si no es posible hacer otra cosa, conservaré en la memoria a aquellos que han sido despojados de su felicidad y, de ese modo, los rescataré del olvido y les rendiré homenaje. La compasión concebida de este modo es caudalosa fuente de cambio. Impulsa a obrar.

Subsiste la pregunta: ¿Por qué yo? ¿Por qué debo actuar yo cuando existen tantas otras personas que no hacen nada, que callan o se desentienden? No siempre resulta fácil dar una respuesta razonable a este interrogante en cada caso concreto. Muchas cosas ocurren espontáneamente. No se dispone siempre de razones que las expliquen. Una estudiante visitó durante dos semanas un instituto geriátrico para pacientes que no podían valerse por sí mismos. Me dijo que, por la tarde, cuando regresaba a su casa, no tenía ganas de volver al otro día allí. Pensaba en esas personas que se hallaban en la etapa final de su vida. Pero entonces, dijo, sacaba fuerzas de la compasión. Volvía a ir a ese lugar y era como si lo que había pensado la tarde anterior se hubiese disipado. Tenía la sensación de hacer lo correcto.

"Compadecer" sería el término correcto para esa acción de sentir con el otro. Nos lleva hasta los límites y sabe que la servicialidad se topa con límites, propios y ajenos. Y tiene cuidado de no transgredir esos límites. Las personas compasivas no quieren generar un mundo libre de dolor. No descartan a los viejos, los enfermos y los pequeños sino que se alían con ellos. Perciben que ellos mismos no son personas más fuertes, ni más sanas ni más grandes que los demás, y que la salud, la discapacidad, la fortaleza y la fragilidad, la felicidad y el dolor, la belleza y la deformación no están repartidas de tal modo que unos sean depositarios de todo lo "sano" y los otros del resto "malo". La compasión no pone rótulos: no declara a los ancianos "gente que sufre" ni a los discapacitados "pobres criaturas".

La vida humana es más amplia y variada de lo que se piensa. Reconocerlo solucionará muchos bloqueos. No hace falta amar a todos los hombres, no podemos hacerlo, como ya lo sabemos, ni tampoco lo hacemos. Pero sí podemos reconocerlos como seres humanos tal como son aquí y ahora. No hace falta hacerlos iguales a nosotros. Ni tampoco debemos hacerlo si sentimos compasión. La necesidad del otro me conmueve y me impulsa a obrar. Trataré de mejorar su situación, pero no a él, al ser humano. Porque él, en cuanto persona, puede llevar una vida diferente de la mía, tener otras convicciones, otra visión de las cosas, otra moral, otra fe, otro idioma, otra cultura. Me acercaré a él compasivamente asumiendo que el otro puede y debe ser tal cual es. Eso no menoscabará en absoluto el sentimiento de compasión. Éste surge y no pregunta si está justificado o no. Por eso, la compasión puede ser también explotada, ser objeto de abuso y engaño. Por eso, ser compasivos y sentir con el otro exigen coraje, mucho más coraje que el replegarse al aparentemente indiferente yo. La indiferencia no constituye ninguna alternativa. Ser indiferente, no dejarse conmover por el sufrimiento ajeno es un programa espiritual precario.

✧ Poner en práctica la misericordia

El salmo 136 alaba la compasión de Dios para con toda la creación. La misericordia de Dios es universal. Se derrama sobre todo aquel que sufre, también sobre los animales: "El justo se cuida de su ganado" (Pr 12, 10). Los pobres están bajo el amparo especial de Yahveh: "Quien oprime al débil, ultraja a su Hacedor; mas el que se apiada del pobre, le da gloria" (Pr 14, 31). "Quien desprecia a su vecino comete pecado; dichoso el que tiene piedad de los pobres" (Pr 14, 21). U otra versión: "Quien se apiada del débil, presta a Yahveh, el cual le dará su recompensa" (Pr 19, 17). La misericordia se pone de manifiesto en la acción. La Biblia insiste en el hacer: "¿No será más bien este otro el ayuno que yo quiero: desatar las coyundas del yugo, dar la libertad a los quebrantados, y arrancar todo yugo? ¿No será partir al hambriento tu pan, y a los pobres sin hogar recibir en casa? ¿Que cuando veas a un desnudo lo cubras, y de tu semejante no te apartes?" (Is 58, 6-8).

Los primeros cristianos mantuvieron esta concepción de la misericordia activa. El redactor de la primera Carta de san Juan formula de manera inequívoca que lo importante es la práctica de la misericordia:

"Si alguno que posee bienes de la tierra, ve a su hermano padecer necesidad y le cierra su corazón, ¿cómo puede permanecer en él el amor de Dios? Hijos míos, no amemos de palabra ni de boca, sino con obras y según la verdad" (1 Jn 3, 17-18).

Ejemplo clásico de la misericordia cristiana es el buen samaritano. Pero veremos enseguida que de esa parábola no se puede extraer ninguna enseñanza que sólo concierna a los cristianos. En el evangelio según san Lucas se dice: "Al verlo (al que había sido golpeado) tuvo compasión *(esplagchnisthe)*" (Lc 10, 33). Para comprender por qué Jesús cuenta esta historia, por qué con ella cala en la memoria de la humanidad, reparemos en el marco en que, en el diálogo que la precede: "Se levantó un legista, y dijo para ponerlo a prueba: 'Maestro, ¿qué he de hacer para tener en herencia vida eterna?' Él le dijo: '¿Qué está escrito en la Ley? ¿Cómo lees?' Respondió: 'Amarás al Señor tu Dios con todo tu corazón, con toda tu alma, con todas tus fuerzas y con toda tu mente; y a tu prójimo como a ti mismo.' Díjole entonces: 'Bien has respondido. Haz eso y vivirás.'

Pero él, queriendo justificarse, dijo a Jesús: '¿Y quién es mi prójimo?' Jesús respondió: 'Bajaba un hombre de Jerusalén a Jericó, y cayó en manos de salteadores, que, después de despojarlo y golpearlo, se fueron dejándolo medio muerto. Casualmente, bajaba por aquel camino un sacerdote y, al verlo, dio un rodeo. De igual modo, un levita que pasaba por aquel sitio lo vio y dio un rodeo. Pero un samaritano que iba de camino llegó junto a él, y al verlo tuvo compasión; y, acercándose, vendó sus heridas, echando en ellas aceite y vino; y montándolo sobre su propia cabalgadura, lo llevó a una posada y cuidó de él. Al día siguiente, sacando dos denarios, se los dio al posadero y dijo: 'Cuida de él, y, si gastas algo más, te lo pagaré cuando vuelva.' ¿Quién de estos tres te parece que fue prójimo del que cayó en manos de los salteadores?' Él dijo: 'El que practicó la misericordia con él.' Díjole Jesús: 'Vete y haz tú lo mismo'" (Lc 10, 25-37).

El samaritano obra por misericordia. No reflexiona si su ayuda es apropiada. Tomado estrictamente, no actúa de manera ética, si actuar éticamente significa decidir en base a las alternativas de elección y obrar luego con responsabilidad y a conciencia. No, el samaritano ayuda llevado por un impulso, sin saber ni reflexionar lo que la situación exige de él y el provecho que podría sacar del auxilio brindado. Mira y sabe. La historia en ese sentido no tiene ninguna moral ni *ethos*. Señala algo muy sencillo y humano. El samaritano reacciona como un hombre que, embargado de compasión, se acerca a uno que está "medio muerto". Reacciona con increíble naturalidad y hace lo que debe hacerse, mientras los jefes religiosos de esta historia, el sacerdote y el levita, eluden por completo el socorro. Probablemente proceden así por motivos religiosos (los muertos eran considerados impuros). El samaritano no tiene esos motivos. Quizás por eso está en condiciones de hacer lo que, humanamente hablando, era lo más apropiado. De ello se desprende la siguiente observación: la religión no es ninguna garantía de que una persona dé muestra de compasión. Incluso, en ciertos casos, es un impedimento. Quizás el hombre moderno no actúa por estar atrapado en la trampa del ego; pero tampoco actúa el hombre que conoce todos los pasajes bíblicos referidos a la misericordia de Dios. Pero no reside en ese punto lo provocativo de esta parábola. El samaritano obra porque no está impedido por barreras religiosas. El samaritano pudo haber hecho valer diferencias culturales si aquel hombre golpeado hubiera sido judío. Pero no lo sabemos a ciencia cierta. Sea como fuere, su compasión, su sentir con el otro, no repara en fronteras religiosas, culturales o sociales. Nada lo detiene. Para desplegar su servicialidad no tiene que ser religioso ni samaritano. Por lo tanto, en el fondo, una ética cristiana de la ayuda no es realmente necesaria ni —contrariamente a algunas opiniones que siempre se difunden— tampoco puede ser inferida de la historia del buen samaritano.

El debate teológico sobre el tema se realiza en la escena que sirve de marco a esta historia. Comienza con una discusión sobre lo que debe hacer un hombre para ganar la "vida eterna". La respuesta de las Sagradas Escrituras es: "Amarás al Señor tu Dios con todo tu corazón, con toda tu alma, con todas tus fuerzas y con toda tu mente; y a tu prójimo como a ti mismo" (Lc 10, 27). Ambos mandamientos son citas del Antiguo Testamento: "Amarás a Yahveh tu Dios con todo tu corazón, con toda tu alma y con toda tu fuerza" (Dt 6, 5) y: "No te vengarás... Amarás a tu prójimo como a ti mismo" (Lv 19, 18).

"¿Y quién es mi prójimo?" se le pregunta a Jesús. A continuación, Jesús relata la parábola del buen samaritano. La parábola tiene una larga historia de interpretaciones. Gerd Theissen,[6] a quien seguimos ahora, la interpreta en relación con la crisis de la asistencia, determinada por tres objeciones:

1. Parte de la ideología de una sociedad egoísta es que la ayuda es una autoexplotación. El que ayuda no puede deslindarse correctamente de quien necesita asistencia, padece una especie de síndrome de ayudador.

2. La compasión y la misericordia tienen que ver con el poder. El ayudador se está ayudando a sí mismo.

3. La disposición a ayudar es, en el fondo, egoísta. Sirve sólo a los hijos y al propio grupo, a la dispersión y difusión de los genes propios.

Vale la pena leer la parábola del buen samaritano teniendo en cuenta estos argumentos. Se pondrá en evidencia un modelo de acción misericordiosa que exige del samaritano hacer lo que él puede hacer, ni más ni menos. Ciertamente no padece ningún síndrome de ayudador ni se autoexplota. Se despide del herido en cuanto halla un segundo ayudador que se haga cargo de él. Sea como fuere, la dedicación del samaritano está acotada temporalmente. Resulta evidente que sabe desprenderse de esa circunstancia. No se queda hasta que no tenga nada que dar, sino que retoma enseguida su senda.

¿Quizás disfruta del poder que implica tener ante sí a una persona tan desvalida? ¿Disfruta el hecho de ser él el fuerte y el otro el débil? Para poder avanzar en este punto es necesario establecer la diferencia entre misericordia y amor al prójimo en la cultura de la época. En Oriente antiguo la misericordia era, en efecto, una merced dispensada por los poderosos. Así se representa también en la Biblia la misericordia de Dios. La misericordia era un acontecimiento entre personas fundamentalmente desiguales. Los poderosos y los ricos, que daban importancia al prestigio social, se gloriaban de su misericordia. La mi-

---

[6] G. Theissen, "Die Bibel diakonisch lesen: Die Legitimitätskrise des Helfens und der Barmherzige Samariter" (Leer la Biblia desde la diaconía: la crisis de legitimación de la asistencia y el buen samaritano) en: *Diakonie-Biblische Grundlagen und Orientierungen* (Diaconía-Fundamentos y orientaciones bíblicos), G. Schäfer y T. Strohm (editores), Heidelberg, 1990, págs. 376-401.

sericordia era una cuestión de posición social y tenía su lugar en una sociedad autoritaria con marcadas diferencias sociales.

En cambio, el amor al prójimo era y es un concepto referido a una relación entre iguales. Surge en la Antigüedad (romana) y sólo es imaginable, como la amistad, entre personas de igual condición y derechos. El amor al prójimo, en cuanto relación entre personas que se consideran iguales, es simétrico. El amor al prójimo se da sólo entre personas que se aceptan considerándose depositarios de un mismo valor. El "prójimo" es siempre sólo aquel que es igual a mí y al que yo acepto como igual a mí. Si al final de los diez mandamientos se dice: "No codiciarás la casa de tu prójimo, ni codiciarás la mujer de tu prójimo, ni su siervo, ni su sierva, ni su buey, ni su asno, ni nada que sea de tu prójimo" (Ex 20, 17), entonces con el término "prójimo" se alude al vecino pudiente, y no a cualquier hombre pobre y necesitado. El amor al prójimo sólo existe entre iguales. Hay que dejar de lado toda inclinación al poder.

Evidentemente ya los primeros cristianos tenían un problema con ello. Porque las diferencias sociales continuaban existiendo entre sus filas. Parece que existían diferencias de posición social y se hacían distinciones en el trato brindado a algunos miembros de la comunidad, de tal modo que el redactor de la Carta de Santiago exhorta encarecidamente a sus destinatarios a tratar a todos por igual, fuesen ricos o pobres: "Si cumplís plenamente la Ley regia según la Escritura: *Amarás a tu prójimo como a ti mismo*, obráis bien; pero si tenéis acepción de personas, cometéis pecado y quedáis convictos de transgresión por la Ley" (St 2, 8).

En la parábola del buen samaritano se encuentran dos personas excluidas de la sociedad: el hombre que había sido asaltado está excluido en razón de su triste destino, y el samaritano, en razón de su papel de persona marginada dentro de la región judía. Entre ambos existe simetría; ellos se encuentren en ese plano como iguales. No existe prácticamente búsqueda de poder. El samaritano tampoco puede sacar provecho alguno de su ayuda. Es improbable que el herido tenga sus mismos genes. No queda claro si el hombre que yace "medio muerto" realmente logró sobrevivir. No se puede estimar si el hombre golpeado puede retribuir al samaritano su servicio con otro similar. Eso dependería de que entre ambos surja una larga relación. Pero el samaritano retoma su camino luego de haber dispensado los primeros auxilios. Por eso no encajan en esta historia todas las consideraciones sobre si el samaritano habría pensado sólo en sí mismo.

A ello se suma otro problema que se soluciona recién al final de la historia: el samaritano no es de entrada "el prójimo". Pasa a serlo gracias a la pregunta y al comentario que Jesús añade a su historia: "¿Quién de estos tres (sacerdote, levita y samaritano) te parece que fue prójimo del que cayó en manos de los salteadores?" (Lc 10, 36). La pregunta es decisiva. ¿Cómo un hombre se convierte en prójimo? En el texto griego existe un pequeño juego de palabras. Traducido libremente, Jesús pregunta, en efecto: "¿Quién de estos tres te parece que se acercó al que cayó en manos de los salteadores?" Ése fue evidente y concretamente el samaritano. El "prójimo" es aquel que va hacia la víctima y de ese modo se convierte en "el próximo". Esto puede parecer trivial, pero es decisivo para comprender quién, según la concepción cristiana, está "próximo" a otro.

El prójimo no es aquel que ha de ser asistido en razón de su condición de miembro de la familia o por razones jurídicas. Eso no lo constituye en prójimo. El prójimo es aquel a quien hacemos "próximo" nuestro, aquel a quien nos acercamos para ayudarlo. Al ayudarlo nos "acercamos" espontáneamente a él. Según la concepción cristiana, todo ser humano es, en principio, mi "hermano" y "hermana", y no sólo las personas con las cuales estoy emparentado genéticamente.

Volvamos al comienzo de la historia. Para el sacerdote, el levita y el samaritano el hombre víctima de los salteadores estaba "medio muerto". Los tres tuvieron que haberse planteado la pregunta de si valía la pena ayudar a una persona en tales condiciones. Suponiendo que el herido hubiera sido judío (no se lo dice expresamente), el sacerdote y el levita habrían sido los más cercanos a él, en cuanto compatriota, y a los que más competía ayudarlo. Sin embargo, lo abandonan. Queda apartado de sus vidas. En cambio, el samaritano le presta atención a ese hombre perdido, abandonado, dejado de lado. Porque era su "hermano" y pertenecía a los "pequeños" con los cuales el mismo Juez del mundo se identifica en el gran discurso del juicio que se lee en el evangelio según san Mateo (Mt 25, 31-46): "Tuve hambre y me disteis de comer, tuve sed, y me disteis de beber; era forastero, y me acogisteis; estaba desnudo, y me vestisteis; enfermo, y me visitasteis; en la cárcel y vinisteis a verme" (Mt 25, 35 s.).

Al final de la parábola del buen samaritano uno casi se olvida de que la parábola es contada en relación con la cuestión teológica de "la vida eterna". Alcanza la "vida eterna" quien cumple el doble mandamiento del amor, dice el legista, y Jesús se lo confirma expresamente. Le dice: "Haz eso y vivirás" (Lc 10, 28). ¿Qué significa aquí "vivir"? El discurso cristiano del juicio final, del Juez universal y de la vida eterna ha pasado un poco de moda. Es poco lo que se puede sacar de esa mitología. Casi nadie cree en ella. Sin embargo, no debe olvidarse el impulso que subyace en esas imágenes del juicio final y en el anhelo de "vida eterna". Juicio final significa que toda vida es importante, que ninguna se pierde y que justamente la vida pasada por alto, abandonada, descartada y expulsada es contemplada por Dios y tiene valor ante Dios.

Vida eterna, en este sentido, es más que vida biológica. Desde el punto de vista biológico, la vida del ser humano está sujeta a la selección. Con la moderna medicina de la reproducción, el ser humano comienza a tomar en sus manos la selección. Atender la vida dañada cuesta infinita fatiga, por eso se la detecta y descarta cada vez más temprano. El hombre asume la muerte por razones de la necesaria selección biológica y evolutiva. Así es la vida. La "vida eterna" comienza cuando se acaba la selección de la vida que se da por perdida. El imperativo de la parábola del buen samaritano es: "Salva lo perdido." Theissen escribe que al amor cristiano al prójimo se le agotarán pronto los argumentos para ayudar "si se habla sólo de una vida en sentido biológico y se pretende fundamentar la ayuda recurriendo a lo que es biológica (y evolutivamente) funcional"; y "justamente allí donde el amor cristiano al prójimo ha considerado que reside su misión particular: entre las personas destruidas, quebradas, desvalidas, que a menudo son una mera sombra de sí mismas."[7]

---

[7] Ibídem, pág. 393.

En las historias de milagros que nos presentan los evangelios, historias en las cuales se habla una y otra vez de la misericordia de Jesús, en las bienaventuranzas del Sermón del Monte y su ética "sed compasivos, como vuestro Padre es compasivo" (Lc 6, 36) y en el discurso sobre el juicio del evangelio según san Mateo (Mt 25, 31-46), Jesús vuelve su mirada justamente sobre aquellos que se pierden bajo el peso de la selección, y los llama "hermanos" (y "hermanas" habría que completar; Mt 25, 40). El amor cristiano al prójimo tiene una concepción de la vida que no acepta la selección y el exterminio, y por eso aparta la muerte de la vida. "Nosotros sabemos que hemos pasado de la muerte a la vida, porque amamos a los hermanos" (1 Jn 3, 14).

La "vida eterna" no comienza en el más allá sino en este mundo, cuando manifestamos compasión y solidaridad justamente con aquellos que aparente o efectivamente ya no pertenecen a la vida. Jesús lo llama "perfección". "Perfecto" (Mt 5, 48) es el hombre cuya compasión va dirigida, por principio, a todos los hombres y no a sus amigos o a la propia familia. Porque amar a amigos o familiares es algo que hacen todos, dice Jesús, y resulta fácil, pero aún no es la totalidad, y por ende no es perfecto. La exhortación de Jesús es, en cambio: "Vosotros, pues, sed perfectos como es perfecto vuestro Padre celestial" (Mt 5, 48). Dicho en otros términos: Acojan en su vida todo aquello con lo que se encuentren. Denle un espacio. No lo excluyan. Así vuestra vida cobrará "plenitud". Vida "en plenitud" es "vida eterna". Jesús exhorta a su interlocutor a obrar así.

Respeto por los hombres

Alois Seuferling, Anselm Grün

El respeto a Dios, el respeto al ser humano y el respeto a la creación están estrechamente unidos. San Benito empleaba la palabra *"reverentia"* sobre todo en relación con la oración. Así pues, al rezar el Gloria todos los hermanos debían levantarse de sus asientos "por profunda reverencia hacia la Santísima Trinidad" (Regla de san Benito 9, 7). Y escribe todo un capítulo sobre el respeto en la oración (Regla de san Benito 20). El respeto es la actitud fundamental al orar. El respeto percibe el misterio de Dios. Dios es siempre el que inspira respeto, el Creador infinito y sublime: "Si cuando queremos sugerir algo a los hombres poderosos, no osamos hacerlo sino con humildad y reverencia, ¿cuánto más se ha de suplicar al Señor Dios de todas las cosas con toda humildad y pura devoción?" (Regla de san Benito 20, 1 s.). Es nuevamente el Creador a quien se adora aquí con respeto.

Junto con el respeto en la oración, san Benito habla también del respeto debido a las personas. Se debe respeto al abad: "Si hay cosas que pedir al superior, pídanse con toda humildad y sumisión de respeto" (Regla de san Benito 6, 7). Pero con el mismo respeto han de tratarse los monjes entre sí: "Respeten, pues, los más jóvenes a sus ancianos, y amen los ancianos a los más jóvenes. En el mismo modo de llamarse a nadie le sea lícito llamar a otro por su solo nombre, sino que los ancianos llamen a los más jóvenes con el nombre de hermanos, y los más jóvenes a sus ancianos: *nonnos*, que significa paternal reverencia *(quod intelligitur paterna reverentia)*" (Regla de san Benito 63, 10-12). En una época de decadencia de todas las formas de trato humano, san Benito describe cómo debe ser concretamente el respeto en el trato mutuo: "En cualquier lugar en que se encuentren los hermanos, pida el más joven la bendición al mayor. Al pasar un mayor, levántense el menor y déle lugar para sentarse, y no se atreva el más joven a sentarse junto a él, si no se lo manda su anciano; para que se haga lo que está escrito: 'Adelantaos para honraros los unos a los otros' *(honore invicem praevenientes)*" (Regla de san Benito 63, 15-17).

En el trato cotidiano se trata de respetar el misterio del otro y de ser una bendición para el otro. Todo ser humano es fuente de bendición para el otro. Por este camino, nuestro trato mutuo cambiará. Ya no habrá competencia ni observación desconfiada de si los demás viven según las normas. La relación de las personas entre sí estará determinada por una actitud fundamental positiva. La fe en que uno puede ser una bendición para el otro corresponde, en lo profundo, a la espiritualidad de la Creación.

La razón del respeto por los demás es la fe de que Cristo nos sale al encuentro en cada persona. Se recibe a Cristo mismo en los huéspedes, en los enfermos, en los pobres y peregrinos, en todo forastero: "Todos los huéspedes que llegan sean recibidos como Cristo, pues Él mismo ha de decir: 'Huésped fui y me recibisteis.' Y dése a todos el honor correspondiente, mayormente a los hermanos en la fe y a los peregrinos" (Regla de san Benito 53, 1 s.). La hospitalidad benedictina se ha hecho proverbial a lo largo de los siglos. Perpetúa la hospitalidad que en la Iglesia primitiva era característica de los cristianos y que era sagrada tanto para los griegos como para los romanos. Porque en el forastero que se recibía, de ello estaban convencidos los griegos, nos puede salir al encuentro Dios mismo. El griego Lucas presenta a Jesús como el divino caminante que una y otra vez entra como huésped a las casas de los hombres, brindándoles salvación y paz como regalo divino en pago de la hospitalidad recibida. Dios mismo visita a su pueblo en la persona de Jesús: "Por las entrañas de misericordia de nuestro Dios, que harán que nos visite una Luz de la altura" (Lc 1, 78). Contemplado con los ojos de la fe de los primitivos cristianos, se comprende lo que escribe san Benito: "Mas en la misma salutación muéstrese toda humildad. En cuantos huéspedes vienen o se van, con la cabeza inclinada o con todo el cuerpo postrado en tierra, adoren a Cristo, que es a quien se recibe" (Regla de san Benito 53, 6 s.).

De ahí que no cuenten las diferencias sociales, sino sólo la dignidad del ser humano, dignidad que toda persona tiene por ser creatura del Padre amoroso, y porque en ella Cristo mismo constituye su fondo más íntimo. Así pues, en el capítulo referido al abad, san Benito cita a san Pablo (Ga 3, 28), cuando éste expresa la experiencia de los primeros cristianos de que todos los hombres tienen una misma dignidad:

"Tanto el siervo como el libre, todos somos uno en Cristo" (Regla de san Benito 2, 20). Esa fe en Cristo presente en el hermano y en la hermana condujo hacia una cultura de convivencia humana que hoy en gran parte se ha perdido. Es una cultura del respeto en la cual cada persona puede ser la que es, en la cual cada persona puede vivir la imagen irrepetible que Dios se ha hecho de ella. El respeto no pretende invadir el misterio del otro, sino que le deja su espacio personal. Hoy existe una desvergonzada cacería de las intimidades de los demás. A menudo ese sensacionalismo lleva a la difamación. Ello indica en qué medida la falta de cultura en el trato con el prójimo es negadora de la vida. El respeto benedictino al misterio de toda persona nos haría bien para que se desarrolle una nueva cultura en el trato mutuo.

Para san Benito el respeto al ser humano tiene consecuencias muy concretas en lo que atañe al trabajo. Se lo aprecia cabalmente en los capítulos donde trata sobre las autoridades, en el capítulo sobre el abad y sobre el mayordomo. San Benito exige del mayordomo sobre todo que no contriste a los hermanos. Lo central no es la ganancia económica sino el respeto al ser humano. Lo que exige san Benito del abad y del mayordomo hoy es tan actual como por entonces. Los hombres hoy no sólo son sacrificados sobre el altar del provecho sino a menudo en el altar de la propia ideología. Ésta puede ser una ideología espiritual o bien una política. También la ecología puede convertirse hoy en ideología, tornándose así ciega para ver el valor de cada persona. Tengamos siempre cuidado de no meter a los hombres en el corsé de nuestra ideología. Se trata de apreciar el valor de cada uno y hacerle justicia al hombre concreto. El respeto está más allá de cualquier ideología. Manifiesta reverencia ante cada hombre y permite que ese hombre sea en toda su originalidad. No se lo dobla sino que se lo endereza.

En el capítulo sobre el abad, san Benito describe cómo debe ser el respeto al misterio de cada hombre. La meta no es la disciplina, ni el cumplimiento de todos los reglamentos y órdenes, sino el crecimiento de cada uno y de la comunidad. El crecimiento es un concepto típico de la espiritualidad de la creación. No sólo con la naturaleza sino también unos con otros debemos tratar de tal manera que en cada uno se desarrolle más y más esa imagen que Dios ha pensado para él. Gobernar significa para el abad servir a la originalidad de cada persona, suscitar vida en ellos. "Y sepa qué difícil y ardua tarea toma: regir almas y servir los temperamentos de muchos; y a uno con halagos, a otro con represiones, a otro con consejos, y según la condición e inteligencia de cada cual... así se conforme y adapte a todos, de modo que no sólo no padezca detrimento en la grey que se le ha confiado, sino que se alegre con el aumento del buen rebaño" (Regla de san Benito, 2, 32).

El respeto a cada uno se pone de manifiesto precisamente en el trato de los hermanos débiles que una y otra vez transgreden las normas. San Benito sabe que los superiores a menudo ven sólo los ideales de una comunidad y sobreexigen al individuo. Llevados de puro celo por la voluntad de Dios, pasan por alto la capacidad de comprensión del individuo. Por eso, san Benito le pide al abad: "En la misma corrección obre con prudencia y no se exceda, no sea que, queriendo raer demasiado el orín, se quiebre el vaso" (Regla de san Benito 64, 12). Para san Benito el arte de gobernar consiste en que el abad posea el don del discernimiento, la así llamada *"discretio"*, que san Benito llama madre de todas las virtudes: "Modere todas las cosas de suerte que los fuertes deseen más y los débiles no las rehuyan" (Regla de san Benito 64, 19). Debe exigirse a ambos, tanto a los fuertes como a los débiles, pero ninguno a costa del otro sino a cada uno según corresponda a su inteligencia.

El respeto al misterio del hombre, a su condición de ser creado, a la dignidad del individuo y la fe en Cristo que está presente en cada hombre llevaron hacia una cultura original del trato humano. Cuando se entra a una familia o a una comunidad monástica se advierte inmediatamente cómo se tratan las personas allí. Es característico del estilo benedictino respetar el misterio de cada uno, no entrometerse curiosamente en todo, tal como se ve actualmente en los medios. El trato mutuo está signado por la cordialidad pero también por una noble distancia que excluye toda falsa camaradería o convivencia aburguesada. Se distingue también por la tolerancia. En cada hombre se ve a Cristo, incluso en los huéspedes que no presentan un aspecto piadoso, que han abandonado hace mucho tiempo la Iglesia y se han vuelto escépticos para con toda religión. También ellos tienen lugar en un monasterio benedictino. Pueden buscar allí las raíces de su misterio.

En algunas escuelas, pero también en empresas y asociaciones, en el trato mutuo se percibe enseguida que no hay respeto por el otro, sino, en el fondo, desprecio. A veces, por detrás de una fachada amable asoma el desprecio a las personas. En otras asociaciones la convivencia está signada por la rivalidad y la competencia. El otro es por principio el adversario que ha de ser combatido y vencido para que yo pueda salir bien librado. Una convivencia de esa índole contradice la espiritualidad de la creación. Porque entonces no se trata del crecimiento del individuo sino sólo del triunfo del más fuerte. Tal mentalidad guerrera no sólo lleva a que exista una gran cantidad de vencidos, humillados y heridos sino, por último, a una explotación del mundo. El desprecio del ser humano se refleja en el desprecio de la creación. Y así también esta última sólo es usada para buscar el propio provecho. Para un trato respetuoso con los hombres y con las cosas es necesaria una nueva espiritualidad que reconozca el valor del individuo, que contemple y admire el misterio en cada persona y en cada cosa.

Perdonar al prójimo

Fidelis Ruppert, Anselm Grün

Cuando san Benito dice que hay que soportar pacientemente si se nos trata de manera injusta y estar dispuestos a sufrir persecución por causa de la justicia, se lo podría entender como una aceptación pasiva. Pero los otros textos nos señalan que no es eso lo que quiere decir. Cuando dice que luego de una disputa hay que hacer las paces antes de la puesta del sol, y cuando por la mañana y la tarde recuerda a sus monjes el deber de perdonar, ello presupone una actitud activa. Hacer las paces y perdonar a otro puede exigir un gran esfuerzo espiritual que desafía a toda la persona. En el siguiente texto se aprecia claramente cuán difícil es:

"Perdonar no es nada fácil. No nos resulta particularmente difícil cuando estamos de ánimo indulgente o nos sentimos motivados por buenos sentimientos. Pero casi nadie escapa a la tentación de retirar pronto sus gestos de reconciliación. Lo que llamamos perdón a menudo no es otra cosa que otorgar 'libertad condicional' al otro... Esperamos impacientes los signos concretos de arrepentimiento... queremos estar seguros de que el arrepentido no reincidirá... pero esa situación puede durar toda la vida y nuestra actitud es exactamente lo contrario de lo que enseña el Evangelio, más aún, de lo que nos manda hacer."[8]

Con frecuencia hacemos depender nuestro perdón del arrepentimiento del culpable. Ya es importante estar dispuestos a tomar la mano de la reconciliación y no guardar más rencor por lo acontecido. Pero, ¿qué pasa si el culpable no manifiesta arrepentimiento alguno e incluso prosigue obrando injustamente con nosotros? Entonces perdonar resulta tremendamente difícil. En Jesús y en el diácono Esteban tenemos modelos impresionantes. Ambos oran por sus enemigos pidiendo perdón para ellos, si bien éstos no desisten en absoluto de su obra homicida. No deja de arrojarse ni una sola piedra a la cabeza de Esteban, pero él

---

[8] Metropolita Anthony, *Lebendiges beten* (Oración viva), Friburgo de Brisgovia, 1976, pág. 34 s.

está dispuesto hasta el último momento a perdonar a sus enemigos. Aquí se pone de manifiesto muy claramente cuánta fuerza interior puede exigir perdonar de corazón. No basta una aceptación pasiva sino que se exige un esfuerzo extremo de amor. Se lo puede apreciar claramente haciendo una comparación con el Antiguo Testamento.

En tres pasajes de las Sagradas Escrituras se observan los pasos de un ascenso: en el libro del Génesis vemos al violento Lámek, quien dice que se vengará setenta y siete veces por una ofensa (Gn 4, 24). En el Sinaí la ley dice: Ojo por ojo, diente por diente. Y Jesús finalmente nos enseña: perdonarás setenta veces siete (Mt 18, 21).

Aquí se ve muy claramente cuán exigente es ser cristiano, cuán grande es la cuota de amor que se nos reclama. No extraña, entonces, que a menudo no cumplamos con tal exigencia.

Si estamos dispuestos a perdonar a un hermano, cuidémonos de considerarnos mejores que él. Como nos cuesta perdonar, pensamos que hacemos algo grande al cruzar ese umbral interior y perdonar al hermano. Pero no es ése el perdón que Cristo nos pide. En los apotegmas de los Padres se nos advierte una y otra vez que en nuestra disposición a perdonar no se mezcle el sentimiento de superioridad. Según la opinión de los antiguos monjes, si un hermano no acepta nuestro perdón, ello no se debe siempre a la obstinación del hermano sino a nuestra actitud, la cual surgiría más de nuestro orgullo que de nuestra humildad. Si pensamos que con nuestro perdón le hacemos un favor al hermano, entonces lo estamos avergonzando y le dificultamos la aceptación del perdón. En un apotegma de los Padres se lo expone plásticamente de la siguiente manera:

Cierta vez un hermano estaba enojado con otro. Cuando éste se enteró, fue a verlo para disculparse. Pero el hermano enojado no le abrió la puerta de su celda. El rechazado fue entonces a ver a un anciano y le expuso el caso. Éste le dijo: "Ten cuidado de que, al quejarte de tu hermano, no consideres como demasiado justas tus razones ni procures justificarte a ti mismo. Quizás por eso Dios ha endurecido el corazón de tu hermano al punto de que no te haya abierto su puerta. Mi consejo es que, aun cuando él te haya ofendido, imagines en tu corazón que tú pecaste contra él, y justifiques a tu hermano, y seguramente Dios le inspirará que se reconcilie contigo... Ésa es la salvación de los hombres y la voluntad de Dios: que el hombre confiese su culpa ante Dios." Cuando el hermano escuchó estas cosas, obró según el consejo del anciano, luego fue y golpeó a la puerta de su hermano. En cuanto éste lo vio, se adelantó a pedirle perdón, abrió la puerta enseguida y se dieron de corazón el beso de la paz, y entre ambos existió desde entonces una gran concordia.[9]

Podemos perdonar sólo cuando hemos reconocido y confesado nuestra culpa ante Dios. Si en cambio pensamos que el otro es el culpable, entonces nuestro perdón se convertirá en acusación del otro y no deberá extrañarnos que el otro lo rechace. Lo que impide la aceptación del perdón no es la obstinación del otro sino nuestro orgullo.

¿Qué hacer cuando no tenemos fuerzas para perdonar? A menudo estamos demasiado heridos y nuestros sentimientos demasiado agitados como para perdonar o amar a nuestros enemigos. ¿No es inhumano, no es irreal exigir amar en tal situación? San Benito nos da un consejo útil para tales momentos. Nos dice que no maldigamos a los que nos maldicen, sino que los bendigamos y que, en el amor de Cristo, oremos por nuestros enemigos. También esto nos puede resultar bastante difícil, pero podemos comenzar con pequeños pasos: con un deseo de bendición o con una palabra benévola en la oración por aquel que nos ha lastimado. Así comenzaremos, quizás muy tímidamente, a permitir que ingrese el amor de Cristo a esa situación de sentimientos heridos.

No solamente le daremos espacio a nuestro enojo sino también a la bendición y la paz de Cristo. Si comienzo a orar por el otro, el rencor irá disminuyendo lentamente y la herida comenzará a sanar. Fundado en esa experiencia, Evagrio Póntico, uno de los más destacados monjes del s. IV, nos dice: "Quien ora por sus enemigos no puede ser vengativo."[10]

Y en el siglo XX, Dietrich Bonhoeffer se refirió a la misma experiencia: una comunidad cristiana vive de la oración de unos por otros, de

---

[9] *Weisung der Väter*, (Apotegmas de los Padres), Friburgo de Brisgovia, 1965, n.° 1086.

[10] Citado por H. J. Nouwen, *Ich hörte auf die Stille* (Escuché el silencio), Friburgo de Brisgovia, 1979, pág. 56.

la oración en la que se perdona y pide por el otro. Si no existe esa oración, la comunidad sucumbe. Si rezo por un hermano, no lo condenaré ni odiaré por más angustia que tenga que sufrir por su causa. Su rostro, que quizás me era extraño e insoportable, se convertirá, por la oración de intercesión, en el rostro del hermano por quien Cristo murió en la cruz... No existe repugnancia ni tensión o división entre personas que no pueda ser vencida por la oración de intercesión. Esa oración es el baño purificador que deben tomar diariamente las personas y la comunidad.[11]

Quien esté dispuesto a transitar este camino de la oración experimentará que disminuye el rencor en su corazón, que las heridas sanan y que el perdón es posible. Experimentará también que el amor al enemigo no es una exigencia ajena a la realidad y al mundo, sino que comienza a hacerse posible por la vía de la oración de perdón. El hombre que antes se veía estrechado y bloqueado, halla, gracias al perdón, una nueva anchura y libertad.

Sin embargo, el perdón no es un mero acto de la voluntad. Es también un proceso que necesita tiempo. Ese proceso se desarrolla en cuatro pasos: Primero he de permitir el dolor, sin disculpar precipitadamente al que me ha herido. El segundo paso consiste en permitir la cólera. La cólera es la fuerza para distanciarme del otro. El tercer paso consiste en percibir objetivamente lo que ha acontecido con esa herida, por qué el otro se ha conducido así, cuáles pudieron haber sido sus razones. Si comprendo la situación, podré administrarla mejor. El cuarto paso es el perdón. El perdón es un gesto activo. Me libero de la herida infligida por el otro. Me desprendo de ella. Quien no puede perdonar continúa ligado al otro.

En los últimos años, en los EE. UU. han aparecido libros sobre el perdón escritos por psicólogos. Los psicólogos están convencidos de que perdonar es una acción sanadora. Hay personas que no sanan porque no pueden perdonar. Le dan aún demasiado espacio al rencor dentro de sí. Por eso el perdón tiene una importancia decisiva para la curación de las propias heridas.

---

[11] Citado por B. Albrecht, *Freude an der geistlichen Gemeinschaft* (Alegrarse de la comunidad espiritual), Meitingen, 1979, pág. 27.

El Metropolita Anthony nos brinda un ejemplo de heroico y abnegado perdón. Un hombre que había pasado cuatro años en el campo de concentración de Buchenwald relató que sus sufrimientos no eran nada en comparación con el lacerante dolor que sentía por esos pobres alemanes que eran tan crueles. El pensamiento sobre el estado espiritual de esos hombres no lo dejaba en paz... Aquellos que sufrían estaban del lado de Cristo; en cambio los otros, los crueles, no estaban allí.

Y el autor agrega, a modo de aclaración: una persona que sufre el martirio de Cristo, cuyo amor no se extingue por el sufrimiento, alcanza un ilimitado poder de perdón sobre sus atormentadores. Lo mismo vale para la vida diaria. Y continúa relatando sobre personas que oran para que cada pecador obtenga el perdón gracias a la oración de aquel a quien él le ha hecho mal. Ese ejercicio es un buen camino para difundir el espíritu del amor.[12]

---

[12] Metropolita Anthony, op. cit., pág. 18 s.

Bienaventurados los misericordiosos, porque ellos alcanzarán misericordia (Mt 5, 7)

Domitila Veith

En el evangelio según san Mateo las bienaventuranzas del Sermón de la Monte se hallan al comienzo de la vida pública de Jesús. Luego de su bautismo, Jesús pasa cuarenta días y cuarenta noches en el desierto, orando y ayunando. Tres veces se le acerca el Tentador. Y tres veces rechaza Jesús la tentación. Preparado de ese modo, llama a los primeros discípulos y recorre toda Galilea enseñando y curando. Lo sigue una multitud. Al ver la muchedumbre, sube a un monte, se sienta y comienza a enseñar.

Las bienaventuranzas conforman el segmento inicial del sermón del monte. La gente que escucha de boca de Jesús esas bienaventuranzas lo había seguido porque Jesús le había anunciado la Buena Nueva del Reino y "curaba toda enfermedad y toda dolencia en el pueblo" (Mt 4, 23). Llevan a él sus enfermos para que los cure. A esos pobres que no conocen la Ley y por eso eran despreciados, Jesús los llama bienaventurados en la medida en que se reconocen pobres ante Dios, son mansos y puros de corazón, no hacen uso de la violencia, trabajan por la paz, tienen hambre y sed de justicia y, más allá de las propias necesidades, son generosos con su prójimo que sufre penuria material o espiritual.

Jesús les manifiesta su misericordia curándolos, levantándolos y anunciándoles la voluntad de Dios. Si siguen sus palabras, así les dice a quienes escuchan su predicación, la casa de su vida estará construida sobre roca y resistirá las lluvias y torrentes (Mt 7, 24). Si los hombres ven sus buenas obras, serán como una luz para este mundo (Mt 5, 14).

"Bienaventurados los misericordiosos, porque ellos alcanzarán misericordia" (Mt 5, 7). Ésta es la bienaventuranza más conocida del sermón del monte. ¿Quién no presta atención en este punto y anhela la misericordia de Dios? Nos ha sido prometida para este mundo y para la eternidad, pero hemos de brindársela también a nuestro prójimo. Ya el profeta Isaías enumera las obras de misericordia. Como una trompeta debe denunciar al pueblo sus faltas y anunciar la voluntad de Dios: Dios no se complace en un ayuno acompañado de riñas, disputas, injusticias, negocios y violencia. Más bien, el ayuno que Dios ama es el siguiente: "Desatar los lazos de maldad, deshacer las coyundas del yugo, dar la libertad a los quebrantados, y arrancar todo yugo. Partir al hambriento tu pan, y a los pobres sin hogar recibir en casa. Cubrir al desnudo y no apartarte de tu semejante cuando lo veas. Entonces brotará tu luz como la aurora y tu herida se curará rápidamente. Te precederá tu justicia, la gloria de Yahveh te seguirá. Entonces clamarás, y Yahveh te responderá, pedirás socorro, y dirá: 'Aquí estoy.' Si apartas de ti todo yugo, no apuntas con el dedo y no hablas maldad, repartes al hambriento tu pan y al alma afligida dejas saciada, resplandecerá en las tinieblas tu luz y lo oscuro de ti será como mediodía. Te guiará Yahveh de continuo, hartará en los sequedales tu alma, dará vigor a tus huesos, y serás como huerto regado, o como manantial cuyas aguas nunca faltan" (Is 58, 6-11).

Sobre este trasfondo de las palabras de Isaías, la bienaventuranza "bienaventurados los misericordiosos, porque ellos alcanzarán misericordia" resuena como un resumen del mensaje del profeta, ya que Jesús no vino a abolir la ley y los profetas sino a llevarlos a su cabal cumplimiento.

En la liturgia bizantina, todos los domingos se cantan solemnemente las bienaventuranzas en la misa. Son la Carta Magna de la vida cristiana. El amor de Dios no tiene medida y por eso compromete a los discípulos a un amor sin medida.

Mientras que en el evangelio según san Mateo las bienaventuranzas del sermón del monte se hallan al comienzo de la vida pública de Jesús, la actividad pública de Jesús concluye, antes de su pasión, con el discurso sobre el juicio final. El Hijo del hombre juzgará a los pueblos y separará a los unos de los otros. El Reino de Dios está preparado para los que le dieron de comer cuando él tuvo hambre y le dieron de beber cuando él tuvo sed; lo acogieron cuando lo hallaron forastero y sin techo; lo vistieron cuando lo vieron desnudo; lo asistieron cuando estuvo enfermo; lo visitaron cuando estuvo en la cárcel. Y cuando éstos le pregunten cuándo lo vieron hambriento o sediento, forastero, desnudo, enfermo o en la cárcel, el Hijo del hombre les responderá: "Cuanto hicisteis a unos de estos hermanos míos más pequeños, a mí me lo hicisteis" (Mt 25, 40). Sin saberlo ni sospecharlo, habían tenido a Cristo frente a sí en cada hombre al cual habían tratado con misericordia; a Cristo que también está presente en el hermano más pequeño. En el Juicio final los justos serán quienes entren a la vida eterna. Su corazón, que estuvo abierto a las necesidades de los hermanos y hermanas, los guió de modo más seguro que cualquier otra ley. En este discurso de Jesús sobre el Juicio final se basa la doctrina de la Iglesia sobre las obras de misericordia, tal como se las enumera en el catecismo, y a las cuales se agrega, en séptimo lugar: enterrar a los muertos. Ésa es otra obra de misericordia sobre la cual se pone particular énfasis en el libro de Tobías (Tb 1, 17; 12, 12 s.). Porque el muerto no pierde su dignidad humana. Solemos hablar de los últimos honores que se le tributan a un difunto. Él sigue viviendo, y merece una despedida digna, nuestro recuerdo y nuestra gratitud, nuestro perdón y nuestra oración. Los que quedan necesitan de nuestro consuelo.

Los misericordiosos no pasan junto al prójimo necesitado sin prestarle atención. Siguiendo el ejemplo del buen samaritano, ayudan al que sufre. No sólo padecen necesidad los hombres que están a la vera de nuestro camino: los medios de comunicación hacen de habitantes de otros países y continentes "Lázaros ante nuestra puerta". Millones de hombres y mujeres sin techo abandonan su tierra, perseguidos o expulsados, buscando un lugar seguro, sorteando mares, países y continentes. Y allí adonde arriban son forasteros, a menudo están enfermos necesitan de ayuda. Con frecuencia se los explota, desprecia, se los manda de un lugar a otro e incluso se los mata. Nunca antes fue tan incalculablemente grande el campo de actividad del amor cristiano al prójimo. Las grandes organizaciones de ayuda dan testimonio de una auténtica disposición a ayudar y una gran generosidad en las donaciones. "Mayor felicidad hay en dar que en recibir" (Hch 20, 35), y muchos experimentan la verdad de esta frase, aun cuando no regalen la mitad de su manto como san Martín de Tours, ni la mitad de sus posesiones como Zaqueo, el publicano del Evangelio (Lc 19, 2 s.).

¿Le damos trabajo y techo a los extranjeros? ¿O desconfiamos de su condición de personas diferentes, de su aspecto extraño, de su estilo de vida? En las viviendas de hoy ni siquiera existe un cuarto de huéspedes. En este punto, los monasterios de nuestro país tienen mejores posibilidades y experimentan realmente la bendición y la alegría de la hospitalidad.

En la Edad Media la hospitalidad era una virtud sobre la cual se insistía particularmente. Los hospicios eran consagrados al Espíritu Santo. San Benito escribe en su regla: "Todos los huéspedes que llegan sean recibidos como Cristo, pues Él mismo ha de decir: 'Huésped fui y me recibisteis'" (Regla de San Benito 53, 1). "Muéstrese la mayor atención en la recepción de pobres y peregrinos, porque en ellos mayormente es recibido Cristo" (Regla de san Benito, 53, 15).

Durante la guerra de los Balcanes, las personas que huían de la guerra buscaron refugio en nuestro país y también en nuestros monasterios. Es una gran alegría y recompensa ver con qué valentía asumen su vida, cómo sanan lentamente sus heridas y cómo sus hijos van creciendo y haciéndose personas buenas y útiles. Tampoco se olvide a los sin techo en el plano espiritual, a los marginados y discapacitados. Quien les brinde amistad y cariño verá cómo florecen y enriquecen a otros.

Hasta el siglo XIX quienes se ocupaban de los ancianos, enfermos, pobres, huérfanos y discapacitados eran, sobre todo, instituciones cristianas y comunidades religiosas fundadas con ese fin. Antes de que hubiera una política social estatal, el amor al prójimo impulsó a esas personas a dedicar su vida a los miembros menospreciados de la sociedad. Del mayordomo que administra las posesiones del monasterio y se ocupa de las necesidades de los hermanos, san Benito exige: "Cuide con toda solicitud de los enfermos, niños, huéspedes y pobres, sabiendo que, sin duda, de todos éstos ha de dar razón en el día del Juicio" (Regla de san Benito, 31, 9).

De los enfermos dice la Regla: "Ante todo y sobre todo se ha de cuidar de los enfermos, de modo que se los sirva como a Cristo, pues Él mismo dijo: 'Enfermo estuve y me visitasteis', y: 'Lo que hicisteis a uno de estos pequeñuelos, a mí me lo hicisteis'" (Regla de san Benito 36, 1-3). No deben ser descuidados. Si el mayordomo no puede cumplir con alguna petición que se le haga, que al menos dé una buena respuesta, porque "más vale una buena palabra que la mejor dádiva"

(Regla de san Benito 31, 14). Con las obras de misericordia no sólo aliviamos las necesidades corporales. Muchas personas tienen hambre de una palabra amistosa, comprensiva, consoladora. Zarandeados, escarnecidos, heridos, excluidos, esperan a alguien que los ayude a recobrar la estima, que los cubra con un manto de cariño. Para hacernos sensibles a esas necesidades psicológicas y espirituales del prójimo, a menudo ocultas, la Iglesia coloca, junto a las obras de misericordia corporales, las obras de misericordia espirituales: Enseñar al que no sabe, dar buen consejo al que lo necesita, corregir al que se equivoca, perdonar las injurias, consolar al afligido, tolerar los defectos del prójimo y hacer oración por los difuntos.

Toda convivencia humana exige una actitud de misericordia que también es siempre un indicador de la madurez humana y cristiana. Permítame citar nuevamente la Regla de san Benito que procura hacer del Evangelio la norma de nuestra vida. De ahí que sus principales afirmaciones no sean exclusivamente para los monjes. El fundamento de la comunidad es un amor abnegado al prójimo. Los monjes tienen que tratarse con respeto, anticipándose unos a otros en el servicio, soportar con grandísima paciencia sus debilidades corporales y psicológicas, y saber siempre que en ellos es Cristo quien se les hace presente, Cristo que los ha llamado a esa vida común. La convivencia diaria con muchas personas distintas en cuanto a su edad, carácter, temperamento, capacidades y formación, ofrece múltiples oportunidades de ejercitar las obras de misericordia corporales y sobre todo las espirituales. El Padrenuestro que diariamente entona el abad nos recuerda que el perdón de nuestros pecados presupone también nuestra disposición a perdonar y restablecer la paz.

En 74 breves sentencias, san Benito enumera "Los instrumentos de las buenas obras". Culminan con las consignas: "Volver a la paz con el enemistado antes de la puesta del sol" y "No desesperar nunca de la misericordia de Dios" (Regla de san Benito 4, 73 s.). Si alguien ha cometido una falta, el abad debe seguir entonces el ejemplo del buen Pastor y esforzarse prudente y perseverantemente por ese miembro de la comunidad. "Siempre sobreponga la misericordia a la justicia para que él consiga lo mismo" (Regla de san Benito 64, 10). "Imite el piadoso ejemplo del buen Pastor, que, dejando noventa y nueve ovejas en los montes, se fue a buscar una oveja que se había extraviado; de cuya flaqueza se compadeció tanto que se dignó cargarla sobre sus sagrados hombros, y llevarla así al rebaño" (Regla de san Benito, 27, 8 s.).

En nuestro monasterio de Frauenwörth se conserva una imagen de madera del siglo XIV, llamada "Misericordia". Representa a Cristo, vestido sólo con un paño, de tal modo que se puede contemplar todo el cuerpo cubierto de las heridas de la flagelación, y con una corona de espinas que ciñe sus sienes. Las llagas de los clavos en manos y pies no dejan lugar a dudas: es el Cristo que ha sido bajado de la cruz, el Cristo resucitado en cuyo cuerpo y rostro serio se aprecian aún las huellas de la Pasión. Los dedos índice y mayor de ambas manos señalan la herida de su costado. Originalmente esa imagen había sido llamada "Martirio de Nuestro Señor".

La crónica informa que en 1396, con la anuencia de su familia, una monja donó la parte de la herencia familiar que le correspondía para que "durante toda la noche ardiera una lamparilla perpetua delante de esa imagen". La donante había pasado cierta enfermedad grave y experimentado dolorosamente la oscuridad de las largas y solitarias noches. Por eso cuando alguna religiosa se enfermaba al punto de no poder asistir al coro, esa lamparilla debía arder de noche en su celda. Seguramente la contemplación de los sufrimientos de Cristo y su triunfo sobre la muerte consolaba a enfermos y moribundos. Y eso es una obra de misericordia. La compasión de aquella monja, madurada en el propio dolor, sigue viva en nuestra memoria luego de 600 años. Cuando vamos a rezar el oficio, pasamos varias veces por día delante de la "Misericordia", y alguna monja se detiene allí para hacer una oración silenciosa.

De la época de la Guerra de los Treinta Años nos llega una leyenda referida a esa imagen, y que siempre me motivó a meditar sobre la bienaventuranza de los misericordiosos: la abadesa Magdalena Haidenbucher presidió el monasterio durante 41 años, y lo gobernó a lo largo de los difíciles tiempos de la Guerra de los Treinta Años. Ciertamente los suecos no pasaron el río Inn, pero muchos fugitivos buscaron refugio y ayuda en la pequeña isla y en el monasterio que se erige en ella. La abadesa Magdalena ayudó a los granjeros cuyas cosechas habían sido destruidas y practicó una generosa hospitalidad. El monasterio se convirtió en lugar de refugio de muchas comunidades religiosas que habían huido ante el avance del ejército sueco. En el verano de 1632 la abadesa Magdalena dio alojamiento y alimento gratuitos a más de 148 monjas que buscaban refugio, así como también a sus criados y caballos. Hoy nos parece inimaginable cómo fue posible hacerlo dado el espacio tan limitado del que se dispone en la isla.

Pero ella no pensó sólo en las necesidades corporales. Para consuelo y alegría de tantos refugiados sacó el gran pesebre barroco de la clausura y lo colocó en la iglesia, en una capilla lateral. Allí esas personas perseguidas podían contemplar a qué pobreza, desamparo y peligro había llegado el amor misericordioso de Dios (Lc 1, 78), que había enviado a su Hijo amado para estar cerca de los hombres. En ese Niño se había manifestado realmente a los hombres "la bondad de Dios y su amor a los hombres" (Tt 3, 4). Quien haya estado alguna vez privado de hogar y de techo comprenderá más profundamente esa verdad que aquellos que jamás supieron de necesidades. En 1648 las tropas enemigas se acercaron tanto que los monjes del monasterio vecino huyeron. La abadesa Magdalena, de 71 años de edad, rezó en su angustia y desconcierto ante el altar doméstico donde se hallaba la imagen de la "Misericordia" y le preguntó en la oración dónde debía buscar refugio con sus monjas. Según la leyenda, Jesús habría puesto su mano sobre la llaga del costado y de ese modo dado a entender que ella debía buscar refugio en Su corazón, confiarse a Su misericordia. La abadesa Magdalena envió entonces a sus monjas a Salzburgo y el Tirol. Pero ella se quedó en el monasterio, decidió soportar la situación allí y compartir lo poco que aún quedaba con los refugiados que afluían diariamente.

En mis primeros años de vida en el monasterio a veces me preguntaba en qué consistía para Magdalena Haidenbucher la misericordia prometida a los misericordiosos. Los suecos no llegaron a Chiemgau, la región donde se alza el monasterio. Pero... ¿sería ésa la "recompensa" prometida? Otros no habían obtenido esa recompensa. Más tarde comprendí que la abadesa Magdalena había entendido que el amor misericordioso de Dios no tiene medida. Ella se supo amparada (más allá de lo que pudiera sucederle) en la misericordia del Señor crucificado y resucitado que había dado su vida por sus amigos, que incluso en el tormento de la cruz perdonó a sus enemigos y prometió el paraíso al "buen ladrón". El mismo Señor misericordioso fue su consuelo y su recompensa, él es la misericordia de Dios encarnada.

La misericordia se aprende con ejemplos, con la enseñanza y la experiencia. Se convierte en una necesidad interior, nos hace perceptivos y creativos en el amor. Hay genios del amor al prójimo. Son misericordiosos no porque piensen en la recompensa sino porque su corazón se ha ensanchado y su alegría es transitar la senda de los mandamientos de Dios (Regla de san Benito, prólogo, 49). Dan gratis porque han recibido gratis (Mt 10, 8). Y pienso en este punto no sólo en nuestros grandes santos sino en muchos hombres de nuestra época. Donde quiera que descubren una necesidad, colaboran con un corazón generoso, con alegría y creatividad. Su recompensa y su alegría es ayudar a otros a reencauzar sus vidas, darles futuro y esperanza. Son luz que ilumina a otros los tramos oscuros de la vida, señalándoles la senda que lleva a Dios. Su amor es tan fuerte que, como Maximiliano Kolbe, entregan su vida por los demás.

¿Y cómo se salvan los hombres que no conocen a Cristo? Esta pregunta ha ocupado una y otra vez a los cristianos. Hay una leyenda del folclore ruso que trata de dar una respuesta en sintonía con el Evangelio. Es la leyenda del cuarto rey mago. Muy en el norte, este mago había leído en las estrellas la promesa de un rey recién nacido. Se puso en camino para adorarlo llevando un gran tesoro de ámbar. Encontró a los tres reyes magos que igualmente seguían la estrella y se unió a ellos. En el camino hallaron a un mercader gravemente herido cuya caravana había sido asaltada por ladrones. Los tres reyes magos temieron perder de vista la estrella si se detenían mucho junto al malherido; en cambio el cuarto mago tuvo compasión del mercader, lo llevó a una posada y se quedó junto a él hasta que, al tercer día, éste falleció en sus brazos. Le dio sepultura y continuó solo su camino. La necesidad de cinco huérfanos lo motivó a entregar el resto de su tesoro para que esos niños fueran atendidos. En un mercado de esclavos halló finalmente a una madre desesperada cuyo hijo había sido vendido como esclavo. Ya que no tenía más que su vida, se ofreció como esclavo para tomar el lugar de ese muchacho. Pasó muchos años remando como esclavo de galeras hasta que, al ser asaltada su nave por piratas, recobró la libertad.

A pesar de haber transcurrido treinta años desde que había partido del lejano norte, continuó su viaje y llegó a Jerusalén el día de preparación a la Pascua. Allí encontró a Jesús en su vía crucis. Sus miradas se encontraron y el cuarto rey mago se estremeció. Él había visto ya ese rostro: Era el del mercader herido, pero también el del difunto padre de los cinco huérfanos y el del joven a quien él había reemplazado en las galeras. Siguió hasta el Gólgota al que cargaba con la cruz. Cuando allí leyó la inscripción: "Jesús de Nazaret, rey de los judíos" se dio cuenta de que había hallado a aquel por quien él había estado tanto tiempo en camino. No resulta difícil comprender lo que nos quiere decir esta narración popular. El cuarto rey mago fue guiado hacia Cristo en la medida en que siguió a su buen corazón. Como el buen samaritano, cuidó del herido y enterró al muerto. Dio todo su tesoro a los pobres, liberó a un prisionero pagando el precio de su propia libertad, y de ese modo participó, sin saberlo, de la pasión de Cristo y de su obra redentora.

Nuestro mundo continúa lleno de violencia porque los seres humanos sucumben a las tentaciones a las que Jesús resistió en el desierto, vale decir, la ambición de tesoros, prestigio y poder. Injusticia y violencia son respondidas con violencia. El vencer el mal con el bien (Rm 12, 21), la ilimitada disposición a la reconciliación y la misericordia, tal como lo pide Jesús, siguen siendo asunto de pequeños magos, que son puros de corazón y por eso pueden ver a Dios.

Sigue tu propio camino con la frente alta, en la búsqueda de Dios

Redescubrir a Dios

Peter Abel

En horas de silencio quizás uno logre claridad sobre sus convicciones personales y quiera reasegurar su manera de proceder. Revisamos entonces nuestra vida. Tal vez algunos se digan: "Quise escalar demasiadas montañas... Pero en la mayoría de los casos sólo lo logré a medias." A veces cuesta avanzar porque se deslizan sentimientos de estancamiento y vacío. Algunas personas a quienes acompaño espiritualmente me confían que un silencioso sentimiento de tristeza se ha convertido en parte de sus vidas. Arrastran consigo una sensación de desorientación y pérdida. Han capitulado. ¿Cómo seguirá la vida? Y describen su estado recurriendo a la imagen del desierto. Desamparados y solos como en medio de un yermo. Se ha perdido el control sobre la propia vida. Cunde el miedo ante lo desconocido. Se hace palpable la propia vulnerabilidad. La vida se ha detenido. Si las cosas van bien, al confrontarse consigo mismo se serenarán y en el silencio hallarán la senda que lleva al oasis, hacia nuevos lugares de fecundidad. Al tomar distancia de la vida diaria se abrirán a nuevas e inesperadas experiencias. No sólo su alma —relatan algunos— sino también su fe busca algo nuevo. De ahí que para ellos sea importante meditar nuevamente sobre las fuentes de su vida y de su fe.

✧ Despedirse del Dios acostumbrado

La inseguridad sobre qué es lo que sostiene nuestra vida, la inquietante pregunta de qué es lo que le infunde sentido, son cosas que afectan también nuestra fe. Personas que se hallan en esta situación me dicen que experimentan una crisis de fe que se traduce en una crisis de sus imágenes de Dios y en el abandono de formas heredades de esa fe. La imagen de un Dios que todo lo dirige y que tiene el dominio sobre mi vida quizás haya sido el Dios en quien se confiaba en la infancia. Pero luego sobrevinieron los quebrantos de la vida y con el paso de los años ese Dios todopoderoso y fuerte se fue haciendo impotente y débil.

Probablemente el Dios de la buena Providencia nos haya acompañado en los primeros años de nuestra vida adulta. Pero tal Providencia quizás le parezca una burla a aquel que ha perdido inexplicablemente su puesto de trabajo y ve reducirse así las perspectivas para el futuro de sus hijos. Lentamente ese Dios va desapareciendo de la vida. Quizás existía la convicción espontánea de que la fe sencillamente estaba en nuestra vida, como Dios mismo, y que no podía haber crisis de fe para aquellos que creían con sinceridad. Pero esa era una conclusión falaz. Observo que muchas personas que superaron las crisis de la vida después tienen la siguiente sensación: "Yo todavía creo, pero no como antes, cuando era niño. No sabría decir exactamente cómo es esta nueva manera de creer..."

Lo nuevo no ha adquirido forma todavía. Pero esas personas deben preguntarse qué consecuencias acarrea tal pérdida; preguntarse si la fe aún desempeña un papel o no. Lo que se manifiesta aquí como una crisis no es ante todo una crisis de fe sino la crisis de una convención: ya no se puede creer automáticamente en aquello que, en un momento dado, se asumió espontáneamente: oraciones, ritos, participación en la práctica religiosa, actitudes de otras personas que nos han marcado. En el transcurso de la vida se pueden hacer pedazos los conocimientos de la fe y las actitudes religiosas adquiridos laboriosamente. De ese modo se pierde una fe que, en el fondo, era propia hechura construida sobre la base de las propias capacidades. Cuando ese Dios fabricado por uno mismo se aleja, sobreviene la "cuaresma de la vida" (Karl Rahner), en la cual debemos renunciar a hábitos religiosos con los que nos hemos encariñado, a fin de prepararnos para una fe muy distinta y una confianza más profunda en la vida.

✧ Lejanía de Dios y oscurecimiento de Dios

¿Acaso la lejanía de Dios no está ligada a la pérdida de formas familiares de la fe? ¿Acaso la lejanía de Dios no se manifiesta también como un vacío de nuestra alma, como oscuridad en el núcleo de la fe? ¿Acaso la lejanía de Dios no se manifiesta en la experiencia de que Dios nos oculta su rostro, de que las cosas ya no son más como eran cuando comenzamos a recorrer el camino de la fe? La fe no es jamás algo obvio, sino algo que una y otra vez es blanco de ataques y de dudas, algo que conmueve el corazón. En toda alma puede deslizarse la sensación de vacío y el cansancio. Entonces ya no gustamos de la oración y las palabras pierden su fuerza; la liturgia no satisface; el corazón no se suma a la celebración. Y por este camino muchas cosas se harán por puro deber. Las tareas que se comenzaran con entusiasmo hace años ya no satisfacen cabalmente la vida.

Las crisis nos sacuden. Los vínculos se pierden. La experiencia de la crisis y del dolor no sólo genera el abandono de la imagen de Dios heredada, sino la amarga pregunta: ¿Puedo hablar cabalmente de un Dios de la vida al pasar por un dolor como este? ¿Puedo confiar en el amor permanente de Dios en esta etapa en la que transito trabajosamente la mitad de la vida? ¿Se apartó Dios de mí? A veces parece que Dios se ha ido del escenario de mi vida y realidad diarias. El reflector apunta al vacío. La fe pone de manifiesto su otra faceta, se revela como el fracaso de lo devocional: mi búsqueda es inútil. Mi vida aparece como una cruel colección de experiencias en las cuales Dios no se quiere mostrar. Sufro lejanía, dudas, abandono. Mi confianza ha sido conmovida hasta sus cimientos. Mi corazón está vacío. En medio del vacío de ese corazón estremecido siento que Dios calla. Me he cansado de preguntar y luchar por Dios. El discurso sobre un Dios que está aquí entre nosotros me parece parte de un reino de palabras en el que ya no creo. Dios se ha convertido en Aquel que ya no se puede percibir, en Aquel de quien ya no se puede tener una real vislumbre. Dios me ha abandonado. Dios se ha sustraído a mis anhelos. Ya no se puede alcanzar más el lejano horizonte de mi vida.

✧ Desistir de la pregunta por Dios

¿Cómo vivir con la experiencia de la ausencia de Dios? Nuevamente nos ayuda un dicho de los Padres del desierto, uno de los más breves: El abad Sisoes dijo: "Busca a Dios, pero no preguntes dónde vive."[1] El abad Sisoes desiste de plantear la pregunta por Dios. Porque toda pregunta por la morada de Dios (en su creación, entre los hombres, en la luz del conocimiento o también en el asombro silencioso) es siempre una imagen hecha por hombres. Dios tiene que estar lejos de nuestras representaciones, para que pueda así volver a manifestarse. Dios se convierte en un Dios ausente. Recién entonces podrá surgir la actitud interior, la verdadera paz, la que busca a Dios con la certeza de que Él no se deja fabricar sino que se hace presente en el desvalimiento del propio corazón. De ese modo se llega a una conversión interior cuya meta es ser un hombre que permita que su búsqueda sea contestada desde Dios.

Ocurren cosas tremendas en ese momento de cambio. La orientación de la vida pasa a ser otra. Cuando, debido a una cercanía demasiado familiar, el hombre ha aprisionado a Dios en rígidas imágenes de la divinidad y en formas exteriores de la fe, debe permitir que Dios salga de esas estructuras y le hable con una voz nueva. Renunciará a responder por sí mismo la pregunta por el sentido de las cosas y por Dios, para hallar así una respuesta en lo profundo del corazón, donde reside el verdadero anhelo.

Comienza un cambio interior, acompañado a menudo por dolor, discordia y duda, porque ahí se comienza a vivir realmente con Dios. Se realiza un íntimo cambio de rumbo al prepararle al alma un lugar de descanso que nos regala paz y serenidad y, con ello, la experiencia de que mi vida ha sido creada y es sostenida por Dios.

✧ Confiar en la "segunda vocación"

El seguimiento de Dios cobrará una forma nueva. Porque no basta con el primer seguimiento. Desde sus comienzos, la tradición cristiana sabe del acrisolamiento de los discípulos. En efecto, en el Viernes

---

[1] *Weisung der Väter* (Apotegmas de los Padres), traducción alemana de B. Miller, Tréveris, 3.º ed., 1986, n.º 49.

Santo y en Pascua los discípulos hubieron de asumir de una manera nueva el llamado de Dios. A esa experiencia se la llama "la segunda vocación" del hombre madurado en la fe cuyas fuerzas han cedido y cuyo entusiasmo ha desaparecido; el hombre que ya no puede seguir adelante con la espiritualidad y oración acostumbradas. Vislumbra el peligro de abandonar en lugar de perseverar pacientemente; pero también vislumbra la fuerza nueva con la cual desasirse de la vida que se ha fabricado y confiarse a Dios como a la verdadera razón de su vida. Vislumbra una manera distinta de vivir.

En la mitad de sus años cuarenta, Marcel Legaut renunció a su segura carrera académica para vivir en una comunidad cristiana en el campo. Nos dice lo siguiente sobre la segunda vocación: "Durante veinte años viví en un estado de baldío intelectual. Fue una preparación secreta; una preparación permitida, más aún, provocada por la más profunda fidelidad, para que la vida diera fruto. Lo que yo he llegado a ser es fruto y no resultado de un plan claramente concebido y firmemente perseguido. La vida espiritual no tolera planes preconcebidos, pero ella es siempre fecunda cuando es resultado exacto de la fidelidad a las conclusiones que emergen imperiosas en la conciencia lúcida del ser humano. (...) Lo esencial de la historia de mi vida no es lo especial, quizás lo extravagante, sino el espíritu interior que me ha llevado a modelar mi vida de este modo. (...) Sin haberlo pretendido, más aún, sin haber sido consciente de ello, esta vez se trató de una segunda elección de vida. Había vivido lo suficiente mi primer compromiso y era todavía joven para emprender algo nuevo. Efectivamente, un segundo comienzo en la vida es particularmente fecundo cuando ha sido preparado por la madurez alcanzada en virtud de la primera experiencia. Así como el hortelano transplanta las pequeñas plantas de lechuga, así también en nuestra vida hemos de ser transplantados para echar raíces más fuertes. Cuando uno se va a un lugar desconocido, descubre con mayor profundidad la vida humana."[2]

¿Cuáles son pues las experiencias y mociones en las cuales se ha manifestado siempre el llamado de mi corazón? ¿Qué me dice mi voz

[2] M. Legaut, *Christ aus Leidenschaft* (Cristiano por pasión), Friburgo de Brisgovia, 1978, págs. 54 s. y 58 s. Título original: *Patience et passion d'un croyant*, edición revisada en Cerf, 2000.

interior? ¿Dónde siento que debe ser profundizada mi actual tarea de vida? ¿Se vislumbran nuevos perfiles? Hay que escuchar ahora, de nuevo, las mociones del corazón silenciadas por el trajín de los últimos años: quizás ese viaje en común para el cual nunca se tuvo tiempo y que es símbolo de un anhelo mayor; quizás quiero un mayor compromiso con los demás; quizás deseo retirarme y hacer silencio para volver a sentir finalmente dónde mora Dios en mi vida. Quizás...

✧ Cuando Dios está ausente

Dios se manifiesta ausentándose. Ese es el paso del Viernes Santo a la luz de la mañana de Pascua. Es un hondo misterio de fe. Y mientras Dios está ausente, al abandonar la fe convencional y el Dios que nos hemos fabricado, pueden surgir nuevas respuestas:

Enfrentar la crisis del corazón vacío: Cuando el creyente duda de su fe porque su corazón está vacío y las oraciones no son escuchadas, cuando permanece íntimamente fiel a Dios a pesar de que todo lo acostumbrado parece inútil: ahí entonces Dios le demuestra su fidelidad. En su fatiga por soportar el vacío se le acerca el mensajero que le trae alimento para el camino. Dios se manifestará, ya no tanto en el canto jubiloso sino en el silencio del corazón desvalido.

Aprender a contemplar a Dios en la paradoja: Dios te espera y sin embargo te rehuye. Guía tu vida y está lejos de ti. Está y no está. Te sale al encuentro en la totalidad de tu vida, no sólo en los momentos de felicidad y éxito, sino también de cansancio, fracaso, crisis y dolor. Podemos cuestionar lo que hasta ahora habíamos recitado tranquilamente con los labios; la duda, el miedo y el abatimiento tienen su lugar en la oración. Al revisar las convenciones de la fe, Dios puede acercársenos como el totalmente otro. Porque... ¿Qué Dios es el que está lejos de ti? ¿Quizás el Dios de la falsa seguridad, el que encaja en nuestra visión personal del mundo? En la crisis que se genera al revisar la vida, ¿no vuelve a resplandecer un Dios totalmente distinto, un Dios que está más allá de representaciones e imágenes con las cuales nos hemos encariñado?

Buscar un nuevo lenguaje para mi fe: Cuando están conmovidas las seguridades de la fe y se agotan las palabras acostumbradas, hay que hallar un nuevo lenguaje.

Ser administradores del Dios ausente: Que una persona esté ausente no significa haberla perdido o que no exista. Si durante la ausencia de otra persona sigo confiando en ella, esa confianza se profundizará en mí, desarrollaré poder de decisión y me entregaré a la labor que el ausente me ha encomendado. Cuando una persona amada está ausente por mucho tiempo desarrollaré en mí otra forma de cercanía. El ausente estará presente en mis pensamientos y mi corazón seguirá latiendo por él. De modo similar, la ausencia de Dios no puede equipararse con su pérdida o no existencia. La Biblia nos da un ejemplo de ello: el Resucitado no es ya el conocido compañero de camino, no es el Jesús de los discípulos cercano a los hombres, sino Aquel que nuevamente quiere transformar su poca fe. Lo mismo vale para nuestra propia fe.

La ausencia de Dios genera un vacío que interpela seriamente nuestra responsabilidad de hombres adultos. Como creyentes vivimos aquí como administradores de Dios (cf. Lc 12, 42 ss.). Mientras el dueño está ausente, los administradores han de tomar importantes decisiones relativas a la hacienda del dueño. La administración es exitosa cuando descansa en la mutua confianza. El ausente nos confió la responsabilidad de transmitir a otros el misterio de nuestra fe. ¿En qué área de la vida he sido llamado a ser administrador?

"La ausencia del Señor es, en efecto, un modo especial de presencia. Cristo permanece entre nosotros, pero no para dar claras respuestas sino para guiarnos en la toma de decisiones responsables y valientes. Está presente en nuestras comunidades pero no como una autoridad que anule nuestra condición de adultos y nos puerilice. Más bien es una presencia que nos obliga a participar de la edificación y depuración de nuestras comunidades... Para muchos cristianos esa vinculación entre responsabilidad y ausencia se hace particularmente fuerte en los años de la mitad de la vida."[3]

---

[3] E. y J. Whitehead, *Seasons of strength. New visions of adult maturing* (Tiempos de fortaleza. Nuevas visiones sobre la maduración del adulto), Winona, 1995, pág. 199.

La necesidad del trabajo para la vida espiritual

Fidelis Ruppert, Anselm Grün

Desde más o menos mediados del s. III, los primeros monjes se establecieron en el desierto, para orar y meditar sin cesar, y para estar completamente libres para Dios. En ese empeño por lograr el permanente reposo en Dios, hubo quienes opinaron que había que dispensarse del trabajo y dedicarse sólo a la oración. Sin embargo, esa opinión fue rechazada por los ancianos. Un apotegma da testimonio de esa disputa:

"Se cuenta del monje Juan Kaiabos, que una vez fue a ver a su hermano mayor y le dijo: 'Quiero vivir sin preocupaciones como los ángeles, y no trabajar, sino servir permanentemente a Dios.' Se despojó de su vestimenta y se fue al desierto. Luego de pasar una semana allí, regresó a la celda de su hermano. Cuando golpeó a su puerta, este reconoció a su hermano, pero antes de abrirle le dijo: '¿Quién eres tú?' Él le respondió: 'Soy Juan, tu hermano'. El hermano le respondió: 'Juan se convirtió en ángel y ya no está entre los hombres'. El otro le suplicó diciendo: 'Soy yo.' Pero el hermano mayor no le abrió sino que lo dejó afuera, en esa incómoda situación, hasta la mañana siguiente. Recién entonces le abrió y le dijo: 'Si eres un hombre, tienes que trabajar para comer.' Juan se arrepintió y dijo: 'Perdóname.'"[1]

En la literatura monástica se citan diferentes razones para fundamentar la necesidad de trabajar. La primera es la que se señala en el apotegma mencionado: el trabajo es necesario para el propio sustento. No es una mera necesidad externa sino que en ella el monje experimenta su *condition humaine*, la debilidad y fragilidad de su naturaleza humana. El duro trabajo para ganar el pan con el sudor de su frente (cf. Gn 3, 19) es parte esencial del hombre, y el monje no está exento de ello.

San Benito nos señala también el ejemplo de los apóstoles que ganaban su sustento con sus propias manos: "Porque entonces son verdaderamente monjes, si viven del trabajo de sus manos como nuestros

---

[1] *Weisung der Väter* (Apotegmas de los Padres), traducción de B. Miller, Tréveris, 1965, n.° 317.

Padres y los Apóstoles" (Regla de San Benito, 48, 8). El ejemplo de los apóstoles es para los monjes fundamentación suficiente. No obstante, examinan la razón de la conducta de los apóstoles. Casiano, introductor de las ideas del monacato oriental en el mundo latino occidental, trata el tema en la colación 24, basándose en el gran san Antonio Abad. Si no trabajaran, los monjes necesitarían donaciones de benefactores. De ese modo se harían dependientes de tales benefactores y no alcanzarían jamás la meta del monje: liberarse de apegos materiales. San Antonio opina que la dependencia de benefactores sería muy peligrosa precisamente porque no se la advierte con claridad. El monje piensa que está totalmente libre para Dios en la oración y la lectura, pero, en realidad, no se acerca ni siquiera un paso más a Dios porque no ha abandonado realmente el mundo. Continuará siendo en el corazón totalmente mundano y se debilitará su alma. Para describir esa situación san Antonio, considerado el fundador del monacato primitivo, cita a Oseas 7, 9: "Extranjeros devoran su fuerza, ¡y él no lo sabe!"[2]

Otro motivo de por qué los monjes a menudo trabajan muy duramente es el cumplimiento del mandamiento del amor al prójimo. Con el fruto de su trabajo ayudaban a otros. Rufino describe la actividad social y caritativa de los monjes en sus historias de monjes: en tiempos de cosecha los monjes ganaban mucho por el trabajo de sus manos y llevaban la mayor parte de lo ganado al mayordomo, para que con ello asistiese a los pobres. No sólo allí sino en la mayoría de los monasterios de Egipto existía la costumbre de que los monjes en tiempos de cosecha se empleasen como jornaleros para levantar la cosecha. Ganaban un salario que ascendía, más o menos, a 80 fanegas de trigo por cabeza. La mayor parte de ese salario lo ponían a disposición de los pobres. No sólo los nativos de las comarcas en cuestión se beneficiaban de tales donaciones sino que se enviaba barcas de trigo hasta Alejandría para asistir a presos, extranjeros y todo tipo de necesitados. A menudo no se hallaba en todo Egipto un número suficiente de necesitados que consumiera toda esa abundante ofrenda de misericordia.[3]

[2] Juan Casiano, *Colaciones*, XXIV.

[3] T. Rufino, *Mönchsgeschichten. Kleine historische Monographien* (Historias de monjes. Pequeñas monografías históricas), editado por N. Howorka, Viena, 1930, pág. 97 s.

Aun cuando esta descripción pueda ser exagerada, sin embargo da testimonio de que con su trabajo los monjes querían ayudar a otros, deseaban hacer el bien a los demás. El trabajo les posibilitaba traducir en ayuda concreta su amor al prójimo. Su trabajo tenía un sentido. Se trabajaba para el bien de otros. Ésa es una función esencial del trabajo. El trabajo es siempre servicio a los demás, lo cual no sólo vale para los así llamados "servicios", sino también para la producción. Todo lo que producimos ha de servir a los demás; el prójimo debe poder usar nuestro producto y confiar en él.

Asimismo, para los monjes el trabajo era un ejercicio ascético que los hacía progresar en el camino de la purificación del corazón exactamente como lo hacían, por ejemplo, el silencio, el ayuno y la oración. Para los monjes el camino hacia Dios pasa también por grandes fatigas, particularmente por el esfuerzo físico. En este sentido dice Aquilas en un apotegma de los Padres: "Desde la caída de la tarde he trenzado treinta metros de cuerda, si bien en realidad no lo necesito. Pero me preocupa que Dios pueda sentirse insatisfecho de mí y reprocharme: 'Podías haber trabajado, ¿por qué no lo hiciste?' Por eso me esfuerzo y pongo todo mi empeño en ello."[4]

Aquilas trabaja a pesar de que no lo necesita para su sustento. Sin embargo piensa que Dios exige de él trabajo y esfuerzo. Ha de aplicar y aprovechar las fuerzas recibidas de Dios. Quizás nos suene un poco extraño porque no comprendemos un trabajo inútil. Pero tengamos en cuenta que entre los ermitaños del desierto a menudo no había suficiente trabajo adecuado o necesario que pudieran hacer. Pero, evidentemente, para ellos era importante comprometer y ejercitar duramente el cuerpo. El cuerpo era un compañero importante en el camino espiritual. Muchas personas tienen hoy trabajos en los cuales se les exige poco corporalmente. Por eso el deporte cumple una función similar a aquel trabajo de los monjes.

En el trabajo fatigoso el monje realiza y desarrolla sus posibilidades hasta llegar a su límite. Pero el esfuerzo también lo abre a Dios, lo hace receptivo para la experiencia de Dios. Así concibe el trabajo Guillermo de San Thierry, amigo de san Bernardo de Claraval. Frente a la

---

[4] *Weisung...* op. cit., n.º 128

sobreacentuación de la oración y de la liturgia por parte de los monjes cluniacences, Bernardo puso particular énfasis en el trabajo manual.

Guillermo escribe que el duro trabajo en el campo no se opone a la oración, sino que conserva y nutre en el monje justamente la alegría por las lecturas espirituales. El cansancio físico del trabajo en el campo genera en él un profundo sentimiento de devoción.[5] Quizás en un primer momento esto nos parezca extraño, porque pensamos que el agotamiento fruto del trabajo nos separa de Dios; que se estaría demasiado cansado como para pensar en Dios o incluso orar. Pero no debe ser así. Erhart Kästner observaba que los monjes del Monte Athos llegaban cansados y somnolientos a la celebración de la liturgia nocturna. En su libro "El tambor de las horas del Monte Athos" relata que en el cansancio se es más receptivo que en otros momentos; que cuando los sentidos están atemperados emerge lo verdadero; que la debilidad nos abre más y la fatiga genera "ese estado de gran receptividad que sólo deja entrar lo poco."[6] Un conocido maestro de meditación alude a una experiencia similar. Al final de una larga semana de meditación comprobó que los participantes estaban cansados, y los alentó con las siguientes palabras: "Ahora el enemigo está también cansado." Paulatinamente las resistencias que existen en el ser humano y todo lo que impide una vivencia más profunda se torna también más débil, aumentando así la probabilidad de una irrupción interna positiva.

Para los antiguos monjes, el esfuerzo en el trabajo era parte fundamental de su camino espiritual. El monje Apolo dijo sobre el trabajo: "Hoy trabajé con Cristo por mi alma."[7] El trabajo material es para él a

---

[5] Cf. "Epistola Domni Willelmi ad fratres de monte die 86", en: *Sources chrétiennes*, n.° 223, pág. 210: "El duro trabajo en el campo no conduce sólo a un gran cansancio del cuerpo sino que también cansa y humilla el corazón; y el peso de la fatiga física genera a menudo un sentimiento más intenso de devoción. Ese fenómeno se puede observar también con frecuencia en el ayuno, las vigilias y en todos los trabajos que acarrean cansancio corporal."

[6] E. Kästner, *Die Stundentrommel vom Heiligen Berg Athos* (El tambor de las horas del santo Monte Athos), Wiesbaden, 1956, pág. 31 s., 43, 78

[7] *Weisung...* op. cit., n.° 149.

la vez una labor que beneficia al alma, es trabajar sobre el hombre interior. El esfuerzo en el trabajo prepara también el alma para Dios. Cuando se dice del asceta Jonás: "No sabía lo que era el descanso corporal, ya que trabajaba voluntaria y muy diligentemente",[8] uno no se imagina que estuviera siempre totalmente despierto. Y cuando se lee sobre las muchas vigilias de los monjes luego del trabajo diario, es muy difícil que no sintieran el cansancio. La fatiga era evidentemente un elemento de la ascética que los hacía más abiertos a Dios.

En el trabajo duro el monje experimenta a Dios como Aquel que lo reclama hasta en su dimensión corporal, más aún, hasta el cansancio y el agotamiento. Dios se manifiesta entonces como su Señor, el que puede disponer de su siervo hasta agotar sus fuerzas. Para san Benito, el límite con el que se topa el monje en un trabajo duro y fatigoso puede ser Dios mismo. En el cap. 7 escribe que el monje no debe eludir las cosas desfavorables o un trabajo exigente, sino mantenerse firme, aguantar. Ha de decirse en ese momento: *"Confortetur cor tuum et sustine Dominum*, confórtese tu corazón y espera en el Señor" (Regla de san Benito, 7, 35). En el agotamiento generado por el duro trabajo da con el Señor mismo y debe esperar en él. El límite con el cual se topa en el trabajo puede convertirse para él en puerta de entrada de Dios.

En esa tensión se pone de manifiesto la sabiduría de san Benito. El monje debe dar con su límite, y allí abrirse a Dios, pero no vivir continuamente en la experiencia del límite, porque se estaría tensando en demasía el arco y se acabaría quebrándolo. El cansancio y el agotamiento que tiene san Benito en su mira no se corresponde con lo que hoy llamamos "síndrome de *burn out*". La persona extenuada es aquella que ha perdido toda motivación para su vida. Es un agotamiento que lleva a la inquietud. En cambio, la fatiga de la cual hablan los monjes abre a Dios y apacigua el alma. Cuando hablamos hoy de agotamiento nos referimos también a un agotamiento psicológico. El ser humano no tiene ya nada de donde sacar fuerzas.

---

[8] *Leben des Pachomius* (Vida de san Pacomio), trad. de H. Mertel, Múnich, 1917, pág. 845

Hallamos otra función positiva del trabajo para la vida espiritual cuando examinamos con mayor detenimiento la fundamentación del trabajo que ofrece san Benito. Al comienzo del capítulo 48 escribe: "La ociosidad es enemiga del alma; por eso en determinados tiempos deben ocuparse los hermanos en el trabajo manual y a ciertas horas en la lectura espiritual."

Mientras el Libro de la Sabiduría denuncia la ociosidad como causa de la pobreza material, san Benito la considera desde un punto de vista espiritual y psicológico. La ociosidad daña el alma, el equilibrio psíquico. El monje debe estar siempre ocupado con algo, o con trabajo manual o con la oración y la lectura espiritual. Un tiempo totalmente libre sería perjudicial porque entonces los pensamientos se dispersarían. El vacío sería invadido por pensamientos inútiles. El monje se distraería, daría rienda suelta a tales pensamientos, caería en la inquietud interior. No tendría ganas de nada. Sobre todo, carecería del punto de referencia para concentrarse, o mejor dicho, carecería de la persona de referencia con quien debería tratar. Y esa falta de referencia es peligrosa. Así dice Pedro de Celle: "Que el demonio te encuentre siempre ocupado. El espíritu impuro no entra en la casa al menos que la encuentre vacía."[9]

Para san Benito el trabajo tiene la función de vincular al monje, de llevarlo de la inquietud al recogimiento, protegiéndolo de pensamientos inútiles y de un vacío que surge siempre cuando ya no se está referido a nada. Casiano describe la función positiva del trabajo entre los monjes del desierto de Egipto: Ejercitando a la vez las fuerzas corporales y las espirituales, los monjes equilibran los deberes del hombres exterior con los esfuerzos del hombre interior. A las fugaces mociones del corazón y el vaivén de los pensamientos, los monjes oponen el contrapeso del trabajo como ancla fuerte e inamovible. A ésta los monjes sujetan el corazón distraído e inconstante, para mantenerlo detrás del cerrojo de la celda tan bien guardado como si estuviera en el puerto más seguro. Y así, apuntando a la contemplación espiritual y la custo-

---

[9] Cf. *Les sentences des pères du désert, nouveau recueil* (Las sentencias de los Padres del desierto, nueva selección), ed. por L. Regnault, Solesmes, 2.° ed., 1977, pág. 287, Eth Coll., 13, 1.

dia de los pensamientos, esta ancla impide no sólo que el espíritu vigilante ceda a inspiraciones malignas sino que también lo preserva de todo pensamiento superfluo y ocioso. No se puede discernir fácilmente si los monjes realizan continuo trabajo manual a causa de la contemplación espiritual, o si avanzan tan admirablemente en las cosas del espíritu y en la luz del conocimiento a causa del incesante trabajo manual.[10]

Para Casiano la vinculación con el trabajo no se opone a la vinculación con Dios, sino que constituye una ayuda para recoger el espíritu en Dios. El trabajo nos hace interiormente atentos. En este sentido los monjes han desarrollado un ejercicio llamado "nepsis", una atención por la cual perciben, observan y profundizan todos los pensamientos que surgen mientras se trabaja. Si trabajamos con esa atención interior, el trabajo se convertirá para nosotros en oportunidad de mayor conocimiento de nosotros mismos. Porque en el trabajo emergen muchos pensamientos y sentimientos que nos dicen cosas fundamentales sobre nuestro interior. Sin trabajo no percibiríamos muchas mociones del corazón. El trabajo, con sus éxitos y fracasos, con sus exigencias y durezas, genera continuamente reacciones en nosotros. Si percibo tales reacciones en la "nepsis", aprenderemos a conocernos cada vez mejor.

En el actual monasterio de San Macario, en el desierto egipcio, al cual ingresan muchos jóvenes intelectuales, aún está viva esa concepción monástica del trabajo. El padre espiritual elige el trabajo para los monjes desde un punto de vista espiritual. Asigna a cada uno una labor apta para que el monje detecte y cure sus falencias y debilidades: el padre espiritual supervisa con mirada atenta todos los trabajos. Tiene gran experiencia en las diferentes ramas profesionales y en la dirección de los trabajadores. Continuamente da consejos y recomendaciones sobre lo que se debe hacer. Corrigiendo errores en la conducta observada en el trabajo, acaba desvelando defectos del alma. De ese modo la vida diaria se convierte para el monje en insustituible oportunidad para formarse, para progresar, para poner en práctica los principios espirituales internalizados. Se aprende a reparar cuidadosamente en los propios de-

---

[10] J. Casiano, *Über die Einrichtung der Klöster* (Sobre la institución de los monasterios), trad. alemana de K. Kohlhund, Kempten, 1979, pág. 40.

fectos y a corregirse. El padre espiritual selecciona el trabajo, a menudo una labor fatigosa, para detectar a través de él las debilidades del alma y curarlas psíquica y espiritualmente. No queremos decir que el trabajo en sí mismo y su buen resultado no interesen al padre espiritual; pero su verdadero interés está puesto siempre en la integridad del alma, en su crecimiento y maduración.[11]

El abad Poimén califica al trabajo de instrucción y lectura.[12] El trabajo nos instruye en el conocimiento de nosotros mismos. El trabajo nos revela dónde están nuestros defectos, nuestras debilidades, nuestras limitaciones. Mientras trabajamos podemos "leer" lo que va aflorando en nuestro corazón: pensamientos y sentimientos, enojos y rencores, sobreestimación, miedos, intentos de evasión, cobardía e insinceridad. En el trabajo sondeamos nuestro corazón, sus cumbres y valles, y nos damos cuenta, por último, de cómo somos ante Dios.

El trabajo tiene aún una última función con respecto a la vida espiritual: Es una prueba para ella. Sin trabajo la oración podría ser un girar piadoso en torno de nosotros mismos. Nos regodearíamos en los propios sentimientos religiosos quedándonos estancados en nosotros mismos, y no encontraríamos realmente a Dios sino sólo a nuestras propias fantasías. La capacidad de trabajar efectivamente es una señal de si nuestros sentimientos piadosos y nuestras imágenes de lo religioso son correctas y sanas. Johnston informa sobre una investigación psicológica de Wapnick, en la cual se compararon las experiencias de santa Teresa de Ávila con las de una esquizofrénica. Las experiencias tienen gran similitud en cuanto a las imágenes del inconsciente. Pero existe una diferencia decisiva: la esquizofrénica se retiraba a su propio mundo interior, no se adecuaba en absoluto a la vida diaria, "mientras que santa Teresa armonizaba sus experiencias interiores con su vida cotidiana. Llevaba una vida feliz en una comunidad con otras personas y realizaba una considerable cuota de trabajo."[13] Johnston ve en

---

[11] *Das Makariuskloster in der sketischen Wüste, Erbe und Auftrag* (El monasterio de san Macario en el desierto de Escete, herencia y misión), 1979, pág. 374.

[12] Cf. *Les sentences... op. cit.*

[13] W. Johnston, *Klang der Stille* (El sonido del silencio), Maguncia, 1978, pág. 90.

ese estudio psicológico, "la ratificación de una doctrina secular que considera que la asunción de la vida diaria es la prueba más segura para discernir un místico de un neurótico."[14]

La capacidad de trabajar bien es para los monjes una prueba que constata si la vida espiritual es sana y la oración es auténtica. Para el monje Antonio la fuerza laboral es incluso signo de la fuerza y madurez espirituales. En este sentido un apotegma relata que Antonio y Macario pasaron toda la noche dedicados a conversaciones espirituales mientras trenzaban cuerda. Macario trabajó más rápidamente. Su cuerda salía ya por la puerta. Cuando Antonio vio la extensión de la cuerda, dijo: "Mucha fuerza se irradia de esas manos."[15] Pero con esas palabras se refería a algo más que la fuerza corporal. Para él la capacidad de trabajar dura y velozmente daba testimonio de la fuerza espiritual de Macario. Los antiguos no separaban oración de trabajo. Ambas cosas constituían una unidad, ambas eran importantes para la vida espiritual. De esa concepción monástica del trabajo da testimonio también un pasaje de la Regla de Taizé: "Para que la oración sea verdadera tienes que trabajar duramente. Si te conformases con una actitud de indolencia diletante, serías incapaz de una auténtica oración de intercesión. Porque tu oración será plena cuando esté unida a tu trabajo."[16]

---

[14] Ibíd., pág. 91.

[15] *Weisung...* op. cit., n.° 457.

[16] R. Schutz, *Die Regel von Taizé* (La Regla de Taizé), Gütersloh, 1963, pág. 31.

La soledad y la búsqueda de Dios

Guido Kreppold

Soledad significa más que el mero deseo incumplido de la cercanía de un compañero comprensivo para la vida. Lo que padece
el hombre de hoy puede ser calificado de falta de hogar y desarraigo
espirituales. Por último, se trata de una búsqueda fallida de Dios. Se
cortó o jamás se estableció una vinculación con una religión viva. Los
símbolos del mundo de la tradición cristiana, tales como fiestas, celebraciones litúrgicas y ritos, parecen pasados de moda, anticuados. Se
han convertido en meras formas. Primero habría que comprenderlos.
Así pues, el alma no halla ningún ámbito donde descansar y expandirse. Tanto mayores son las expectativas de ser feliz con un círculo
muy íntimo o con un compañero. Tanto dentro como fuera de la Iglesia, el hecho es que cada vez hay más personas que padecen un estado de "estancamiento" o de "atascamiento". Es como si el alma se hubiera alejado de todo. Ya no se tiene fuerzas para el trabajo, se silencia
el diálogo entre los compañeros, falta creatividad y alegría para modelar la vida. La afectividad padece aridez, no hay intercambio, tampoco en el plano sexual: todo está como devastado. En lugar de ser
ayuda y apoyo uno para el otro, se pasa a ser una carga. Nos sentimos
sobreexigidos por los demás, por los hijos y por el trabajo. Cunde el
miedo de no estar a la altura de lo que vendrá, del propio destino, de
las transformaciones en el mundo laboral.

Incluso las personas creyentes se sienten inseguras por las muy diversas y contradictorias opiniones y la polarización en el mundo religioso tradicional y familiar.

La búsqueda del hombre actual intenta responder a la siguiente
pregunta: ¿Dónde hay una posibilidad de superar la paralización espiritual, de superar la rigidez cadavérica, de recobrar la vitalidad, de
experimentar nuevamente que se está pisando tierra firme, que se tiene fuerzas para restablecer una cercanía e intercambio humano que
plenifique? No por último se trata del anhelo de profundidad religiosa, de la dimensión mística más allá de lo cotidiano, del abandono de
una cosmovisión estrecha, estereotipada, puramente racional. Se lo

podría llamar "búsqueda de Dios"; pero tales buscadores difícilmente estén de acuerdo con esa calificación. Porque para ellos "Dios" es un ser abstracto, más allá de este mundo, inalcanzable e inaccesible, que, si bien es todopoderoso, abandona al ser humano a su destino. Un dios así no es atractivo y no puede ser motivo de una búsqueda apasionada. Si llamásemos "Dios" a la meta de dicha búsqueda, entonces ese dios tendría que estar dentro de este mundo, no ser un enemigo de los sentimientos sino su abogado, no un ser de conceptos abstractos sino de experiencia inmediata.

A mí me resulta inolvidable el relato de una mujer sobre un encuentro con Dios que tuviera a la edad de catorce años. Habló por primera vez sobre esa vivencia luego de 25 años, en un curso sobre sueños. En su voz y en su modo de relatar se percibía aún la fuerza y la felicidad de aquel acontecimiento, y el dolor de haber estado sola durante años con esa irrupción acaecida en su joven vida. No podía contárselo a nadie: ni a sus padres, ni a su mejor amiga ni tampoco a su esposo, porque tenía el justificado temor de que no la comprendiesen, y más aún, de que la consideraran loca. Justamente fue la Iglesia la que más la decepcionó en este sentido. No encontró ningún sacerdote que, de alguna manera, acogiese su inquietud. En fin, tuvo que guardarse para sí esa preciosísima, importantísima y bellísima vivencia a modo de misterio que la aislaba de los demás. Llegó al punto de plantearse seriamente si todo habría sido una ilusión. Se sentía inferior y excluida.

En el grupo de autoexperiencia descubrió el ámbito en el cual abrirse y hallar comprensión. Todos escucharon su relato conmovidos y atentos. Su narración influyó mucho sobre la marcha del grupo. Se tenía la impresión de que se había abierto un espacio de sacralidad: se produjo un silencio bienhechor en las pausas del diálogo, se cultivó el respeto por lo que se decía, se mantuvo la cercanía y armonía y, a la vez, la libertad de no tener que aferrarse al otro. Justamente la dolorosa historia ligada a su vivencia de Dios le infundió a su narración un significado especial. Para la mujer fue gratificante experimentar que, con ese acontecimiento extraordinario del que había sido protagonista, ya no estaba fuera de la sociedad ni tenía que considerarse anormal, sino que había sido tomada en serio e integrada por un grupo de personas buscadoras y críticas.

Subsiste la cuestión de qué pasa con una teología en la cual no se toma en cuenta ese tipo de temas, o bien no forma a los sacerdotes para que sepan abordarlos. Más allá de la fidelidad a la tradición, más allá de un análisis inteligente de la actualidad y del compromiso con los problemas sociales, habría que aguzar la mirada para percibir que hoy la gente busca "religión en estado puro", desea saber con toda radicalidad cuál es el fundamento más hondo de su existencia.

Porque de otra manera no se explica que con tanta frecuencia el tema de la experiencia de Dios sea planteado con lágrimas y gran dolor, como lo he comprobado en los cursos de autoexperiencia. Sería muy superficial pensar que hombres que buscan a Dios en monasterios budistas de Nepal, Tailandia y Japón son sólo víctimas de su afán de exotismo. Cuando esas personas abrazan un apartamiento y silencio absolutos y se someten a ritos extraños, ¿por qué no presuponer en ellos un anhelo de profundidad y transcendencia espirituales? Visitantes con una actitud de apertura perciben en los centros de culturas milenarias la fuerza intacta de lo religioso. Habría que pensar en los tiempos de esplendor de la Edad Media en la Europa cristiana, cuando la experiencia religiosa marcaba íntimamente a los hombres, impulsándolos a obras grandiosas. Se podría decir con reservas que los países del lejano Oriente, al menos en relación con su religión, se hallan aún en el esplendor de la Edad Media, o incluso en la Antigüedad, con todas sus ventajas y desventajas. Ciertamente esto constituye uno de los motivos de la poderosa fascinación que ejercen.

La pregunta subsiste: ¿Dónde está hoy la fuerza de lo religioso en el ámbito cristiano? En virtud de preconceptos y prejuicios, para muchos el cristianismo está desvalorizado, es algo cerrado. Sin embargo hoy existen centros de vida espiritual de cuño cristiano que son visitados por la gente, si bien no por todos. El más conocido es la comunidad de Taizé, que cada año atrae miles de jóvenes gracias a su liturgia fuertemente vivencial y cautivante. Pero es notable que en Taizé los participantes no sean inducidos a una euforia desentendida de la realidad, sino que allí opera una auténtica hondura espiritual. En muchos lugares existen pequeños grupos que llevan a la vida diaria su vivencia de Taizé mediante la oración y el canto.

Fuera de Taizé hay muchos lugares de efervescencia religiosa; eventos, seminarios, celebraciones eucarísticas en iglesias y monasterios. La invitación a ellos se hace por lo común oralmente, lo que constituye un signo de que la fuerza religiosa atrae a los hombres. Por lo común se enfoca temas que conciernen a la vida, que hacen a la vida. La gente se siente comprendida, se compromete íntimamente y se va satisfecha y feliz. Por la manera como un predicador habla sobre los textos se percibe si se basa en la propia experiencia, si se ha confrontado personalmente con la soledad, el miedo y la duda, si conoce el mundo de vivencias de sus oyentes porque conoce el suyo. He aquí el punto donde el anuncio cristiano comienza a frenar su continuo retroceso y a no ceder terreno a corrientes extrañas.

Para poner límite al afán ciego de experiencias extraordinarias, de euforia, pero también de una religiosidad mal entendida, lo mejor es enfocar temas que son importantes en el ámbito del esoterismo, vivirlos y padecerlos a fondo y señalar caminos transitables desde una base espiritual responsable. En resumidas cuentas: es la búsqueda de unidad de todo, de un hogar en medio del extravío de un mundo tecnificado; el anhelo de algo más grande que uno mismo, de algo que nos saque de la soledad, que nos libere de la presión moral, del miedo ante el futuro y la fugacidad. Es vislumbre de la que existen otros accesos a la realidad, y quizás también una existencia que está por encima de esta vida.

¿Hasta cuándo...? (Sal 13)

Johanna Domek

Hace 2200 años se completó el libro de los salmos. Muchos cánticos o partes de esos salmos alcanzan los 3000 años de antigüedad, y fueron compuestos en la época del rey David o del exilio en Babilonia. Según lo que hoy sabemos, no se puede determinar con exactitud cuándo se escribió el salmo 13. Su pregunta es una pregunta atemporal, mejor dicho, una pregunta de todos los tiempos. Tiene trece versos. Cinco de ellos son preguntas acuciantes y angustiosas: "¿Hasta cuándo, Yahveh, me olvidarás? ¿Hasta cuándo me ocultarás tu rostro? ¿Hasta cuándo tendré congojas en mi alma, en mi corazón angustia, día y noche? ¿Hasta cuándo triunfará sobre mí mi enemigo?"

En la segunda parte se pide por la vida y, en la tercera, se expresa la confianza, se da nuevamente lugar a ella. Lo llamativo e importante en este antiguo salmo que se ha venido rezando a lo largo de los siglos no es el lamento sino el diálogo que se mantiene en todas las situaciones; diálogo en el cual todo y todas las preguntas tienen su razón de ser y su espacio. No se excluye nada de lo que concierne al orante. Y aun cuando a veces es como un grito dirigido al rostro del interlocutor, parece que el orante no pudiera ver ni conocer. Sin embargo continúa dirigiéndose a su interlocutor.

Aquí se aprecia lo que es cabalmente vinculación. No se tienen vinculaciones sino que se las vive. Hay que cultivarlas, no usarlas. Aun cuando jamás podamos conocer ni sondear por completo el misterio de la persona del otro, y a menudo nuestra mirada se pierda en la oscuridad, no apartamos nuestra mirada de él. Nadie ha percibido el pensamiento o los sentimientos del otro en el tono original, sino que sólo escuchamos lo que se expresa. A veces pedimos, solicitamos esa respuesta; otras veces nos bastaría con que simplemente se nos acepte con nuestras preguntas. Porque esa aceptación es más importante que cualquier respuesta que se nos pueda dar.

Ciertamente ese orante de todos los tiempos ha experimentado dicha aceptación, porque lo que le infunde nuevamente confianza y seguridad no es la respuesta que no encontramos en los versos del salmo, sino el espacio de la vinculación real que acoge sus preguntas. "¡A Yahveh cantaré por el bien que me ha hecho!"

Cuando pregunto, ¿hacia dónde dirijo mi pregunta? Mis preguntas, ¿se estancan en un "preguntarme a mí mismo"? ¿Son oración mis preguntas? ¿Lo han sido ya? ¿Están en camino de serlo? ¿Se instalan en la anchura de esa vinculación y realidad? ¿Conozco personas a quienes les ocurre así? ¿Personas que plantean sus preguntas y hallan el tesoro de una seguridad que tiene más contenido que ciertas respuestas que no se dieron? ¿Qué experiencia tengo de esas personas?

¿Cuál es hoy el lugar en el cual deseo gritar: "¿Hasta cuándo...?" Quizás sea hora de decirlo, de gritarlo, colmado del contenido muy personal de mi vida: "¿Hasta cuándo...?" Y de ese modo volverme hacia el rostro de Dios que quizás se haya oscurecido, y quedarme allí, cara a cara, dejando de lado todo lo accesorio.

La verdad los hará libres

Anselm Grün

El evangelio según san Juan nos relata muchos debates de Jesús con los judíos. En el diálogo que nos transmite Jn 8, 30-40, se trata del tema de la libertad. Jesús se confronta con los judíos. Pero en este punto, san Juan probablemente quiera dar también una respuesta a la pregunta por la verdadera libertad, así como la planteaba en esa época la corriente espiritual de la Gnosis con su búsqueda de conocimiento redentor. San Juan une verdad y libertad: "Si os mantenéis en mi Palabra, seréis verdaderamente mis discípulos, y conoceréis la verdad y la verdad os hará libres" (Jn 8, 31 s.). Mientras que san Pablo con su mensaje cristiano de libertad responde a los judíos de la dispersión, para quienes era determinante la cuestión de la justicia, el evangelio según san Juan delata "un mundo espiritual ligado al judaísmo heterodoxo, caracterizado por especulaciones esotéricas y una tendencia al concepto dualístico-gnóstico de Dios."[1]

El mundo espiritual en el marco del cual san Juan reproduce las palabras de Jesús se parece a nuestra atmósfera espiritual de hoy, signada por la Nueva Era y el esoterismo.

❖ La verdad libera

En este debate Jesús discute con los judíos que se sienten libres por ser hijos de Abraham. Pero ser descendientes de Abraham no les sirve de nada porque son esclavos del pecado: "Todo el que comete pecado es un esclavo" (Jn 8, 34). Los judíos representan un mundo que ha caído en la ilusión de creer que puede salvarse a sí mismo. Para san Juan el "mundo" no es la creación tomada en sí misma; porque ésta es buena, es creación de Dios. "Mundo" es más bien el mundo terrenal

---

[1] Niederwimmer, K., *Der Begriff der Freiheit im Neuen Testament* (El concepto de libertad en el Nuevo Testamento), Berlín, 1966, pág. 223.

del engaño y la mentira, el que se cierra a Dios, la creación corrompida. La realidad del mundo es mentira en dos sentidos: en primer lugar, es mentira en cuanto pretende realizar algo que no se puede realizar (ser creador cuando en verdad se es criatura); vive por lo tanto presa de la ilusión y todos sus valores están signados por lo ilusorio. Y en segundo lugar, ese mundo es mentira en la medida en que engaña, en que pretende hacer pasar por verdad su realidad aparente, su irrealidad.[2]

El mundo que ha caído en la mentira esclaviza al hombre. Lo hace víctima de la ilusión, lo lleva a perder el contacto con la realidad, con la realidad de Dios y con su propia realidad. La verdad que nos libera es la divina. Todo el Evangelio según san Juan nos relata cómo en el mundo de la mentira y de las tinieblas entró la luz de Dios con Jesucristo. San Juan ve a Jesús como el revelador, el que nos muestra la realidad de Dios en medio de este mundo cerrado. Pero Jesús no habla sólo sobre esa realidad de Dios. Él mismo es el revelador, él mismo es la verdad que quita el velo que cubre el mundo, abre lo que estaba cerrado para que la gloria de Dios resplandezca en ese mundo. Jesús mismo es el pan de vida (Jn 6, 35) porque representa la verdadera vida en un mundo que se había apartado del origen de la vida, y porque ganar a Jesús significa ganar la vida. Él es "la luz del mundo" (Jn 9, 12), porque no sólo con sus palabras y acciones, sino con toda su persona representa la realidad no falsificada. Él es "la puerta" (Jn 10, 9), porque abre el acceso al origen perdido; es el "buen (justo, verdadero) Pastor" (Jn 10, 11 y 14), porque conduce y acompaña realmente al hombre mientras que toda conducción por la cual este mundo se guía a sí mismo es un camino hacia las tinieblas.[3]

Siendo él mismo la verdad, Jesús brinda al mundo la libertad. Jesús mismo es la verdadera libertad. Quien crea en él se liberará de toda mentira e ilusión, será libre de la esclavitud del pecado, será liberado de la cerrazón de este mundo y sumergido en la realidad de Dios. "Verdad" se dice en griego "aletheia", que significa desvelar, manifestar. Se quita el velo que cubría todas las cosas y las vemos ahora direc-

---

[2] Cf. ibíd., 227.

[3] Cf. ibíd., 229.

tamente, tomamos contacto con la verdadera realidad. Contemplamos el mundo tal cual es, advertimos que el mundo es creación bondadosa de Dios, que en él se manifiesta la gloria de Dios, que ha sido creado por la palabra de Dios y está marcado por esa palabra. Quien vea de esta manera la realidad, tal cual ella es, será verdaderamente libre; se habrá liberado de las ilusiones que se ha hecho sobre el mundo.

Todos vivimos a menudo haciéndonos algunas ilusiones respecto de nuestra vida. Somos víctimas de la ilusión de ser los mejores, los más grandes, los más inteligentes, que todo está bien en nosotros, que todo lo hacemos bien. Vivimos en la ilusión de que todo tendría que salir bien siempre, de que todo lo podríamos hacer por nosotros mismos, de que podríamos hacernos buenos y perfectos cristianos por nuestras propias fuerzas. Pero nos engañamos si creemos que nos bastamos a nosotros mismos, que no necesitamos a Dios en nuestra vida. Tales ilusiones nos esclavizan. Pasamos a ser prisioneros de esa realidad aparente, a estar suspendidos en el aire, sin anclaje en la verdadera realidad. La verdad nos hará libres.

Sólo si percibimos la realidad tal cual ella es verdaderamente, la asumiremos correctamente y viviremos en este mundo como hombres libres. Entonces el mundo no tendrá poder sobre nosotros. Nos hacemos ilusiones sobre el mundo porque en el fondo de nuestro corazón tenemos miedo de él, de sus abismos y tinieblas; tenemos miedo del destino, del caos, de los peligros que nos acechan en todos los rincones de este mundo. Conozco muchas personas que huyen continuamente de su propia verdad. Tienen miedo del silencio porque en él podría emerger algo que no han asumido.

Una vez organicé una semana de caminatas para un grupo de familias. Les propuse caminar en silencio una hora por día, como suele hacerse en las caminatas con jóvenes. Enseguida protestó una mujer: le daba miedo caminar en silencio. Porque no sabía todo lo que podía aflorar en ella en ese silencio. Otra se resistió arguyendo que los niños no lo aguantarían. Pero detrás de tal argumento ocultaba su propio miedo. Porque los niños caminaron en silencio sin problemas. El segundo día me preguntaron con mucha curiosidad si volveríamos a hacer silencio para pensar "cosas hermosas". El silencio era para ellos pensar cosas hermosas, dedicarse a los buenos pensamientos que afloraran en sus mentes. Muchos pasan su vida huyendo de sí mismos. Porque tienen miedo de la propia verdad son esclavos de su propio activismo. Siempre debe haber actividad. Lo peor que les podría pasar es que no hubiese actividad, que no tuviesen nada con lo cual defenderse de la verdad emergente.

Nos liberamos sólo cuando asumimos nuestra propia verdad. Naturalmente al comienzo es doloroso. Tomaremos conciencia de todo lo que hemos reprimido, de dónde cerramos los ojos porque la realidad no era tal como la queríamos ver. Sólo podremos asumir sin miedo la propia verdad si creemos que todo lo que hay en nosotros está rodeado por el amor de Dios. Así nos lo dice san Juan en su evangelio con la escena del lavado de los pies. Por su encarnación y su muerte en cruz, Jesús se inclina hasta el polvo de esta tierra, hasta nuestros pies, hasta nuestro punto vulnerable, hasta nuestro talón de Aquiles, hasta las zonas desprotegidas de nuestra alma, para tocarnos y purificarnos allí dulcemente. De ese modo quiere decirnos que las cosas pueden ser así, que todo está bien, que todo está rodeado por el amor de Dios.

No se trata de espetarse unos a otros las verdades. Nos lastimaría y sobreexigiría. Más bien se trata de la fe en que la luz de Dios en Jesucristo resplandece en medio de mis tinieblas, para que el amor habite también en los abismos de mi corazón. Y porque el amor de Dios también mora en el caos más profundo y en las tinieblas más oscuras, yo puedo ingresar entonces a esos recintos ocultos de mi corazón y habitar allí. Porque no hay nada que me separe del amor de Dios que en Jesucristo ha descendido hasta mis pies polvorientos y sucios.

Siempre encuentro personas que tienen miedo de la psicología. Piensan que si comienzan a examinar sus sueños o indagar su infancia, se producirá en ellos un estallido y no quedará nada de ellos, se derrumbarán por completo en cuanto personas. Tomo seriamente en cuenta ese temor. Porque es una defensa que ellos necesitan. Contemplar solos su alma quizás sea para ellos una sobreexigencia. Necesitan otra persona que se incline hasta sus puntos débiles con un amor similar al de Jesús en la escena del lavado de los pies. Necesitan la certeza de que no serán condenados, de que en ellos no hay nada que los aparte del amor de Dios, de que en ellos no hay nada que no pueda ser transfigurado por el espíritu de Dios. Sólo cuando creen el mensaje de Jesús, que él ha descendido a sus tinieblas como la luz, pueden asumir su propia oscuridad. Y eso los hará verdaderamente libres. Mientras estén huyendo inventarán continuamente nuevas estrategias para reprimir la propia verdad. Y saben que eso no puede ser. Porque a más tardar en la noche la verdad los alcanzará: las pesadillas los atormentarán. O bien el cuerpo les pondrá ante los ojos la verdad, sin miramientos. Saben que difícilmente puedan esconder su verdad a los demás.

En la labor de acompañamiento espiritual escucho una y otra vez comentarios como el siguiente: "Si los demás supiesen quién soy yo, qué fantasías hay en mí, qué mala persona soy yo, me despreciarían." Y en tales observaciones percibo que tienen miedo de que en sus palabras, conducta, actos fallidos e inseguridad otros adviertan lo que hay en ellos. Muchos se sienten expuestos a los demás sin protección alguna. Creen que la mirada de la gente cala en sus abismos personales y de nada sirve el esfuerzo de construirse una fachada. Porque viven en una casa de cristal cuyo interior puede ser visto desde afuera, en la cual nada se puede ocultar.

Quien ha asumido su verdad sabe que no debe ocultarse, que no tiene nada que ocultar en sí mismo. Porque todo tiene derecho a ser como es, todo está iluminado por la luz de Dios. En todos los abismos de su corazón mora Dios. Y porque Dios, el amor, mora en él, puede ingresar a todas las habitaciones de la casa de su vida e invitar a otros a ellas. Y ello infunde una sensación de libertad y serenidad.

De modo similar a lo que ocurre en los evangelios sinópticos, también en san Juan nuestra libertad tiene algo que ver con la filiación. Quien peca se hace esclavo del pecado. El Hijo de Dios, Jesucristo, no sólo es el revelador, sino también el liberador: "Si, pues, el Hijo os da la libertad, seréis verdaderamente libres" (Jn 8, 36). De nada les sirve a los judíos el argumento de ser descendencia de Abraham. Porque la pertenencia a un pueblo nos les garantiza la libertad interior. Sólo el Hijo, que nos hizo hijos e hijas de Dios, es quien nos hace verdaderamente libres. El Hijo que reposa en el corazón del Padre nos revela a Dios tal cual es. Y nos revela también la esencia del ser humano. Nos señala nuestra verdadera dignidad, nuestra dignidad de hijos e hijas de Dios. Como hijos de Dios ya no somos más esclavos del pecado. En nosotros hay vida eterna, una nueva calidad de vida que nos regala el Hijo.

El Hijo puede decir de sí mismo que es el camino, la verdad y la vida (Jn 14, 6). Jesús mismo es la verdad, en quien resplandece la realidad de Dios y nuestra propia realidad, en quien descubrimos quiénes somos en lo más profundo, en quien se nos revela el amor de Dios. Sólo en ese amor de Dios que relumbra en la faz de Jesucristo podemos asumir nuestra propia verdad, podemos experimentar la libertad que ella nos brinda.

✧ Entregarse por los hombres con libertad

Jesús, el Hijo de Dios, se destaca por tres cualidades: por la libertad (*eleutheria*), por hablar con libertad (*parresia*) y por entregarse con libertad en la cruz. Jesús recorre con plena libertad su camino. Es también libre en la entrega de su vida en la cruz. Aun cuando pareciera que es tomado prisionero por los soldados del Sumo Sacerdote y crucificado por los romanos, en realidad él da con plena libertad su vida por nosotros: "Por eso me ama el Padre, porque doy mi vida, para recobrarla de nuevo. Nadie me la quita; yo la doy voluntariamente" (Jn 10, 17).

El vocablo "*eleutheros*" proviene de "*erchomai*" y significa el que puede ir donde quiere, porque es señor de sí mismo, independiente de otros. Jesús recorre el camino que quiere. Nadie puede forzarlo a nada que él mismo no quiera. Pero Jesús no utiliza esa libertad para sentirse libre de los hombres. Para él la libertad significa también, fundamentalmente, ser libre para los hombres, entregarse por ellos por amor. Quien entienda la libertad sólo como un poder hacer lo que quiera, muy a menudo estará atado a sus propios deseos. La verdadera libertad se expresa en el hecho de estar libre de mí mismo, de que en esa libertad yo pueda comprometerme por otros, entregarme a una obra y olvidarme de mí mismo en el servicio al prójimo.

Para el evangelio de san Juan la libertad es esencialmente amor. Jesús dice de ese amor que lo libera de todo aferramiento a sí mismo: "Nadie tiene mayor amor que el que da su vida por sus amigos" (Jn

15, 13). Aquel que en todo lo que haga se fije siempre en lo que hace por el otro, no será realmente libre, no vivirá una real amistad. Porque amistad y amor requieren estar libres de todo aferramiento a la propia vida. Pero esa libertad no es un simple logro personal que puedo presentarles a los demás, sino la expresión de un amor verdadero. Es sólo en el amor a Dios y a los hombres cuando me hago verdaderamente libre. Jesús, que en su condición de Hijo de Dios tenía pleno dominio de sí, era a la vez libre. No se aferró a sí mismo sino que con libertad se inclinó hasta el polvo de nuestros pies, hasta la herida más honda de la muerte. San Pablo expresa esta visión joánica en su himno: "El cual, siendo de condición divina, no retuvo ávidamente el ser igual a Dios. Sino que se despojó de sí mismo tomando condición de siervo haciéndose semejante a los hombres" (Flp 2, 6 s.).

Queremos ser como Dios y nos aferramos a nuestra pretendida grandeza con actitud vigilante y recelosa. Quien experimenta a Dios en su corazón no necesita aferrarse a sí mismo. Es libre para abajarse porque sabe que Dios está con él también en el abajamiento. El que se apega obsesivamente a sí mismo, no está consigo mismo, no ha experimentado verdaderamente a Dios. La libertad de entregarse es siempre criterio de la verdadera experiencia de Dios. La certeza de que Dios está en mí me libera de todo aseguramiento de mí mismo y fijación en mí mismo.

La libertad de Jesús está marcada además por otra actitud: la obediencia. Jesús no recorre su camino arbitrariamente sino en obediencia a su Padre. La obediencia al Padre lo libera del sometimiento a los hombres. Jesús quiere llevarnos también a nosotros hacia esa libertad de la filiación. Si escuchamos la voz de Dios y cumplimos los mandamientos de Dios, seremos verdaderamente libres, los hombres no tendrán ningún poder sobre nosotros, el mundo no tendrá ningún poder sobre nosotros. Porque Cristo venció al mundo en obediencia al Padre (cf. Jn 16, 33). Él nos arranca también a nosotros del poder del mundo, de sus patrones, de sus juicios, de sus pretensiones, de sus expectativas. Quien como hijo o hija escuche la voz de Dios, se independiza de las voces de los hombres que lo evalúan, juzgan, critican, pretenden imponerle un determinado rumbo.

❖ Parresia: hablar con libertad

Lo que en san Juan distingue sobre todo a Jesús es la *parresia*, el hablar con libertad. Para los griegos la *parresia* es una cualidad importante del ciudadano libre. Por un lado es el derecho de decir en el foro público todo lo que se piensa. Por otro, designa también el coraje de decir la verdad con independencia de la opinión de otros. Es la franqueza, la confianza de poder decir la verdad ante los demás.[4]Además de su significación en el plano político, entre los griegos la *parresia* desempeñaba un importante papel en la amistad personal. Era signo de amistad. Era la franqueza para reprender incluso al amigo, para confiarle todo lo que nos preocupa, para decirle lo que nos llama la atención en él.

Jesús habla públicamente con toda franqueza: "He hablado abiertamente *(parresia)* ante todo el mundo" (Jn 18, 20). Sin embargo su verdadero ser queda oculto a los judíos (cf. Jn 10, 24). Sólo cuando nos envíe el Espíritu de la verdad (Jn 16, 13), éste nos anunciará al Padre sin velos, abiertamente (cf. Jn 16, 25). En la Primera Carta de san Juan se nos regala la *parresia* como apertura y confianza ante Dios. La condición para esa franca confianza ante Dios es una conciencia limpia: "Si la conciencia no nos condena, tenemos plena confianza *(parresia)* ante Dios" (1 Jn 3, 21). Y tenemos la confianza de decir ante Dios todo lo que haya en nosotros, porque tenemos "el Espíritu que él nos dio" (1 Jn 3, 24). Para Schlier la *parresia* es "el derecho y el poder de decirle todo a Dios". La *parresia* está siempre presente allí "donde aquel que cumple los mandamientos de Jesús, se deja instruir por el Espíritu y abraza la voluntad de Dios, se abre a Dios en la oración."[5]

La *parresia* es también un don importante que nos regala Jesucristo, el Hijo y revelador de Dios. A menudo encuentro personas que antes de conversar se rompen la cabeza pensando todo lo que dirán para que su mensaje caiga bien. Un asesor impositivo me escribía que no conseguía un trabajo adecuado a pesar de haber terminado sus estu-

---

[4] H. Schlier, *parresia*, en: *Theologisches Wörterbuch* (Diccionario de teología), t. V, G. Kittel y G. Friedrich ed., Stuttgart, 1954, pág. 878 s.

[5] Ibíd., 879.

dios con las mejores calificaciones. Antes de cada entrevista laboral cavilaba días enteros sobre lo que él diría, lo que pensaría el entrevistador si él dijera tal o cual cosa, si supondría que él tendría problemas psíquicos, etc. Se imaginaba distintos modelos de conversación con todos sus detalles y las reacciones que sus respuestas generarían en su interlocutor. Eso lo ponía tan tenso que en la conversación real no podía decir nada sensato. El temor de que se interpretaran mal sus dichos lo llevaba a especular sobre qué pensaría el otro de cada palabra que él dijese. De ese modo quedaba bloqueado por completo.

Ciertamente la situación no es tan mala en la mayoría de nosotros. Pero al repasar conversaciones de antaño advierto que yo también pensaba mucho sobre lo que los demás esperarían de mí, sobre la impresión que tendrían de mí y las consecuencias que se derivarían de ello, etc. Un temor así impide una conversación razonable. El miedo (*fóbos*) es lo contrario de la *parresia*, de la franqueza. Muchos tienen miedo de que sus palabras revelen algo de ellos que preferirían ocultar. Los demás podrían advertir en sus palabras, en su tartamudeo, en su voz, en sus bloqueos, todo lo que ellos han estado reprimiendo con mucho esfuerzo. Es, una vez más, el miedo a la propia verdad, el miedo de que otros descubran esa verdad mía. Para san Juan ese miedo sólo se vence con la fe en que Cristo nos ha regalado su Espíritu, en que en el Espíritu de Jesús tenemos acceso al Padre, en que en ese Espíritu Dios está cerca de nosotros, y en que gracias a ese Espíritu estamos en comunión con el Dios Trino.

"Si alguno me ama, guardará mi Palabra; y mi Padre lo amará, y vendremos a él, y haremos morada en él" (Jn 14, 23). Porque Dios mora en nosotros, porque Dios nos acepta y nos ama, no tememos entonces que la gente llegue a pensar algo negativo sobre nosotros. No estamos pendientes del juicio de los hombres.

Naturalmente sé que a muchos no les basta en absoluto con estos pensamientos. A pesar de reconocer que no es tan importante lo que otros puedan pensar de ellos, no pueden liberarse del temor ante el juicio de la gente. Abordan el diálogo o el encuentro grupal temiendo lo que otros puedan pensar sobre ellos. A menudo proyectan su propio autorrechazo en los demás e interpretan toda pequeña observación como rechazo, crítica, condena, desvalorización. Hace falta mucho tiempo hasta que ahondemos cabalmente en la meditación de la realidad del amor de Dios que mora en nosotros, hasta que la realidad de Dios sea más fuerte que las ideas que nos hacemos de nosotros mismos y de los demás, hasta que el Espíritu de Dios nos embeba más que el espíritu del temor y de la preocupación.

No hay trucos para alcanzar esa libertad. Pero he experimentado a menudo que las personas que durante mucho tiempo se esforzaron por creer en la realidad de Dios en su vida, en un determinado momento comenzaron a sentirse totalmente libres. Un sacerdote atormentado por muchos miedos me relató que una vez se sintió plenamente libre por un momento. Experimentó una sensación de felicidad. Un muro había caído. Aumentó la esperanza de que esa experiencia comenzara a desalojar más y más el miedo. Esa experiencia de libertad fue a la vez una vivencia de Dios. Si abrazamos realmente a Dios en la fe, seremos libres; dejarán de ser importantes las ideas que los demás se hagan de nosotros, la impresión que tengan de nosotros. Entonces seremos nosotros mismos, seremos verdaderamente hijos e hijas de Dios, experimentaremos el Espíritu que Cristo nos regaló, el Espíritu de libertad (*eleutheria*) y de franqueza (*parresia*).

La impotencia del Hijo del hombre:
Las tentaciones de Jesús

Margareta Gruber

Uno de los relatos más inescrutables del Antiguo Testamento es el de la prueba a la que Dios somete a Abraham (Gn 22). Expone como ningún otro una experiencia límite del ser humano en su trato con la fe, con Dios. Esa historia tiene, en cierto modo, un paralelo en el Nuevo Testamento. Al comienzo de la vida pública de Jesús, se relata que el Hijo de Dios fue llevado por el Espíritu al desierto, "para ser tentado por el diablo" (Mt 4, 1): "Entonces Jesús fue llevado por el Espíritu al desierto para ser tentado por el diablo. Y después de hacer un ayuno de cuarenta días y cuarenta noches, al fin sintió hambre. Y acercándose el tentador, le dijo: 'Si eres Hijo de Dios, di que estas piedras se conviertan en panes.' Mas él respondió: 'Está escrito: No sólo de pan vive el hombre, sino de toda palabra que sale de la boca de Dios.' Entonces el diablo lo lleva consigo a la Ciudad Santa, lo pone sobre el alero del Templo, y le dice: 'Si eres Hijo de Dios, tírate abajo, porque está escrito: A sus ángeles te encomendará, y en sus manos te llevarán, para que no tropiece tu pie en piedra alguna.' Jesús le dijo: 'También está escrito: No tentarás al Señor tu Dios.' Todavía lo lleva consigo el diablo a un monte muy alto, le muestra todos los reinos del mundo y su gloria, y le dice: 'Todo esto te daré si postrándote me adoras.' Dícele entonces Jesús: 'Apártate, Satanás, porque está escrito: Al Señor tu Dios adorarás, y sólo a él darás culto.' Entonces el diablo lo deja. Y he aquí que se acercaron unos ángeles y lo servían" (Mt 4, 1-11).

Para ubicarse en el dramatismo de estas tres breves escenas es importante representárselas con la mayor vivacidad posible. Naturalmente no planteándonos cómo han ocurrido históricamente los hechos. ¿Se imaginan que el diablo cargase sobre sí a Jesús y lo llevara volando al Templo de Jerusalén? ¿O que, estando en el desierto, ellos se materialicen de pronto en la cumbre de ese monte alto? ¿Qué aspecto tiene el diablo? ¿Tiene cuernos, tiene pie de caballo? ¿Se aparece como una figura andrógina que habla en arameo? ¿O como un astuto agente de traje oscuro y gafas de sol? ¿O se acerca a Jesús como un viejo amigo?

Todo es posible. Para aproximarnos a la verdad de lo narrado necesitamos ciertamente la imaginería de los sentidos, pero sólo para despertar nuestros sentidos interiores, espirituales. Se trata de una experiencia humana y espiritual central en la vida de Jesús que en este pasaje se relata a modo de parábola. Las Sagradas Escrituras llaman a esta vivencia "tentación". Se ubica en el centro, en la relación de Jesús con Dios: "Si eres Hijo de Dios..." le dice dos veces el tentador. Lo que a Jesús le infunde vitalidad desde lo más hondo de sí, lo que le da fuerzas, lo que hace posible su irradiación, es su incomparable relación con Dios, a quien llama su padre. Y ese núcleo de su identidad, por así decirlo, es mostrado por el Evangelio como algo sometido desde el principio a tentación y amenaza.

"Vosotros sois los que habéis perseverado conmigo en mis pruebas." Estas palabras de Jesús a los discípulos (Lc 22, 28) señalan que aquella escena excepcional en el desierto nos ilustra algo que vale para toda la vida y la obra de Jesús, hasta su muerte: como un eco del diablo, los que se burlan de Jesús en el trance final le dicen: "Sálvate a ti mismo, si eres Hijo de Dios, y baja de la cruz" (Mt 27, 40). Ahí está nuevamente el tentador. Pero llega demasiado tarde. En el desierto, al comienzo del camino de Jesús, el diablo quiere lograr que Jesús utilice su incomparable posición ante Dios para que evite ese final. Junto a la cruz, el tentador debe admitir que ha perdido.

Recordemos este marco del tema y retornemos al principio, a las primeras tentaciones de Jesús. Deben tomarse con inexorable seriedad. Entorpeceremos el acceso a ese texto si consideramos a Jesús como un héroe de sangre fría que mira soberanamente desde arriba al tentador y no le hace caso. Tampoco se trata de un intercambio de golpes con versículos bíblicos en los cuales Jesús, como un héroe de películas, gana por decir las palabras más contundentes. Jesús no es para nada así; porque eso sería recaer en el paganismo. Durante siglos los cristianos tuvieron miedo de tomar realmente en serio la tentación de Jesús y su correspondiente lucha para salir airoso de ella. Les parecía una traición a la divinidad de Jesús. Era difícil entender que Jesús hubiera padecido en carne propia esa impotencia de la tentabilidad humana.

¿De qué se trata entonces el encuentro con el tentador? Yo lo formularía así: Jesús lucha por aceptar las condiciones de nuestra existencia humana en este mundo tal cuales son; y lucha por incorporarlas a su relación con Dios. Para ello integra la experiencia humana del mundo, nuestra experiencia del mundo, a su experiencia de Dios. Una clave para ello es la aceptación de la impotencia: ante sí mismo, ante Dios y, por último, ante todos.

❖ Primera escena: el desierto

El tentador comienza por el hambre. Propone a Jesús que se sustraiga a la limitación humana realizando un milagro para saciar su hambre. Detrás de esta tentación tan breve y que aparentemente se puede vencer sin mayores dificultades, está la dura confrontación de Jesús con cuestiones insolubles de la historia humana. El diablo, así habría que representárselo, le muestra a Jesús los hambrientos de este mundo. "Convierte en pan estas piedras y manifiesta que eres salvador." En el hambre se cifran la pobreza, la enfermedad y la injusticia, las cuestiones en torno del trabajo, la alimentación y la economía, las guerras por el pan y las materias primas. La exigencia de convertir en pan las piedras entraña una pregunta amarga y acusadora que se dirige a Dios: ¿Por qué has hecho al mundo de tal manera que hay tantos sin pan?

¿Qué contestará Jesús? ¿No es un descaro ir hacia el mundo con las manos vacías cuando se puede convertir las piedras en pan? ¿No es petulancia creer que el mensaje del Reino de Dios basta para cambiar y sanar de raíz el mundo? ¿No tiene razón aquel que le arrebata a Dios las riendas porque no se puede gobernar el mundo con el Evangelio? Si esa persona tiene razón, entonces el diablo tiene razón, y Jesús ha perdido. Ésa es la tentación de Jesús, tal como se le presenta al intelecto del hombre moderno, crítico, conocedor de política. ¿De qué vive el hombre? Advierto la inescrutabilidad de este texto bíblico sólo cuando en mi condición de lector comienzo yo mismo a temblar pensando si acaso el diablo no tendría razón.

La primera tentación contiene una abrumadora experiencia de impotencia: impotencia ante los límites de la existencia histórica, humana, en vista de lo que el mundo necesitaría y lo que Jesús no puede darle sin traicionar su decisión por la encarnación. Imaginemos que Jesús hubiera interrumpido su ayuno apelando a un rápido milagro, y luego se hubiera encontrado con los enfermos y leprosos en los caminos de Galilea, ¿qué les habría podido decir sin ponerse colorado de vergüenza?

"No sólo de pan vive el hombre": Esto puede decirlo y seguir siendo Dios únicamente Aquel que no se sustrae a esa situación de hambre. En este sentido, en la crucifixión Jesús dio la repuesta existencial a esta tentación en el desierto. Él mismo fue víctima de intereses políticos y económicos. "Dale al pueblo lo que quiere; dale, por así decirlo, su pan, y satisfácelo, dale su víctima"... Barrabás o Jesús. Gente como Pilatos y la aristocracia del Templo no impidieron con esos cálculos que la guerra devastara el país; no vencieron el hambre y la pobreza. Y Jesús renunció a bajar de la cruz para arrebatarles el gobierno.

"Sino de toda palabra que sale de la boca de Dios." Esto lo dice alguien que tiene palabras que alimentan como el pan. En el desierto Jesús rechaza el milagro de convertir las piedras en pan; sin embargo, poco después, dará a otros pan en abundancia. Pero ese pan no saciará definitivamente el hambre ni dará respuesta a la pregunta planteada por el tentador. El camino que señala Jesús es distinto: El pan que él parte para los hombres es signo de que él mismo se entrega como pan a las manos de los hombres. Pero ese es justamente el pan que despierta el verdadero hambre en el hombre: el hambre de justicia (cf. Mt 5, 6). Y el diablo teme a tales hombres, por decirlo con una imagen mítica. Porque los hombres que saben que no tienen el poder de convertir las piedras en pan y que por eso buscan justicia y comienzan a compartir, han vencido la tentación. La doctrina social cristiana y todo compromiso cristiano con el "pan para el mundo" brotan de la fuerza de la tentación vencida.

❖ Segunda escena: Sobre el alero del templo de Jerusalén

Hay una pieza teatral de Woody Allen: "Dios. Una tragedia." Finaliza con la aparición de un *deus ex machina*, un salvador divino que viene de las nubes para remediar con una gran aparición una situación embrollada. Pero la máquina voladora de Dios falla y se estrella. Es el fin de Dios. Quizás nos desconcierte esta representación grotesca, porque ¡cuántas veces deseamos que viniese ese salvador divino, cuántas veces pretendimos la seguridad del milagro! Porque así ya no habría dudas: la fe sería indudablemente verdadera, y al fin podríamos demostrarles a todos que nosotros, los cristianos, no somos los tontos. "No tentarás al Señor tu Dios", dice Jesús. ¿Por qué se tienta a Dios cuando se pide un milagro?

Imagínense que Jesús efectivamente hubiera saltado, que hubiera comprobado lo que el tentador le propuso: Si él, en su calidad de Hijo de Dios hecho hombre, tenía tanto poder sobre Dios como para disponer sobre él... si vendrían los ángeles o bien se estrellaría en el fondo del valle del arroyo Cedrón. Esto último habría sido "el fin" de Dios. La idea es inadmisible. Esta alternativa casi blasfema pone claramente de manifiesto de qué se trata esta segunda tentación: de la radical indisponibilidad sobre Dios, de la divinidad de Dios; una experiencia que también el Hijo de Dios hace de manera humana.

¿Cómo podría el hombre disponer sobre Dios? ¿Quizás en la oración, presionando sutilmente a Dios, albergando expectativas no sinceras? Dios como el que satisface necesidades religiosas, garante de mi bienestar espiritual. Dios, a quien procuro manipular para mis propios objetivos, por más santos que éstos sean. Ciertamente sabemos esto más o menos por propia experiencia. La tentación de Jesús es aún más radical. Porque la indisponibilidad sobre Dios significa que Aquel a quien he confiado toda mi vida puede comportarse como el totalmente otro. Muchos hombres, y precisamente aquellos que con toda seguridad estuvieron muy cerca de Dios, relatan que Dios se les alejaba, que se les hacía inalcanzable, como si desapareciera detrás de un muro, que se hacía terriblemente extraño, al punto de ser casi imposible creer en su presencia o de alguna manera esperar alguna ayuda de él. Dios puede desilusionar amargamente a sus amigos. Piensen en Abraham. El que se halla en un túnel tan oscuro padece indeciblemente, y padece por Dios. Cambiaría con mucho gusto ese Dios lejano sobre el cual no se puede disponer, por uno que no permita que a su elegido le ocurra nada, que haga que su elegido camine como llevado por ángeles. Pero este último es justamente el Dios que ofrece el tentador.

Jesús hubo de afrontar esa tentación: usar a Dios para ahorrarse sufrimiento, esperando de él una solución rápida, una curación indolora, un cambio de la situación que no nos cueste mucho. Creerse y hacer creer a los hombres que uno puede desligarse de la responsabilidad por su vida y derivarle todo a Dios: "¿No ves el anhelo de espiritualidad de la gente? Haz algunos milagros, sé su gurú y serán felices". Jesús rechaza aquí el milagro. Un poco más tarde comenzará a hacer muchos milagros. Pero en todos esos encuentros se hace patente que la curación está ligada a una conversión de vida; el amor a Dios está ligado al amor al prójimo; la experiencia de Dios, al seguimiento; y el seguimiento, a la cruz. "No tentarás al Señor tu Dios", dice Jesús. La unión a Dios que mantiene Jesús hace fracasar al tentador. Jesús ni elude a su Dios ni quiere disponer sobre él, tampoco en su condición de Hijo unigénito de Dios.

Jesús permite que su Padre disponga sobre él. En el fondo, Jesús salta desde el alero del Templo, y lo hace diariamente, pero en un sentido muy distinto del pretendido por el tentador. Su saltar ocurre en la normalidad de una vida humana, y eso es desagradable para un corazón ávido de milagrería. Jesús salta arrojándose a la voluntad de Dios. Voluntad que, como cualquier otro ser humano, no conoce anticipadamente sino que en cada momento tiene que esperarla y recibirla del Padre, y luego realizarla en la vida concreta.

Jesús va modelando su vida con una gran apertura. La libertad soberana que tiene para hacer o no hacer algo, para actuar o padecer, es la consecuencia de un continuo diálogo interior con el Padre. Y en ello reside su fuerza. Esa libertad parece a menudo tan fácil y espontánea, tan exenta de todo lo que hace a nuestra propia historia de vida. Pero la instantánea de la segunda tentación nos demuestra que no es así, gracias a Dios. La Carta a los Hebreos habla de clamor y lágrimas que habrían acompañado a las tentaciones de Jesús, y en ese padecimiento Jesús habría experimentado la obediencia (cf. Hb 5, 7 s.). En el huerto de Getsemaní rechaza el violento intento de defensa de parte de Pedro: "¿O piensas que no puedo yo rogar a mi Padre, que pondría al punto a mi disposición más de doce legiones de ángeles?" (Mt 26, 53). Pero no lo pide y escucha en la cruz cómo la gente se burla de él por no hacer gala de su poder.

La muerte de Jesús señala que él tampoco salta cuando parece interrumpirse el diálogo vital interior con el Padre, diálogo que había sido fundamento de su vida. En la máxima angustia de la agonía clama a Dios y no recibe respuesta (Mc 15, 34; Mt 27, 26). El cielo queda encapotado. El clamor de Jesús por el abandono es la expresión radical de que Jesús aguanta hasta el final la experiencia de la indisponibilidad sobre Dios, de la lejanía de Dios.

La impotencia de la segunda tentación consiste entonces en la impotencia ante el Dios sobre el cual no se puede disponer. Los cristianos conocen a fondo esa impotencia. El hecho de que también Jesús la haya experimentado arroja una nueva luz sobre ella. Así pues estamos cerca de Dios cuando pareciera que estamos lejos de él. Nos aflige a veces que Dios no obre con mayor fuerza y claridad y nos deje en la espera. Eso no cambiará. Lo importante es que Jesús en su tentación no es el modelo grande e inalcanzable sino que él, que compartió nuestra experiencia, nos integra a su unión con Dios. Y así tendremos también la fuerza para saltar a la confianza radical de Jesús cuando nuestra vida nos lo exija.

❖ Tercera escena: En la cumbre de un monte alto

¿Cree el diablo en serio que Jesús se postrará y lo adorará? ¿Y que lo hará por algunas riquezas del mundo que de todas maneras le pertenecen? Convertirse en soberano de este mundo, aun cuando fuese el más grande de todos, sería para él un descenso... Advertimos entonces que no habría que interpretarlo así... ¿Qué tal esta versión?: Su mejor amigo lleva aparte a Jesús y le dice: "Escucha, Jesús. Eres para Dios el hombre más importante. Eres el elegido. Hay muchas posibilidades para una persona como tú. Demuestra lo que vales. Demuéstraselo a quienes te subestiman. Y deja de lado esa historia de la no violencia; de lo contrario pondrás en peligro del éxito de tu causa." ¿Reconocen la escena? La tercera tentación se repite en boca de su amigo Pedro (cf. Mc 8, 32-33; Mt 16, 23). Vale decir, esta tentación no se acabó en aquella oportunidad.

Quizás no entendamos al diablo, pero sí entendemos muy bien a Pedro: ¿No sería posible que las cosas resultasen sin tener que pasar por la cruz? La encarnación de Dios, ¿no podría tener un final feliz? ¿Cómo le explicaremos más tarde a la gente lo que te propones hacer? ¿Redención por el sufrimiento? Pedro no advierte que de su Cristo está haciendo un Anticristo, un ídolo; que pasaría a adorar a un demonio. Un Jesús que traicionara la impotencia de su camino de fe, camino que incluye el sí al sufrimiento, no podría curar la impotencia humana, la debilidad, el sufrimiento y el pecado. Sería un héroe, pero no un salvador. Las Sagradas Escrituras nos muestran dos veces cómo Jesús es confrontado con esa tentación diabólica. Su reacción no nos revela un vencedor invulnerable sino que pone de manifiesto la vulnerabilidad del hombre auténtico.

Como hombre rechaza al tentador: Apártate de mí Satanás. Porque escrito está: sólo al Señor tu Dios adorarás y sólo a él servirás. Jesús no se pone en lugar de Dios. Jesús vive la fuerza de su unión a Dios como Hijo; lo hace de manera consecuente y asumiendo las condiciones de la existencia humana, en la impotencia de su camino de fe. Al final del evangelio según san Mateo Jesús está nuevamente en la cumbre de un monte alto. Dios ha respondido. Resucitó al crucificado de la muerte. Entonces los discípulos se postran y lo adoran, también Pedro, el tentador humano, y Jesús dice: "Me ha sido dado todo poder en el cielo y en la tierra" (Mt 28, 18). No aspiró él a ese poder, sino que se entregó a las manos de los poderosos de la tierra. A él, que pasó por el fuego de la pasión, se le da entonces todo, y precisamente de parte de Dios, a quien se había confiado en su vida y en su muerte.

También la tercera tentación tiene que ver con la impotencia. Impotencia frente a todo lo que no se puede alcanzar sin haber pasado por el fuego de la pasión. Dios no quiere ningún poder sobre el mundo como lo tienen los gobernantes de este mundo, cuyo poder no se ejerce sin violencia y destruye la libertad del ser humano. Quizás no creeríamos que la actitud del Todopoderoso en su relación con el mundo es desinteresada, no creeríamos en su amor, sin esta prueba de que él renuncia, en total impotencia, a todo poder. Y eso es lo que Jesús pone de manifiesto en el monte de la tentación y vive en consecuencia hasta el final.

El Resucitado tampoco dispone de todo lo que le ha prometido el tentador. La renuncia a ello es definitiva. Pero justamente a él se le da ahora "todo el poder"; se pone claramente en evidencia ese poder cuando promete que estará con los suyos todos los días hasta el fin del mundo (Mt 28, 20), infundiéndoles su fuerza. ¿Qué significa esto para nosotros? Traduciéndolo nuevamente a las experiencias humanas: Lo que yo amo no debe "pertenecerme" jamás; y mucho menos la persona amada. La indisponibilidad sobre Dios que había que aceptar en la segunda tentación, vale también para todo lo creado. No debo tomar lo creado como algo sobre lo cual puedo disponer. Por eso san Pablo dice que hay que tener las cosas como si no se las tuviese (cf. 1 Co 7, 29-31). De ese modo no está predicando la renuncia radical a los bienes, como lo hacen los ascetas, sino un "no querer poseer" que es fruto del respeto por el otro, sea hombre, animal u objeto inanimado. Es una profunda e íntima aceptación del mundo, lo opuesto del desprecio del mundo; es expresión no de debilidad, sino de fuerza.

Paradójicamente, una pobreza de ese tipo nos lleva a poseerlo todo: un hombre que acepta la pobreza, la impotencia y la fragilidad de la vida, que experimenta en sí el fuego de la pasión, del amor a Dios y a los hombres, se hace tan libre que puede poseer todas las cosas en Dios y a Dios en todas las cosas. "Mi Dios y mi todo" es una jaculatoria que rezaba san Francisco; "hallar a Dios en todo" era una consigna de san Ignacio; "busca a Dios en todas partes y lo hallarás en todas partes", decía Vicente Pallotti. Lo que vale para los bienes materiales vale también para los espirituales: el saber, la cultura, los avances políticos, económicos, tecnológicos y humanitarios. Todo eso no ha sido dado para desentenderse de la limitación humana y negar la impotencia existencial o combatirla (por lo común en el enemigo proyectado hacia afuera). El cristiano dirá más bien: nos ha sido dado para servir a Dios en el prójimo.

Crisis de fe: ¿Fracaso o gracia?

Guido Kreppold

❖ Vivir con crisis de fe

Augstein, el conocido editor del semanario "Der Spiegel", cumplía setenta años. En la entrevista que se le hizo, se le preguntó qué opinaba de la religión. Él dijo que procedía de un hogar católico y había tenido una educación religiosa. A los 15 años le había preguntado a su profesor de religión si se podía perder la fe por propia culpa. Éste, un sacerdote jesuita muy culto, le explicó que sobre el punto había diferentes escuelas, existían diversas opiniones teológicas. A Augstein eso le bastó para poner punto final a su historia con la fe. No se trata aquí de comprobar en qué medida Augstein prosigue ocupándose de la cuestión, o de que la historia con la fe no se haya acabado en absoluto para él. Más bien hemos de examinar con mayor detenimiento la pluralidad de estratos de este tema.

En el fondo de la pregunta del joven Augstein se hallaba la afirmación: "No puedo continuar creyendo todo como lo vine haciendo hasta ahora, cándida y rutinariamente. Todo me parece muy vacío. No saco nada con ir a misa. No estoy de acuerdo con lo que se dice en el sermón, sobre todo cuando escucho conceptos como redención, salvación, gloria. Esas cosas deberían entusiasmarme y hacerme cantar con fuerte voz; pero no puedo hacerlo." Posiblemente le pasó lo que le ocurre a la mayoría de los jóvenes de hoy. Cuando alguno de ellos pregunta si se podría perder la fe por propia culpa, ése no es un planteo teórico que debe ventilarse en el plano de un debate teológico de alto vuelo; sino que sencillamente significa: He perdido mi fe y me siento culpable. Lo decisivo es ese "sentirse culpable". Porque en un estrato más profundo de su ser, el joven no se ha desprendido aún de su fe, o de lo contrario, no tendría sentimientos de culpa. La respuesta del profesor de religión podría haber sido la siguiente: "Ya no puedes creer y participar como lo hacías antes. Es normal en tu edad apartarse de las opiniones de los padres y querer pensar por sí mismo. Confía en tu propio sentido de sinceridad y autenticidad."

De ese modo, el alumno se habría sentido aceptado y esa pequeña chispa de fe oculta detrás de las palabras "propia culpa" —así lo suponemos— no se habría extinguido. Esta anécdota nos permite observar lo siguiente: el camino de salida de una crisis de fe comienza con el hecho de que la persona en crisis se sepa aceptada y comprendida con su historia personal. Esa aceptación y comprensión vuelve a abrir su interioridad que aparentemente estaba obstruida. La fe en Dios comienza con la fe en el hombre o, dicho de otra manera, Dios comienza a revivir en nosotros cuando se abre un campo de confianza gracias a la acción de otra persona. Sentirse comprendido nos pone alegres, nos infunde una sensación de liberación, permitiéndonos así vislumbrar algo de la redención. Cuando aceptamos a una persona que está en crisis, le ofrecemos un poco de compañía en su solitario camino. De ese modo restauramos una relación que se había roto. Le señalamos que sus sentimientos y quizás incluso su decisión no son algo deplorable que rechazamos, algo que es fruto de la propia culpa. Más bien debe experimentar que hay alguien interesado en su mundo interior, que lo valora y no lo desprecia; que significa algo para otra persona que quizás sea superior a él en cuanto a edad y conocimientos, pero que esa persona no quiere atraerlo hacia ella en virtud de su posición o cargo, sino por amor a él.

Éste es el plano de la fe a la que se refiere Jesús. Jesús pone de manifiesto esa actitud de la manera más ilustrativa con el publicano Zaqueo. Se hizo invitar por aquel que menos lo merecía. A despecho de la expectativa general, Jesús le hizo sentir que "también él era hijo de Abraham" (Lc 19, 9). Lo contrario es lo que llamamos incredulidad, falta de relación. La queja que se escucha con mayor frecuencia en la Iglesia es la de la indiferencia del hombre actual para con lo religioso, para con la Iglesia. Pero casi nadie señala que esa indiferencia es recíproca. Los hombres se apartan de la Iglesia no sólo por egoísmo y hedonismo sino, la mayoría de las veces, por la decepción que sufren al ver que en la Iglesia no se da cabida a lo que los motiva en lo más profundo. Los problemas de los teólogos y los debates internos de la Iglesia les parecen incomprensibles o simplemente irrelevantes. La no comprensión genera distancia; sencillamente la gente "se desconecta" cuando se habla sobre temas de Iglesia. Se comienza reduciendo la atención cuando se escucha una frase que empiece con "Dios"; porque esa palabra ha perdido fuerza. Si queremos hablar sobre Dios tenemos que conversar con la gente sobre las cosas que la preocupan, sobre sus expectativas y esperanzas.

Así lo hacía Jesús. Conocemos aquellas palabras: "Si uno de vosotros tiene un amigo... al menos se levantará por su importunidad, y le dará cuanto necesita" (cf. Lc 11, 5) Y además: Quien de vosotros tenga hijos y los quiera, no les negará la comida diaria. Jesús tomaba como puntos de enlace las experiencias humanas; por eso no era aburrido escucharlo: "La gente quedaba asombrada de su doctrina; porque les enseñaba como quien tiene autoridad, y no como sus escribas" (Mt 7, 28 s.). Así describe san Mateo la atmósfera reinante luego del sermón del monte. Se podría decir también: la gente atendía, "les entraba en la cabeza" como se dice familiarmente. Quedar conmovido, sentir solidariamente, sufrir solidariamente, pensar solidariamente es lo contrario de la indiferencia.

✧ La atmósfera es decisiva

También podemos decir que la atmósfera decide si una conversación sobre la fe tendrá éxito o no. ¿Es una atmósfera de libertad y espontaneidad, de tal modo que los participantes tienen la impresión de que se es aceptado, de que se respeta sus ideas? ¿O bien reina un clima en el cual se busca derribar al otro con argumentos y se pretende imponer la fe, en realidad la propia opinión?

Si cada uno puede expresar cabalmente sus sentimientos, la vivencia del mutuo compromiso y cercanía se hará cada vez más honda. Las palabras tan citadas y desgastadas desde hace mucho tiempo sobre los dos que se reúnen en el nombre de Jesús (Mt 18, 20) hallarían aquí su confirmación, (y no sólo cuando comenzamos "en el nombre del Padre y del Hijo"). "Atmósfera" en cuanto aire que nos rodea y la manera de estar juntos, se corresponde en verdad con los términos de las lenguas clásicas que designan el aire, el aliento, el soplo, el espíritu: *ruaj*, en hebreo; *pneuma*, en griego; y *spiritus*, en latín.

Sobre el tema de la atmósfera en las conversaciones sobre la fe habría que mencionar dos discusiones con Eugen Drewermann* en la televisión. Hubo un encuentro de este controvertido teólogo con el obispo de Rottenburgo, Walter Kasper. Al moderador le interesaba el efecto. Ambas partes fueron confrontadas con preguntas que debían responder en muy breve tiempo. De ahí que para salir airoso importara la agudeza de la formulación. Se enfocaron los más diversos temas. Una participante declaró que incluso el público en el estudio de televisión fue exhortado a estimular la atmósfera mediante aplausos o aportes. Fue un ejemplo ilustrativo de cómo se puede manipular con fines sensacionalistas algunos temas de la fe y la penosa situación de los contendientes.

La contrapartida de esta escena nos la ofreció un programa de la televisión austríaca en la que participaron Eugen Drewermann y el conocido teólogo Eugen Biser. En esa oportunidad se apreció que el controvertido profesor había comprendido realmente a su interlocutor. La atmósfera era de tal naturalidad que permitía a cada uno expresarse cabalmente, generar ideas nuevas y creativas sin padecer presión alguna. Y lo curioso: Eugen Drewermann no tenía ya ese rostro tenso, casi desfigurado, de combatiente desesperado, sino que se lo veía distendido e incluso a veces risueño.

Volviendo a las crisis de fe y cómo asumirlas, repetimos que la atmósfera constituye un factor decisivo. Tomemos conciencia de que la manera cómo hablamos sobre Dios no es ninguna cuestión secundaria. Si no es correcta, si predominan la presión, los miedos y la teorización, estaremos excluyendo aquello de lo cual verdaderamente se trata, vale decir, el espíritu que anima y libera. De ese modo se aleja precisamente a quienes buscan con sinceridad la verdad.

❖ *La gracia de la crisis de fe*

En ponencias sobre apoyo mediante el diálogo y sobre pastoral terapéutica, se habla de la importancia de hacerse cargo de los senti-

---

*Sacerdote católico y teólogo alemán que se distanció de la Iglesia por sostener públicamente tesis contrarias a la doctrina católica (n. del e.).

mientos y mociones del otro. Sin embargo, poco se hace en este sentido. La primera pregunta que habría que hacerse es: ¿Cómo es nuestro compromiso personal con esa conversación? ¿Cómo reaccionamos cuando el otro ataca nuestra fe, cuando expone sus dudas? Cuando enseguida contraatacamos con lecciones y argumentaciones, o bien con fórmulas exageradamente atentas y estudiadas, eso significa que en nosotros existen miedos.

Que escuchemos con calma y serenidad las cosas negativas que se nos exponga depende de si nosotros mismos hemos estado alguna vez en el lugar de quien duda. Sólo podemos comprender lo que el otro siente, o tener al menos un vislumbre de ello, si nosotros mismos lo hemos experimentado. Abrir una brecha en la barrera de la seguridad y superficialidad mantenidas hasta el momento, y calar más hondo, no puede ser el mero resultado de una ejercitación o de un buen propósito. Esa brecha se produce inesperadamente... de pronto nos encontramos en ella. Sólo cuando hayamos dado ese paso, seremos capaces de acoger a los hombres que estén pasando por la misma situación. Quien haya pasado por una crisis ya no es el mismo, es distinto. Sabrá de lo que está hablando cuando se trate sobre la gracia y la redención. Comprenderá las cosas porque las ha vivido y por eso lo que diga ya no sonará hueco.

Sigue tu propio camino con la frente alta, en la vida con Dios

Vivir en la presencia de Dios

Peter Abel

Hemos olvidado la santificación del domingo, y ni qué hablar de la santificación de la vida cotidiana. Decir "domingo" significaba antaño vestir la ropa buena, ir a misa, reunirse en la sala. Se esperaba una comida especial junto a toda la familia. La gente tenía tiempo para los demás. Por supuesto que por entonces no todo favorecía el cultivo de la vida familiar. Pero se tenía, en general, la sensación de que el domingo era un día de descanso en común, de reencontrarse con el sentido de las cosas. Se vivía el descanso de Dios, del Creador. Se revertía así cierta unilateralidad en el trabajo cotidiano, y ello a su vez incidía sobre la búsqueda de Dios en la vida cotidiana.

Para la mayoría todo eso es ya pasado. Ni siquiera hace falta citar el número descendente de los que van a misa. La búsqueda de Dios ha desaparecido de la vida diaria y parece ser asunto de pocos. Se ha incorporado a la vida rituales y cultos sustitutivos, según la diferente orientación de la gente. Los domingos la familia ofrece una imagen ambigua. La cuarta parte de los jóvenes lo considera un día aburrido. En muchos casos el domingo es el día en el cual la familia se dispersa más de lo habitual. Cada cual sigue su propio camino. Por otra parte se invierte mucho: El domingo es el día en que los hombres y los padres están en casa. Hay tiempo para desayunar, para conversar juntos. Hay tiempo para dar un paseo en bicicleta. No se perdió del todo el espacio de meditación, sólo se ha independizado.

Sin embargo, el sentido para modelar nuestra vida interior en armonía con lo que celebraba el descanso dominical se ha ido sacrificando más y más sobre el altar de la sociedad de la eficiencia y del trabajo. Rainer Hank, periodista especializado en economía, observa críticamente que la renuncia al principio de la eficiencia entraña una oportunidad sorprendente: "La pausa contemplativa impide que la actividad degenere en activismo. La interrupción es lo que genera el ritmo. Hay gente que considera que la invención del sábado es uno de los logros culturales más importantes del judaísmo. Porque el ritmo genera repetición. A su vez la repetición posibilita un redescubrimiento y ofrece una forma de descarga sin la cual la vida sería intolerable. Es asombroso que la condición humana de ser imagen y semejanza de Dios se realice en la imitación del ritmo de su Señor."[1]

En la vida concreta, la situación es la siguiente: hemos perdido la noción del ritmo del tiempo y, con ello, la experiencia de ligar nuestra vida a vivencias del sentido de las cosas: en la liturgia se omite la petición de buen clima porque ya no se tiene la noción de las estaciones del año, de la siembra y de la cosecha, de la espera y del cuidado. Los niños nos refrescan la memoria de que el año tiene un verano, de que la nieve no sólo es un problema para el tráfico urbano sino que nos invita a un juego maravilloso.

San Benito se integra a la gran tradición de la santificación del domingo, más aún, de toda la vida. Les inculca a los monjes un horario diario que en definitiva conduce a la santificación de la vida diaria. San Benito ordena ese horario en armonía con el ritmo de los días y estaciones, asignándoles un lugar en él al trabajo y a la oración. La estructura está al servicio de un ordenamiento interno. San Benito subraya el anhelo de trascendencia y de sentido para la vida con un programa propio: vivir en la presencia de Dios. San Benito menciona varias veces la condición para esa vida en la presencia de Dios. Escribe: "Tenga siempre presente ante los ojos el temor de Dios, nunca lo olvide... Piense el hombre que Dios lo mira siempre desde el cielo, y que sus obras en todo lugar son vistas por la mirada de la Divinidad... El Profeta nos enseña esto cuando manifiesta que Dios está siempre presente en nuestros pensamientos diciendo: 'Dios escudriña los corazones y los riñones'" (Regla de san Benito, 7, 10.13 s.; cf. 19, 1 i.a.).

Dios contempla a cada uno. Dios no es un Dios que está por encima de nosotros, muy delante o muy detrás de nosotros, sino que podemos hallarlo en medio de nuestra vida. Dios toma la iniciativa, co-

[1] Hank, R., *Arbeit. Die Religion des 20. Jahrhunderts* (El trabajo. La religión del siglo XX), Francfort, 1995, pág. 130 s.

noce nuestros más hondos entresijos y los examina; Él conoce nuestra personalidad más recóndita. Eso nos desafía a responderle (cf. Regla de san Benito, prólogo, 8 ss.). A la escucha sigue la consideración cuidadosa de lo que acontece en mi corazón en el silencio del encuentro con Dios. Tres experiencias fundamentales llevan a san Benito a descubrir la presencia de Dios en nuestra vida. Llegamos a Dios pasando por los hombres y nuestro mundo. La búsqueda de Dios se realiza en la vinculación con el prójimo, y en tan gran medida, que la vinculación con el prójimo es para san Benito la medida de la relación con Dios. La búsqueda de Dios se realiza comprometiendo toda nuestra humanidad.

"Según la Regla de san Benito, el camino que conduce a Dios no es el de la razón, sino el de la búsqueda... En esa búsqueda participa toda nuestra humanidad, con su intelecto, pero no en menor medida con su amor y sensibilidad. Dicha búsqueda se nos presenta con muchos matices; se nos aparece como escuchar, orar, callar, obedecer, servir, velar. Toda búsqueda apunta a una percepción de Dios, del Dios que está aquí. Es un sensibilizarse para lo que es, para el que es. En ello subyace la convicción de la unidad de Creador y creación, de Dios y mundo, o bien, de hombre, vida y oración. Así pues no se excluye nada, ningún signo ni huella, ya que todo puede ser presencia de Dios."[2]

Otro gesto fundamental de la búsqueda de Dios que descubrimos en san Benito es la valoración de las Sagradas Escrituras. El evangelio ofrece orientaciones para la vida, nos guía (cf. Regla de san Benito, prólogo, 21). Si estamos interiormente heridos, las Escrituras serán bálsamo sanador (cf. Regla de san Benito 28, 3). Si buscamos un consejo, nos brindarán orientación (Regla de san Benito 51, 9). Podemos confiar en ellas (cf. Regla de san Benito, prólogo, 33). Las Escrituras son para nosotros un tesoro; son fuente inagotable de orientación (cf. Regla de san Benito 64, 9). San Benito hace suyas las Sagradas Escrituras y las "encarna" en las más diversas situaciones de la vida. Sobre

---

[2] C. Schütz, "Gelebtes evangelium. Der Hl. Benedikt und sein Lebensprogramm" (Evangelio vivido: San Benito y su programa de vida), en: Schütz/Rath, *Der Benediktinerorden* (La orden benedictina), pág. 60.

todo vive abrevando de los salmos, que nos ofrecen experiencias humanas y religiosas fundamentales, y además acogen no sólo nuestro anhelo de Dios sino también la experiencia de la lejanía de Dios. La Regla de san Benito está colmada de referencias bíblicas y de un Evangelio vivido a fondo. A menudo la Regla se lee a modo de comentario sobre una experiencia bíblica de nuestra fe. Para familiarizarse con la Palabra, el monje ha de acogerla continuamente, meditarla en su corazón y dejar que se proyecte en la vida. A menudo el monje ora breve y concisamente con ayuda de un versículo de las Sagradas Escrituras.

Y en tercer lugar, san Benito ordena los ritmos de vida de tal modo que nos pongan continuamente en presencia de Dios. Como ya hemos dicho, san Benito no tiene en mente un Dios lejano y mayestático, sino un Dios cercano, el Dios que está con nosotros, un Dios que nos interpela e invita a responderle. Para eso hay tiempos fijos de oración y de trabajo, para que la regularidad y equilibrio sirvan para encontrar a Dios. San Benito es un apasionado buscador de Dios. Por eso su programa de vivir en la presencia de Dios tiene la consigna y objetivo: "Que en todo sea Dios glorificado" (Regla de san Benito 57, 8).

Encuentro con Dios en el prójimo, en las Sagradas Escrituras y en un tiempo ordenado son los tres pilares para experimentar la presencia de Dios en la vida. Pero... ¿Es algo sólo para monjes? Visto desde afuera, no se podría cumplir cabalmente con estos pilares cuando se tiene o se está en una familia. Porque, por ejemplo, es un lujo disponer de tiempo para rezar. Oración y misa, tiempos de meditación y silencio son distintos en una familia: el breve silencio antes de la comida, los momentos del anochecer, la oración con nuestros chicos. Pero los tiempos expresamente fijados son también parte de una familia. Dicho más exactamente: el tiempo pasa volando. La agenda de cada uno, el entrelazamiento de trabajo, compras, cocinar, jugar, los diferentes trámites y turnos que se complican, las diferentes exigencias que se nos plantean en esta área, nos demuestran con claridad que en una familia también es importante tener tiempos fijos.

Naturalmente buscamos en la vida diaria espacios de tranquilidad. Incluso los niños lo hacen intuitivamente en la medida en que lo necesitan. Y en nuestra familia se ha desarrollado naturalmente desde hace tiempo un ritual dominical con la ida a misa y la posterior conversación con gente de la parroquia, luego la comida en común y —cuando los niños crecieron— ver juntos el programa de televisión "Pregúntale al ratón", que con sus historias nos devuelve al terreno de lo cotidiano y despierta nuestra curiosidad ante la vida.

En medio de tal convivencia, simpática y caótica, realmente no se percibe nada de la severidad de un monasterio. Pero también nosotros buscamos, como el monje, espacios en la vida diaria en los cuales pueda resplandecer la presencia de Dios, espacios que hay que cultivar cuidadosamente. En este sentido los chicos nos desafían a vivir ritmos y estaciones del año, a revitalizar formas olvidadas desde hace tiempo, incluso costumbres religiosas, y generar y desarrollar otras nuevas. Entonces se desempaca el pesebre y se vuelve a contar la historia del Niño Dios. Se pinta huevos y se investiga qué tienen que ver esos huevos pintados con la Pascua. Se cosecha y le decimos "¡gracias!" a Dios.

Los niños nos obligan a vivir en la regularidad en lugar de entregarnos al frenesí de una sociedad de vivencias fugaces, de lo contrario; los privaríamos de un hogar: contarles un cuento mientras los acompañamos a la escuela inicial, el juego con los amigos, el ritual de ir a dormir. Existen momentos en los cuales nos detenemos y encontramos en la vida diaria lo inusitado: en la mirada confiada del niño que es amamantado, en la alegría radiante de los hermanos a la mañana, en el juego compartido. Hay momentos en los cuales estamos agradecidos, y vertimos en una oración esa gratitud por lo inusitado que nos llama la atención sobre el misterio cada vez más grande de la vida; o momentos en los cuales confiamos una preocupación a Dios, una preocupación de esas de las que no queda exenta ninguna familia: una discordia, una enfermedad. Y en esos momentos nos ayudan unas breves palabras de las Sagradas Escrituras. Nos queda la hora de la conversación al anochecer, cuando los esposos repasamos las cosas buenas del día, cuando experimentamos momentos de dicha y nos decimos que nuestra vida juntos tiene también sus facetas bellas. Nos asombramos cuando aceptamos las preguntas que nos hacen los niños, las que comienzan con "¿por qué...?", y descubrimos en ellas nuevas imágenes de la vida y de la fe.

En definitiva, la oración no es algo únicamente para monjes, sólo que nosotros, con el transcurso del tiempo, hemos desarrollado formas propias de oración y agradecimiento por nuestra vida: la canción infantil que cantamos una y otra vez y, por decirlo así, se ha convertido en introducción de la oración de la noche; la historia bíblica que contamos; el mundo de representaciones de nuestros chicos, que tanto nos asombra y que capta las experiencias fundamentales de la vida; el trato mutuo, por cuya armonía agradecemos. De esa forma tenemos la experiencia fundamental de la cercanía y presencia de Dios, del encuentro con Dios a través del prójimo.

Experiencia de Dios y experiencia de sí mismo

Anselm Grün

Muchas personas se quejan de que no experimentan a Dios, de que a pesar de muchos intentos de meditar y orar regularmente, no sienten nada de Dios. Les pregunto entonces si se sienten a sí mismas, si están en conexión consigo mismas. No sólo la imagen de Dios y la imagen de uno mismo, están íntimamente interrelacionadas, sino también la experiencia de Dios y la experiencia de sí mismo. Quien no se sienta a sí mismo tampoco sentirá a Dios. Quien no tenga experiencia de sí mismo tampoco experimentará a Dios.

Una mujer quería recorrer un camino de espiritualidad. Pero su oración era árida. Antaño sentía intensamente a Dios, pero actualmente no sentía nada. En la conversación se reveló claramente que ella excluía muchas zonas de su alma. No quería meditar sobre sus facetas "profanas", sobre sus agresiones y sexualidad, sobre sus sueños juveniles de tener una familia e hijos. Creía haber elaborado ya hace mucho esos sueños, y haber acabado con el tema. Quería forzarse a representar el papel de una mujer espiritual. Había apartado todo lo demás del campo visual de su alma. En la conversación tomó clara conciencia de por qué no sentía a Dios. No se había conectado con su propia alma; se había apartado de las facetas menos "piadosas" pero tanto más vivaces de su alma: su gusto por viajar, pintar, escribir poesía. Había sacrificado todas esas facetas en aras de su imagen de persona religiosa. Pero ello redundó en pérdida de vitalidad. Las cosas que en ella no podían establecer contacto con Dios le oscurecían la experiencia de Dios. No podía experimentar a Dios porque no tenía el coraje de sentirse a sí misma.

No somos equivalentes a la imagen espiritual de nosotros mismos que nos hemos forjado. Sólo si nos animamos a ofrecerle todo a Dios y conectarnos con todo lo que hay en nosotros, sentiremos también a Dios. Muchos se han desconectado de su propia alma. Sólo perciben una pequeña parte de sí mismos. Eso les impide percibir a Dios. De ahí que yo jamás participe en discusiones sobre si podemos experimentar a Dios o no, o por qué Dios se muestra más a uno que a otro. Yo les pregunto a las personas cómo se experimentan a sí mismas. Y a menudo me sorprende constatar cuán poco se sienten a sí mismas, cuán poco contacto mantienen consigo mismas. Todo el arsenal de métodos espirituales no les ayuda cuando no tienen el coraje de contemplar la propia verdad. Pero aquí no se trata de una comprensión racional de la propia psiquis, sino de un conectarse con todo lo que emerge en nosotros, con nuestras sensaciones, con nuestros sueños, con nuestras imágenes inconscientes. Se trata de un sentirse en el cuerpo. ¿Estoy en armonía con mi cuerpo? ¿Estoy totalmente en mí, en mi cuerpo, o excluyo muchas cosas? Sólo si escucho la voz de mi cuerpo y la voz de mi alma podré percibir también la voz de Dios. Sólo si he armonizado ambas voces podrá Dios armonizar conmigo, podrá calar en mi interioridad.

Lo que me oculto me oculta el rostro de Dios. Jesús nos enseña cómo rezar correctamente. No debemos recurrir a muchas palabras. No debemos confiarnos a métodos externos de meditación o ascética. Porque estos pueden convertirse fácilmente en mera búsqueda de eficacia y en fuga de la propia realidad. Cuando queramos orar, Jesús nos invita a ir a la habitación de nuestro corazón. Y cerrar la puerta para estar a solas con nuestro Dios: "Entonces ora a tu Padre, que está allí, en lo secreto; y tu Padre, que ve en lo secreto, te recompensará" (Mt 6, 6). La palabra griega *kryptos*: "velado, oculto, secreto", tiene gran importancia en la mística helenística y también en el Antiguo Testamento. Dios está oculto para el hombre. Todo el empeño espiritual del ser humano apunta a que Dios se manifieste abiertamente al hombre.

El devoto del Antiguo Testamento sabe que no puede ocultar nada ante Dios. Cuando ante Dios cesa de huir de su propia verdad y le revela a Dios sus cosas ocultas, entonces Dios lo hace partícipe de su vida oculta.[1] En nosotros no hay nada que no haya de ser conocido (cf. Mt 10, 26); debemos exponerle a Dios las zonas escondidas de nuestra alma. Sólo entonces nuestra oración será recompensada y podremos experimentar a Dios en la oración. Lo que escondo ante mí mismo y ante Dios, menoscaba mi relación con Dios. Dios está justamente en lo oculto. Si desciendo a las zonas de mi alma que he tapado y velado, descubriré allí a Dios que se oculta en la profundidad de mi corazón. Entonces mi oración será recompensada. Y porque tomo contacto con las cosas ocultas que hay en mí, Dios ya no se me ocultará más.

---

[1] Cf. Oepke, A., *kryptos*, ThNT, pág. 968 s.

Cuando Dios nos consuela

Georg Braulik

Cuando Dios nos consuela... ¿Podría usted continuar esta frase partiendo de su propia experiencia? ¿Lo consoló Dios por entonces, cuando se arruinó algo que había sido hermoso y lleno de vida, una amistad, por ejemplo? ¿O cuando le infligieron heridas que nadie podía ver ni curar? ¿O cuando la culpa lo abrumaba y aislaba? ¿O cuando cometieron una injusticia con usted y usted no podía hallar una salida? Quizás por entonces usted no contaba con que Dios deseaba consolarlo y que él tenía un lugar especial para ello.

Muchos de nosotros estamos aún imbuidos de una espiritualidad según la cual la tierra es un valle de lágrimas y el verdadero consuelo lo recibiremos en el cielo, donde, de acuerdo con el Apocalipsis, Dios enjugará toda lágrima de nuestros ojos. El consuelo es puesto en el más allá. Se le ha reprochado a la Iglesia que, con ese enfoque del consuelo, ha hecho que las personas que padecen necesidad sean incapaces de acabar con la miseria en nuestro mundo. A más tardar desde el Concilio se ha introducido un cambio por el cual se apunta ahora al compromiso en este mundo y a la solidaridad con todos los que sufren. ¿Consuela Dios a través de nuestra acción de alimentar a los hambrientos de África y eliminar estructuras de explotación en Latinoamérica? Tratemos de obtener una respuesta reparando en aquel momento cuando por primera vez en la historia del pueblo de Dios se reflexionó ampliamente sobre el consuelo de Dios.

Fue en la época de la historia de Israel cuando habían sido destruidos Jerusalén y su Templo, y desterrada la elite de la población. "Consolar" fue la consigna del profeta cuyos textos fueron añadidos más tarde al libro del profeta Isaías, más antiguo, y a quien llamamos por eso el Deutero-Isaías, el "Segundo Isaías". Su mensaje se resume en la consigna: "Consolad, consolad a mi pueblo, dice vuestro Dios" (Is 40, 1). Sin embargo en los textos que siguen, por lo común es Dios quien consuela. Cuando Dios consuela, no se queda en meras palabras de compasión y una referencia al más allá. Más bien se apiada de su pueblo y lo ayuda en este mundo a salir de sus penurias. Para ello toma incluso a su servicio a un rey extranjero, Ciro. Lo hace siervo y "ungido" suyo; y Ciro permite que los desterrados salgan de Babilonia y regresen a su hogar. Esta tensión entre el consuelo directo de Dios y el consuelo que da a través de hombres es también característica del texto que conforma el núcleo del libro del Segundo Isaías. Porque Dios consuela "a sus pobres". Ese prodigio alcanza su objetivo en una nueva Jerusalén, el lugar verdadero del consuelo y del ser consolado. Cito el pasaje con su contexto inmediato:

"Así dice Yahveh, el que rescata a Israel, el Santo suyo, a aquel cuya vida es despreciada, y es abominado de las gentes, al esclavo de los dominadores: Veránlo reyes y se pondrán en pie, príncipes y se postrarán por respeto a Yahveh, que es leal, al Santo de Israel, que te ha elegido.

Así dice Yahveh: En tiempo favorable te escucharé, y en día nefasto te asistiré. Yo te formé y te he destinado a ser alianza del pueblo, para levantar la tierra, para repartir las heredades desoladas, para decir a los presos: 'Salid', y a los que están en tinieblas: 'Mostraos.'

Por los caminos pacerán y en todos los calveros tendrán pasto. No tendrán hambre ni sed, ni les dará el bochorno ni el sol, pues el que tiene piedad de ellos los conducirá, y a manantiales de agua los guiará. Convertiré todos mis montes en caminos, y mis calzadas serán levantadas. Mira: Estos vienen de lejos, esos otros del norte y del oeste, y aquellos de la tierra de Sinim. ¡Aclamad, cielos, y exulta, tierra! Prorrumpan los montes en gritos de alegría, *pues Yahveh ha consolado a su pueblo y de sus pobres se ha compadecido.* Pero dice Sión: 'Yahveh me ha abandonado, el Señor me ha olvidado.' ¿Acaso olvida una mujer a su niño de pecho, sin compadecerse del hijo de sus entrañas? Pues aunque esas llegasen a olvidar, yo no te olvido. Míralo, en las palmas de mis manos te tengo tatuada, tus muros están ante mí perpetuamente. Apresúrense los que te reedifican, y salgan de ti los que te arruinaron y demolieron. Alza en torno los ojos y mira: todos ellos se han reunido y han venido a ti. ¡Por mi vida! —oráculo de Yahveh— que con todos ellos como con velo nupcial te vestirás, y te ceñirás con ellos como una novia" (Is 49, 7-18).

Cuando Dios consuela a los que sufren, nos dice este texto (y vale para la mayor parte de la Biblia), Dios los consuela en su pueblo. Los consuela en primer lugar con su palabra. Una palabra que expresa que el clamor ha sido escuchado, más aún, es una palabra que manifiesta cariño; una palabra dirigida a Israel. En el Segundo Isaías, Israel aparece representado en dos figuras simbólicas: los deportados, los que son maltratados en el extranjero, retratados en el siervo de Dios que es perseguido y matado, y sin embargo continúa vivo. Frente a él está, como madre de los que se quedaron en la patria, la mujer "Sión-Jerusalén", solitaria y desolada. La palabra genera un acontecimiento que hace arrodillar a los gobernantes de los pueblos convirtiéndolos en adoradores de Yahveh y que, al final de nuestro texto, conduce hacia Jerusalén gentes de los cuatro puntos cardinales. Al mismo tiempo es una palabra que revela la identidad de Israel. Porque Dios dice: "Te he destinado a ser alianza del pueblo." Esta enigmática designación posiblemente quiera decir: En su calidad de aliado, de pueblo de la alianza, no sólo recibe la promesa de Dios, sino que incluso encarna esa promesa de Dios. Dicho con otras palabras: La promesa de Dios no sólo se cumple en Israel, Israel no sólo es salvada por Dios sino que la salvación de Dios, su alianza fruto de su gracia, que se amplía a todos los pueblos, cobra figura, en cierta manera, en ese pueblo. Lo cual significa concretamente: la futura historia de salvación de Israel superará tanto la historia anterior (el éxodo de Egipto, la marcha por el desierto y la conquista de la tierra) como una persona supera la palabra que en ella se ha hecho carne.

En efecto, en nuestro texto podemos seguir paso a paso el proceso: Cuando Dios consuela, no repite simplemente la historia de salvación ya "canónica" (lo que en sí sería ya asombroso) sino que la excede. Así pues ya no son necesarios las plagas y el prodigio del Mar Rojo como en tiempos de Moisés. La sola palabra de Dios basta para que los que están cautivos en Babilonia abandonen sus oscuras prisiones y salgan a la luz y se encaminen libres a su patria. Ya no tienen que conquistar militarmente la tierra (como en tiempos de Josué). Dios sencillamente reparte las heredades entre los que regresan; el yermo florece. Vale decir que cuando Dios consuela, llama a la libertad y regala vida plena. Las cadenas ya no atan, es posible sacudirse de ellas. Desaparecen las diferencias entre ricos y pobres porque se vuelve a repartir la tierra. Se genera una sociedad fraternal. Surge maravillosamente como el Israel de los primeros tiempos, cuando Yahveh congrega a los esclavos del

Faraón y los explotados de Canaán, haciéndolos su pueblo. Cuando Dios hace ahora que los desterrados regresen a Jerusalén, que retornen de los cuatro puntos cardinales los que habían sido dispersados, éstos ya no padecerán las fatigas del primer éxodo: "No tendrán hambre ni sed, ni les dará el bochorno ni el sol, pues el que tiene piedad de ellos" —Dios— "los conducirá, y a manantiales de agua los guiará." Cuando Dios reúne a su pueblo, se transforma el mundo: El desierto se convierte en paraíso, los montes ya no son obstáculos sino caminos. Por eso no es suficiente que Miriam tome el pandero y entone el himno: ahora cielo y tierra exultan, e incluso los cerros se alegran. Porque Yahveh, tal como interpreta el Segundo Isaías todo ese acontecimiento, "ha consolado a su pueblo y de sus pobres se ha compadecido". En todas estas imágenes subyacen experiencias de la historia del pueblo de Israel. Pero en ellas se condensa la conciencia, que también nos alcanza a nosotros hoy, de que si creemos en el Dios de la Biblia, entonces de alguna manera en la sociedad que nos rodea vivimos como en el extranjero, y anhelamos el regreso y la integración a una nueva comunidad.

Por eso el éxodo alcanza su meta sólo con la nueva fundación del pueblo en Jerusalén. El consuelo de Dios es para "sus pobres". Esos pobres de Yahveh que, por su culpa, cayeron en la miseria, pero que ahora deben padecer por su vinculación con su Dios y por lo tanto son llamados "sus" pobres: los "abominados de las gentes, esclavos de los dominadores", vale decir, los desterrados de Babilonia, y Sión, la madre de los que quedaron en la patria. Dios consuela a estas dos figuras de pobreza, a sus pobres. Su consuelo es "un evangelio para los pobres", hace realidad lo que anuncia.

Hasta ahora hemos reparado en el mensaje de consuelo para el siervo: Dios escuchó su lamentación. Pero él también responde a la lamentación de la mujer-Sión. Los reproches de ésta son duros, desentonan con la alabanza del cosmos: "Yahveh me ha abandonado, Dios me ha olvidado" ¿Cómo consuela Dios esta ciudad, que junto con el Templo ha perdido también la cercanía de Dios y por eso corre peligro de perderse ella misma? ¿Le construye Dios un nuevo Templo, más esplendoroso que el edificado por Salomón? El Segundo Isaías no habla de eso en ninguna parte, y su silencio es muy elocuente de cara a lo que dicen otros teólogos del exilio. Dios se hace presente de otro modo: Consuela a través de hombres y de una manera profundamente humana. Dios consuela humanamente: al siervo, vale decir, a los desterrados, los consuela como su pastor, y a los habitantes de Jerusalén, como una madre. Su cuidado se corresponde con la sensibilidad masculina y femenina, se adapta a esas sensibilidades, pero por último las supera de manera divina. Dios consuela humanamente: "¿Acaso olvida una mujer a su niño de pecho, sin compadecerse del hijo de sus entrañas? Pues aunque ésas llegasen a olvidar, yo no te olvido". Dios consuela como una madre. No se lo dice textual pero sí figuradamente. La misma acción de "compadecerse" que se le atribuye a la madre se encuentra ya en la descripción del regreso a través del desierto. Allí se dice literalmente: "El que tiene piedad de ellos los conducirá, y a manantiales de agua los guiará."

Dios actúa maternalmente cuando apacienta como pastor y lleva a los manantiales a los exiliados en su marcha de regreso a la patria. Pero la maternidad de Dios supera la de una madre humana. Su vinculación a Sión supera incluso el íntimo vínculo de la naturaleza, la sensibilidad humana más fuerte. Aun cuando una madre olvide a su niño, Dios no olvidará a su pueblo: "Míralo, en las palmas de mis manos te tengo tatuada, tus muros están ante mí perpetuamente." No es la circuncisión que Israel realiza en su carne lo que hace acordar a Dios de su unión con el pueblo. Más bien es el perfil de Jerusalén tatuado en las palmas de Dios. De modo que, en todo lo que haga, su mirada recaerá sobre su comunidad. La usanza judía recuerda hoy ese consuelo de Dios mediante una mano de plata sobre la cual está grabado el pasaje citado. Que Dios tenga ante sí los muros de Jerusalén, significa concretamente que los liberados por él y los conducidos a la patria se reúnen en Jerusalén para edificar allí, sobre el monte, la ciudad resplandeciente de Dios, para levantar de las ruinas una nueva sociedad, esa sociedad finalmente humana a la cual peregrinen los pueblos. Gracias a esas gentes Sión experimentará nuevamente la cercanía de Dios; Dios consuela a través de ellas. La nueva Jerusalén se atavía con ellas como una novia; por ellas resplandece de hermosura. ¿No tendremos que tomar en serio nuestra vocación justamente de esa manera: como personas liberadas y consoladas por Dios, ser consuelo para la nueva Jerusalén, la Iglesia, y de esa manera infundir fuerza de atracción a nuestras comunidades?

Pero... ¿hemos de aplicar a nosotros las declaraciones de este texto veterotestamentario y condicionado por un determinado tiempo? ¿Puedo decir que Dios consuela hoy como consolara por entonces a Jerusalén? ¿Que ese es su modo de consolar a los que son pobres ante él? ¿Que nos consuela con su palabra "que no torna a él de vacío sin que haya realizado lo que le plugo y haya cumplido aquello a que la envió?", como escribe el Segundo Isaías al final de su libro (Is 55, 11) ¿Que nos consuela repitiendo los prodigios de antaño, sacándonos de nuestra estrechez y ceguera, guiándonos como un pastor hacia la plenitud de la vida y reuniéndonos, en medio de un mundo materialista, en una comunidad de hermanas y hermanos, y todo ello de manera mucho más espléndida de cómo lo hiciera con el pueblo de la alianza del Sinaí, de tal modo que el mundo comience a transformarse a nuestro alrededor? ¿Que Dios *nos* consuela como una madre, y más que una madre, acercándonos personas que nos sacan de nuestro aislamiento, nos ayudan a salir de las tinieblas y contemplar a Dios, y nos edifican como una nueva Jerusalén donde, a través de las hermanas y hermanos, Dios se manifiesta como el que está presente, nos rescata y nos permite experimentar su cercanía? Sí, puedo y debo aplicar todo eso a nosotros.

Los desterrados regresaron y reconstruyeron Jerusalén. Pero para todos era claro que la plenitud de las palabras del profeta no se había cumplido ni con mucho. Porque tales palabras aludían a un futuro más grande aún, y por eso, con el transcurso del tiempo, fueron reformuladas una y otra vez. Uno de esos textos del Nuevo Testamento dice: "El espíritu del Señor Yahveh está sobre mí, por cuanto que me ha ungido Yahveh. A anunciar la buena nueva a los pobres me ha enviado, a vendar los corazones rotos; a pregonar a los cautivos la liberación y a los reclusos la libertad... para consolar a todos los que lloran, para darles diadema en vez de ceniza, aceite de gozo en vez de vestido de luto, alabanza en vez de espíritu abatido" (Is 61, 1-3). El evangelio según san Lucas (Lc 4, 18) resume con esas frases la actividad mesiánica de Jesús, y la Iglesia primitiva las consideró decisivas para definirse a sí misma.

Por lo tanto, y según las Sagradas Escrituras, la Iglesia, *nosotros*, seríamos el lugar mesiánico en el cual Dios consuela de tal manera que el mundo se transforma. Si Dios quiere consolar a través de nosotros, entonces tenemos que enjugarnos ahora unos a otros las lágrimas; tenemos que saciarnos ahora el hambre unos a otros; tenemos que quitarnos ahora unos a otros las distintas cadenas. Así se responde a la pregunta planteada al comienzo: de si seremos consolados recién en el cielo o ya en la tierra. El cielo sigue siendo la beatitud eterna, el consuelo definitivo e integral. Pero con Jesús el Reino de los Cielos ha comenzado ya en medio de nosotros. Por eso valen también para nosotros aquellas palabras: ahora ha llegado "el tiempo de la gracia", ahora está aquí el "día de salvación" (2 Co 6, 2), en el cual Dios nos consuela y en el cual también nosotros debemos ser consuelo de Dios los unos para con los otros.

El Dios fiel

Basilius Doppelfeld

" .Por la fidelidad de Dios!, que la palabra que os dirigimos no es sí y no" (2 Co 1, 18). Que Dios es fiel no constituye ciertamente problema alguno: Dios permanece junto a nosotros, no nos abandona. El problema surge entre nosotros, los seres humanos. Y que ello constituye un problema nos lo señala nuestro lenguaje, en el que existen giros como: "Cada uno es el prójimo de sí mismo"; "No se puede fiar de nadie; más vale tomar uno mismo las riendas de todo"; "Lo hago yo mismo, porque así sé que se hace". Detrás de estas duras palabras hay experiencias, sobre todo, de decepción; o heridas que no admitimos abiertamente porque queremos dar la impresión de ser personas fuertes.

Quizás en la sociedad actual, caracterizada por el relativismo, no se aprecie particularmente el valor de la fidelidad; pero en el fondo del corazón todos necesitamos fidelidad, anhelamos fidelidad (aun cuando quizás no lo admitamos sinceramente), porque hemos vivido de ella desde la infancia. Y si no ha sido así, entonces el anhelo será todavía más hondo. No es siempre fácil ser fiel a uno mismo. Es magnífico experimentar el regalo de la fidelidad, saber que hay alguien en quien puedo confiar. La Iglesia a veces ha descuidado anunciar al Dios de la fidelidad, y de ese modo fomentó, consciente o inconscientemente, una imagen de Dios signada más bien por lo que Dios exige de nosotros. Ello luego se proyecta sobre nuestra imagen de ser humano, sobre la manera como tratamos al otro, cómo lo vemos y cómo nos mostramos a él.

Dios es fiel. Lo demostró sobre todo en Jesucristo, más aún, lo testimonió personalmente. No abandonó a sí misma la creación ni su corona, el hombre. Al contrario, de ser un Dios lejano pasó a ser un Dios cercano; el Dios que en el Sinaí le anuncia a los hombres sus mandamientos pasó a ser el Dios que se hizo hombre entre nosotros, "en todo semejante a nosotros, menos en el pecado". Un Dios que se entrega a sí mismo para redimirnos a nosotros, sus creaturas, muriendo por nosotros en su Hijo Jesucristo. Dios es fiel a sí mismo, llegando, por amor a nosotros, hasta lo último, hasta la afrentosa muerte de la cruz.

Toda fidelidad debería tener algo de estas características. La fidelidad no es un acuerdo sobre cuánto tiempo y energías invertiré en la relación con alguien (eso sería una transacción comercial) sino un "sí" al otro que, en el fondo, es ilimitado e irrescindible. Ése es el marco y espacio ideal en el cual los seres humanos (cónyuges o hijos) pueden desarrollarse. De ahí que el matrimonio no pueda existir sin una fidelidad entendida y vivida de ese modo. La fidelidad exige algo del hombre; pero quien exige no es el otro, el prójimo, sino el hombre mismo.

Se puede contemplar toda la Biblia, tanto el Antiguo como el Nuevo Testamento (ambos conforman una historia de la relación entre Dios y los hombres), como una historia, llena de vicisitudes, de la fidelidad y, naturalmente, también de la infidelidad. "No es sí y no", dice san Pablo en el citado pasaje de la Segunda carta a los Corintios. La fidelidad sólo conoce el sí: en todo momento y en toda situación. La fidelidad requiere esfuerzo; pero genera algo incomparable, algo que el hombre anhela: confiabilidad y amparo, condiciones ideales para la vida, tanto en la relación con el cónyuge como con el hijo. Ciertamente con ningún otro término como "fidelidad" (salvo "amor", sin el cual no puede haber fidelidad) se puede describir tan abarcadoramente la relación de Dios con su creación, con su imagen y semejanza, el hombre. El aspecto externo, la manifestación de esa fidelidad, es la alianza. Ésta no sólo es una realidad religiosa (como se nos presenta en la Biblia) sino también una realidad humana, tal como señala la expresión "alianza matrimonial". Dios selló una alianza con Abraham y desde entonces una y otra vez selló alianzas con los hombres, principalmente con el pueblo que se había elegido (cf. Gn 9, 12; 15, 1-21): "Aquel día firmó Yahveh una alianza con Abraham, diciendo: 'A tu descendencia he dado esta tierra, desde el río de Egipto hasta el Río Grande, el río Éufrates'" (Gn 15, 18) . Esa alianza fue quebrantada una y otra vez por los hombres, y también por el pueblo elegido por Dios. Sin embargo Dios jamás anuló ni rescindió la alianza. Zacarías, a quien Dios le había regalado un hijo, la menciona en su canto de alabanza: "Haciendo misericordia a nuestros padres y recordando su santa alianza" (Lc 1, 72).

Para Israel la confirmación de la alianza es, sobre todo, el éxodo, la salida de Egipto, la tierra de la servidumbre. Así se lo interpreta en el Deuteronomio: "Por el amor que os tiene y por guardar el juramento hecho a vuestros padres, por eso os ha sacado de la casa de servidumbre, del poder de Faraón, rey de Egipto. Has de saber, pues, que Yahveh tu Dios es el Dios verdadero, el Dios fiel que guarda la alianza y el amor por mil generaciones a los que lo aman y guardan sus mandamientos" (Dt 7, 8-9).

Para Israel la fidelidad que Dios guardó a la alianza fue una experiencia feliz pero a la vez constituyó un desafío. Dios permaneció fiel a su alianza; pero su pueblo elegido siguió sus propios caminos, muy humanamente. Por eso, el profeta Oseas compara la infidelidad de Israel con la infidelidad en el matrimonio: Oseas se casa con una ramera para ilustrarles a sus compatriotas cómo ellos se comportan en su relación con Dios (cf. Os 2-3; 6). A pesar de esta infidelidad, Dios no se deja confundir, tal como escribe san Pablo en la Segunda Carta a Timoteo: "Si somos infieles, él permanece fiel, pues no puede negarse a sí mismo" (2 Tm 2, 13). La Biblia también está llena de historias de personas que guardaron fidelidad, que perseveraron y no huyeron. En ellos se hace patente lo que significa permanecer.

¿Cómo ayuda Dios?

Christa Carina Kokol

Un factor fundamental de la crisis actual en lo que hace a la relación con Dios es que el hombre se dice: "Dios ya no nos ayuda, no interviene donde hay necesidad y miseria. Si Dios existiera, no permitiría la matanza de las guerras, las crueles enfermedades, las terribles catástrofes naturales, el inconcebible sufrimiento de tantos hombres." La gente se quiebra en situaciones desesperadas y ve en Dios sólo una fantasía piadosa. Otros creen que deben hacer de sus vidas un continuo sacrificio para apaciguar a Dios. Consideran que el único camino de salvación y el único sentido de sus vidas es llevar la cruz y sacrificar el libre albedrío. ¡Qué imagen la de ese Dios que sólo estaría dispuesto a ayudar a los hombres siempre y cuando haya "chivos expiatorios"!

"Dios exige sacrificios para que seamos redimidos nosotros y los demás": Creo que esta teología debería estar superada en Jesucristo, particularmente tal como lo expresa el pensamiento paulino.

Santa Teresita fue proclamada Doctora de la Iglesia en 1997. A pesar de muchos sufrimientos y de la profunda oscuridad de esos tiempos, percibió que Dios es amor y que sólo se trataba de transmitir dicho amor. Esa percepción, y la vida fundada en ella, han hecho de Teresita una santa popular, muy querida precisamente por la gente común. Lo que me conmueve mucho de su vida (y que para mí constituye también una acusación contra el anuncio de la fe y de la imagen de Dios que se transmitía en general en la Iglesia de entonces) es que Teresita se volvió incapaz de disfrutar la vida e incluso temía no poder soportar los gozos eternos. Sólo tenía en mente padecer por otros y salvar así sus almas. Me conmueve tanto su muerte en la oscuridad de la fe porque creo que también hoy se precipita de esa manera a mucha gente a la oscuridad de la fe. Hacer sacrificios significa, en sentido cristiano, compartir, regalar, ser fecundo.

Hacer sacrificios significa aceptar lo que no se puede cambiar, pero hacer todo lo posible para evitar la desgracia, para cambiar de raíz las estructuras injustas y la convivencia humana, para superar el desamor en la vida cotidiana y de ese modo posibilitar la conversión. ¿Y qué pasa con el sufrimiento que nos viene de afuera, con las enfermedades y catástrofes? Junto con Job hemos de aprender que Dios no nos quiere castigar ni sancionar, ni tampoco educar, sino que el es tan grande que no podemos comprenderlo por completo aquí y ahora. Sólo la confianza en él nos dará la fuerza para vivir. El mensaje primordial dado a Israel comienza con un indicativo: "Yo, Yahveh, soy tu Dios, que te he sacado del país de Egipto..." (Ex 20, 2). No dice: "Si te portas bien te sacaré de Egipto." En el principio está la experiencia primordial de la liberación. Cuando yo he experimentado que Dios me ha liberado, que Dios me ama incondicionalmente y me ha querido tal como soy, podré transmitir esa experiencia también a otros, Dios obrará en ese sentido también a través de mí.

Dios no anula la causalidad del mundo, pero mantiene en sus manos las riendas de todo, ya que él es más grande que la causalidad de este mundo. Donde acontece algo que realmente ayuda, allí se puede percibir a Dios. Con la fuerza del espíritu, Dios ayuda al hombre a hacer efectiva en el mundo la ayuda de Dios, a obrar afirmándose en la fe y en la confianza en él. ¿Tiene sentido la oración de petición? La crisis de la oración de petición radica en que el hombre quiere motivar a Dios a que intervenga a modo de un *deus ex machina* en lugar de vincularse a Dios con una actitud de confianza, de comunicación y disposición a escuchar.

Hay mucha gente que, con las mejores intenciones, hace sacrificios, va a la iglesia y hace buenas obras para salvar "almas", para que los fieles difuntos "vayan al cielo". De este modo, y más allá de su actitud y motivación legítimas, el hombre pasa a ocupar un lugar absoluto. Y así es él quien obra, no Dios. Porque si el hombre obtiene esas cosas por sus propias obras, Dios es entonces sólo el misericordioso.

Esta visión de las cosas se funda en una imagen pagana de Dios que fue superada definitivamente por Jesucristo. Según la creencia pagana, los dioses se complacían en el sacrificio de animales y más aún en los sacrificios humanos y, por último, tal es la consecuencia lógica, sólo la inmolación de su hijo podía apaciguar a nuestro Dios ofendido. Pero Jesús no fue clavado en la cruz por Dios, sino por los hombres. En la muerte de Jesús, el hombre reconoce su propia maldad. Jesús muere por solidaridad con nosotros. A lo largo de su vida Jesús anunció y dio testimonio de que su Padre amaba incondicionalmente, de que quería liberar y redimir a todos los hombres y no sólo a los que se llamaban justos. Los hombres no pudieron soportar ese mensaje y Jesús tuvo que marchar a la muerte para mantener su imagen de un Dios que es un padre que ama incondicionalmente.

Cuando rezo a Dios por una persona, por mí mismo, por el mundo, me convierto en "lugar" de la cercanía de Dios. La necesidad que expongo no desaparece como por arte de magia, pero yo me convierto en lugar donde actúa el espíritu de Dios, y eso no deja de dar fruto para la situación de necesidad. No se trata de que el suplicante obtenga lo pedido a la medida de sus expectativas y deseos, sino de que reciba cosas buenas. En la oración de petición el orante cree capaz a Dios de transformar el mundo, lo que incluye que él mismo quiere ser tomado al servicio de esa transformación y está dispuesto él mismo a dejarse transformar. Por el Antiguo Testamento sabemos que la magistratura de Yahveh se ejerce sobre todo como misericordia para con los pobres, los oprimidos y los débiles.

Dios no obra en la historia "en lugar" de los hombres, sino a través de los hombres que se abren a su espíritu. "Dios obra de tal modo que obra a través de aquellos en quienes obra." Ése es el núcleo de la teología latinoamericana de la liberación. Es un error que el hombre pretenda tomar el lugar de Dios. Pero también lo es delegarle a Dios todo lo que el hombre podría hacer por sí mismo. Si el hombre es justo por la sola motivación de "doy para recibir", tal motivación es incompatible con Dios. Porque es una justicia de trueque, en la cual se desconfía profundamente de Dios. Hablando humanamente, se pretende obligar a Dios sin estar transido de su amor gratuito. Dios no reparte según el rendimiento personal; él es siempre el que regala primero. En la parábola de los obreros de la viña se expresa, como en ningún otro pasaje del Evangelio, esa realidad de ser retribuido más allá de todo cálculo de méritos (Mt 20, 1-15).

Violencia de Dios en lugar de violencia nuestra

Klaus Stefan Krieger

L o que los libros de los Macabeos no relatan lo sabemos por la historia judía, que sobre todo el historiógrafo Flavio Josefo (37/38 - después del 100 d. C.) expusiera en sus obra.[1] Los Macabeos se convirtieron en reyes de la Judea liberada. Pero entonces trocaron subrepticiamente los papeles: De oprimidos pasaron a ser opresores; de liberadores, a conquistadores. Así pues no sólo sometieron a los pueblos vecinos sino que los forzaron a circuncidarse. Lo que antes habían padecido ellos mismos, persecución por causa de la fe, lo ejercen ahora ellos mismos: imponer una judaización forzosa.

Ya describimos el peligro: el Dios de un partido es convertido fácilmente por los hombres en un Dios partidario. Quien una vez experimentó que Dios estaba de su parte, sentirá siempre, de ahí en adelante, que tiene la razón. Es el destino de muchos movimientos que lucharon por los derechos de los hombres y que, una vez que parecía haberse alcanzado el objetivo al que se aspiraba, asumieron el papel de opresores. Así el socialismo, descendiente profano de la ética bíblica, degeneró en bolchevismo y stalinismo. Ni en el pueblo de Dios ni en la Iglesia la situación es distinta. El compromiso puede tornarse en intolerancia e incluso persecución de otros que piensen distinto. Las comunidades de base de Nicaragua vieron cómo los sandinistas, con quienes habían luchado contra la dictadura en ese país centroamericano, luego de desalojar dicho régimen, degeneraron en un régimen autoritario y corrupto. Peor aún es en Haití: el teólogo de la liberación Jean Bertrand Aristide, jefe de la oposición contra el gobernante clan de los Duvalier, una vez elegido primer presidente democrático del país, reprime sangrientamente a la oposición, como un dictador, y sus partidarios asesinan periodistas críticos.

La toma de conciencia de este peligro llevó a que en la Biblia se haga la advertencia de confiar totalmente en Dios en lugar de imponer

---

[1] Cf. J. Sievers, "Josephus und die Zeit ´zwischen den Testamenten´" (Josefo y la época entre los Testamentos), en: *Bibel und Kirche* (Biblia e Iglesia) 53, 1998, págs. 61-66.

el propio derecho, incluso no dar cauce a la cólera: "Vive en calma ante Yahveh, espera en él, no te acalores contra el que prospera, contra el hombre que urde intrigas. Desiste de la cólera y abandona el enojo, no te acalores, que es peor; pues serán extirpados los malvados, mas los que esperan en Yahveh poseerán la tierra. Un poco más, y no hay impío, buscas su lugar y ya no está" (Sal 37, 7-10).

Tomando tales puntos de partida, el historiógrafo Flavio Josefo desarrolló más tarde una llamativa teoría. En un primer momento, el sacerdote del Templo de Jerusalén se constituyó en cabecilla de la resistencia contra la fuerza de ocupación de Roma. Pero pronto dejó de estar convencido del sentido de tal resistencia. Luego de ser capturado por los romanos, se convirtió en acérrimo enemigo de la sublevación, a la cual hizo responsable de los padecimientos de los judíos en Palestina. Distanciándose de los rebeldes, y haciendo suyos los puntos de partida mencionados que el mismo texto bíblico proporciona, Flavio Josefo elaboró una interpretación pacifista del éxodo de Egipto:

"¿A quién hemos vencido jamás con las armas y los puños? Cuando los judíos padecieron injusticias, ¿acaso no fue Dios, nuestro Creador, también nuestro vengador? ¿He de referirme expresamente al traslado de nuestros padres a Egipto? ¿No fueron oprimidos allí durante cuatrocientos años, sometidos a reyes extranjeros? Si bien era posible defenderse con armas y puños, se confiaron a Dios. Sabemos cómo Egipto se llenó de alimañas, sufrió todo tipo de plagas, su tierra quedó estéril, se agotaron las aguas del Nilo, vinieron las diez plagas y luego nuestros padres, sin derramamiento de sangre ni peligro, fueron sacados de Egipto porque el mismo Dios iba delante de su futuro pueblo sacerdotal... En suma, no hay ningún caso en el cual nuestros padres, habiendo confiado su causa a Dios, hayan tenido que luchar con la espada o, inermes, hayan sido derrotados" (Josefo, *La guerra judía*, B.5, 377.382-383.390).

Los textos bíblicos que hablan sobre la lucha de Dios contra los enemigos de Israel, pueden motivarnos también a nosotros a renunciar a la violencia. Nuestra tarea estriba sólo en vivir con consecuencia nues-

SIGUE TU PROPIO CAMINO

tra fe aun cuando se nos ataque. Si nos arrogamos el derecho de hacer justicia por nuestra propia mano, correremos el peligro de ser infieles a nuestra convicción. Lo que ocurra con nuestro enemigo es cosa de Dios. De ello se desprende que en la lucha contra la injusticia y la opresión hay que examinar siempre si se puede renunciar a la violencia. Si ésta parece ineludible, hay que aplicarla entonces con extrema reserva y con la conciencia de que se corre continuamente el peligro de abusar de ella. La violencia entraña muchos peligros: perjudicar a gente inocente, aumentar el propio dolor, caer en el terror, desacreditar deseos y objetivos justos. Estas cosas se pueden observar con espanto en el destino del Israel y la Palestina de hoy.

Confiar, aunque es de noche: Querido san Juan de la Cruz...

Pierre Stutz

❖ Juan de la Cruz (1542-1591)

Juan de Yepes Álvarez nació en Fontiveros, pueblo de la provincia española de Ávila. A los tres años perdió a su padre. Su madre, sumida en la pobreza, se muda con sus tres hijos a Medina del Campo. En su adolescencia Juan es aprendiz de carpintero, sastre, pintor y, sobre todo, trabaja como enfermero.

Tras larga búsqueda, ingresa en 1563 al convento carmelita de Medina del Campo. Estudia en la universidad de Salamanca. Desde 1567 apoya a Teresa de Ávila en sus proyectos de reforma. A pesar de los importantes cargos que ocupó (maestro de novicios, rector), esa colaboración con la Santa le acarreó problemas con sus hermanos de religión, los carmelitas calzados, que no querían la reforma. En 1577 éstos arrestan a Juan y lo encierran en el calabozo del convento carmelita de Toledo, donde permanece nueve meses en condiciones inhumanas. Durante ese tiempo compone sus poemas más bellos: "Cántico espiritual" y "Noche oscura".

Juan no se resigna a su destino y logra escapar a Andalucía. La reforma llega a imponerse, y Juan pasa a ser vicario provincial y primer consejero en el primer capítulo general de los carmelitas descalzos. Junto con su importante cargo en la orden, dedica tiempo para escribir el comentario de sus poemas en cuatro escritos de mística: "Subida al Monte Carmelo", "Noche oscura", "Cántico Espiritual", "Llama de amor viva". Muchas personas buscan su acompañamiento espiritual. Ejerce ese ministerio con dulzura pero con firmeza. En el tercer capítulo general de 1591 se lo despoja de todos los cargos. Muere olvidado y solitario, el 14 de diciembre de 1591. Es canonizado en 1675 y proclamado Doctor de la Iglesia en 1926. En su exigente mística fray Juan nos anima a no eludir la noche espiritual, cuando sentimos la ausencia de Dios. Porque en la oscuridad de la fe podemos reencontrarnos a nosotros mismos y reencontrar a Dios.

✦ *Querido Juan de la Cruz:*

Me siento muy unido a ti por las incontables noches de insomnio que he padecido. Desde hace meses quería decírtelo. Pero no lo hice, lo fui posponiendo durante semanas. ¿Quizás por miedo de no ser comprendido? ¿Por la falsa modestia de no querer importunarte a ti, el gran Doctor de la Iglesia, con mis problemas? ¿Por inseguridad de no poder expresar lo que me motiva e inquieta en lo más profundo?

Pero hoy lo haré. Trataré de expresarme. Quiero compartir contigo mi camino por mi propia noche de lejanía de los hombres y de Dios. Porque en las horas más oscuras de mi vida, tus poemas me permitieron vislumbrar que el camino que pasa por los abismos oscuros es el único que me traerá la liberación interior. Un camino que esquivé durante mucho tiempo porque era demasiado grande el miedo a la inseguridad y desorientación de la oscuridad. Pero llegó el momento cuando la presión del sufrimiento se hizo tan grande que no cabía otra elección. Tus poemas fueron para mí sostén en los momentos cuando aparentemente no había salida alguna. Quiero relatarte sobre ello; decirte la fuerza que pueden generar unas pocas palabras, como, por ejemplo, "aunque es de noche".[2] Para mí es muy importante descubrir en ti un hombre y un sacerdote que se anima a asumir un proceso interior que no rehuye los lados sensibles de su vida y que descubre y vive sus lados femeninos. Tus himnos a la noche no son un consuelo barato a la espera de un nuevo amanecer, sino luchas interiores vividas a fondo y que posibilitan un cambio, una transformación personal. Tus poemas les dieron a mis noches insomnes, que a menudo me parecían sin sentido, una nueva dimensión de la encarnación: la dimensión del desasimiento, de la muerte, para vivir de una manera nueva, o mejor dicho, para vivir de una manera infinitamente más integral. El comienzo de uno de tus poemas, "Vivo sin vivir en mí y de tal manera espero, que muero porque no muero",[3] fue para mí como un es-

---

[2] San Juan de la Cruz, "Que bien sé yo la fonte...", en: San Juan de la Cruz, *Obras completas*, BAC, Madrid, 1975, pág. 391.

[3] San Juan de la Cruz, "Coplas del alma que pena por ver a Dios", en: op. cit., pág. 390.

pejo donde contemplar una vida que durante años no fue vivida. Siempre me resultó difícil, aún hoy, reconocer mis limitaciones, debilidades y necesidades. Casi no me permito vivir sentimientos de impotencia, agresión, tristeza, duda y furia, si bien ellos son parte natural de mí. Por eso durante muchos años viví sin vivir los lados más delicados de mi personalidad. Mi vida estuvo signada por las expectativas de los otros, que traté de cumplir incondicionalmente. Ésa fue una consigna muy arraigada en mí desde la infancia. Es muy difícil cambiarla, es como un proceso de muerte en el cual deben ir muriendo lentamente esquemas de vida aprendidos, para que nazca un hombre libre, un hombre capaz de abordar su propia historia con mayor conciencia. Un proceso que ocurre en el vientre de la ballena, en lo oscuro, en lo callado. Tú me animas a ello y por eso cantas a la noche como lugar donde esa nueva vida puede crecer cuidadosamente, porque en ese proceso Dios mismo se hace presente, incluso cuando estamos totalmente convencidos de su ausencia. Esa confianza ilimitada te lleva a descender, paso a paso, a la oscuridad de tu propia alma "sin otra luz y guía sino la que en el corazón ardía",[4] una declaración que me conmovió profundamente y que reencuentro en una de mis canciones favoritas de Taizé: "De noche, iremos de noche, que para encontrar la fuente sólo la sed nos alumbra."

Sí, esa sed de una vida en la cual estar en mayor armonía conmigo mismo y de ese modo poder vivir con Dios, es el anhelo que me ha llevado a asumir más mis limitaciones, heridas, debilidades y necesidad de cobijamiento. De noche logro hacerlo mejor que de día, porque en la noche, a pesar de la infinita oscuridad de las dudas sobre uno mismo y de los terribles dolores de nuestro mundo, la más pequeña luz es capaz de iluminar la oscuridad. Y una tal luz son para mí tus poemas, que no disimulan el dolor ni la tristeza, que no los neutralizan con palabras piadosas, sino que les reconocen su derecho de existir y les infunden fuerza curativa. Ellos encendieron en mí una nueva pasión por poemas que hablen sobre el misterio de la noche.

---

[4] San Juan de la Cruz, "Canción en que canta el alma la dichosa ventura que tuvo en pasar por la oscura noche de la fe... a la unión del Amado", en: op. cit., pág. 407.

Ahora, querido Juan, procuro caminar por tu camino. Me dices que es importante que camine, pero que Dios es quien, en definitiva, me acompaña. Y esas palabras me ayudan a confiar en mi propio proceso. Lo llamas "noche pasiva del sentido", la transición de la meditación a la contemplación: "El estilo que han de tener en esta noche del sentido es que no se den nada por el discurso y meditación, pues ya no es tiempo de eso, sino que dejen estar el alma en sosiego y quietud, aunque les parezca claro que no hacen nada y que pierden tiempo... Sólo lo que aquí han de hacer es dejar el alma libre y desembarazada, y descansada de todas las noticias y pensamientos, no teniendo cuidados allí de qué pensarán y meditarán, contentándose sólo con una advertencia amorosa y sosegada en Dios, y estar sin cuidado y sin eficacia, y sin gana de gustarle o de sentirle."[5]

Esa "advertencia amorosa y sosegada en Dios" es lo decisivo en el proceso, a menudo tan doloroso, de hallarse a sí mismo: "Aprendan a estarse con atención y advertencia amorosa en Dios en aquella quietud, y que no se den nada por la imaginación ni por la obra de ella, pues aquí (como decimos) descansan las potencias y no obran activamente, sino pasivamente, recibiendo lo que Dios obra en ellas."[6] Tú lo dices tan campante... ¿Hablas a menudo de ello porque tú mismo has luchado toda la vida por lograr esa "advertencia amorosa y sosegada en Dios"? Cuando contemplo tu vida observo ese permanente estar en camino, interior y exteriormente; un estar en camino animado por el anhelo de llegar y unirse a Cristo. Tratas de seguir con consecuencia la senda, y por eso no temes poner en tela de juicio determinadas prácticas religiosas.

En la "noche activa del espíritu" cuestionas formas rígidas de religiosidad, de devoción a santos, e imágenes fijas de Dios. Y nos invitas a abandonar una falsa búsqueda de seguridad religiosa. Eso sólo es posible cuando las tres potencias del alma, la razón, la memoria y la voluntad, se dejan transformar continuamente en la fe, la esperanza y el amor. Y así la razón percibirá la injusticia y la ambición (también en el ámbito religioso), pero contemplará el mundo con los ojos de la fe,

---

[5] San Juan de la Cruz, "Noche oscura", en: op. cit., pág. 635.

[6] Ibíd., pág. 506.

vale decir, no perderá la visión de un mundo más justo y más amoroso. La memoria no sólo se volverá hacia las experiencias dolorosas del pasado (incluso aquellas de la infancia) sino que, en alas de la esperanza, recordará y narrará a otros las experiencias de liberación (éxodo). La voluntad no pretenderá ganarse el cielo con una mentalidad eficientista, porque el amor de Dios es más grande que nuestro corazón.

Este camino exigente y liberador no ha perdido actualidad. Querido Juan, en esta etapa de cambios en la Iglesia, para mí es importante conocerte como Doctor de la Iglesia que propone una Iglesia abierta, que viva del espíritu de la tradición y se deje inspirar por ella, pero que no se aferre a fórmulas y cosas exteriores y sepa redescubrir, reinterpretar y celebrar continuamente a Dios. Esta actitud fundamental de apertura lleva a la fase más dolorosa pero más liberadora: la noche pasiva del espíritu, la noche de Dios. Tienes un concepto tan elevado del ser humano que lo crees capaz de desasirse una y otra vez incluso de Dios, para mantener viva la relación con Él. Porque el acostumbramiento es lo peor que le puede suceder a una relación. En tu vida y en tus amistades la transformación estuvo en el centro. Ese ideal me une a ti, si bien yo me hallo en medio de este proceso, y por eso a menudo percibo más la noche que la luz que despunta.

Muchas de tus reflexiones se aplican a mi situación. Hablas de dolores físicos, de amarguras en el trato con los demás que se pueden padecer en este camino. Me ayuda saber por ti que eso, lamentablemente, es parte del proceso. Incluso la inseguridad en la práctica religiosa, la incapacidad de rezar como lo había venido haciendo hasta ahora, son para ti signos esperanzadores de transformación. Mi mala conciencia me acusa de no tener el celo de antes. Pero tú disciernes inteligentemente entre tibieza y aridez. Cuando ya no se siente agrado por las cosas divinas, nos adviertes que: "no sale de flojedad y tibieza este sinsabor y sequedad; porque de razón de la tibieza es no dar mucho ni tener solicitud interior por las cosas de Dios... En el tiempo, pues, de las sequedades de esta *Noche sensitiva* —en la cual hace Dios el trueque que hemos dicho arriba, sacando el alma de la vida del sentido a la del espíritu, que es de la meditación a contemplación, donde ya no hay poder obrar ni discurrir en las cosas de Dios el alma con sus potencias, como queda dicho—, padecen los espirituales grandes penas, no tanto por las sequedades que padecen como por el recelo que tienen de que van perdidos en el camino, pensando que se les ha acabado el bien espiritual y que los ha dejado Dios, pues no hallan arrimo ninguno ni gusto con cosa buena... Estos en este tiempo, si no hay quien los entienda, vuelven atrás."[7]

Este último pensamiento es una cuestión decisiva. Tu mística de la noche no deja solos a los hombres sino que tú mismo has acompañado y alentado a innumerables personas. Hoy estás cerca de todos aquellos que, como tú, tienen que asumir duras vicisitudes. Todos aquellos que sufren la ausencia de Dios y luchan con él, hallan en ti un simpatizante, uno que sufre con ellos. Así pues no asombra que cites como testigos bíblicos a Jacob, a Job, a Jeremías y a Jonás. Me siento comprendido por ti, si bien hay muchas cosas que sólo puedo comprender a duras penas. Sin embargo en mis noches insomnes, cuando clamo por un sentido para las cosas, escucho en tus poemas sobre aquella realidad que a menudo parece como velada por brumas: el alba de un nuevo día.

En el acompañamiento de un enfermo de SIDA, ya moribundo, tu guía me ayudó en medio de la noche. Verme allí, impotente, contemplando cómo el cuerpo de ese joven era destruido brutalmente, hizo que afloraran en mí todas las preguntas que tú mencionas en la Noche del sentido. "¿Qué queda de mi vida?" era la pregunta crucial que llevaba a la noche de la fe, signada por la rebelión, la furia, el no querer admitir la realidad. Gracias a tus palabras no busqué una respuesta sino que acompañé al moribundo en el repaso de su vida, para que pudiera asumir con mayor sinceridad su propia persona, con sus lados oscuros y luminosos. Paradójicamente, en ese proceso doloroso de la noche de Dios se generó una intensa vida. Cuando más cerca estaba de la muerte, tanto más lograba el moribundo ejercitar el desprendimiento.

Poco antes de fallecer le pregunté si podía bendecirlo. Antes de asentir, me miró largamente. Lo tranquilicé recordándole lo que habíamos encontrado en su vida: La benevolencia de Dios. Al despedirme le dije: "Te deseo..." Y las palabras se me atragantaron. "Bueno, ¿qué debo desearte?", le pregunté. Luchando por hallar las palabras, me respondió a modo de testamento: "Deséame que pueda decir 'sí' a

---

[7] Ibíd., págs. 632, 634 y 635.

mi vida, que esté agradecido, que sepa desprenderme." Algunas horas más tarde falleció serenamente y en sus palabras veo una respuesta a la pregunta por el sentido de nuestra vida. Querido Juan: Tu
asunción radical de tu propia noche me ayuda a ser solidario con el
sufrimiento de todos los hombres a quienes les falta esa confianza.
Soportar ese dolor une a Cristo. Porque él mismo se internó en aquella noche oscura que Edith Stein, asesinada en Auschwitz, describe,
inspirada por ti, de la siguiente manera: "Por eso el alma debe considerar la sequedad y oscuridad como signos dichosos: signos de que
Dios está obrando para liberarla de sí misma... Ningún corazón humano pasó por una noche tan oscura como el corazón del Hijo de Dios en
el huerto de Getsemaní y en el Gólgota. Ningún espíritu humano puede ingresar, con ánimo investigador, en el insondable misterio de Jesús abandonado por Dios."[8]

Si al arrojarnos a nuestros propios abismos no esquivamos el dolor,
eso constituirá una clara protesta contra la dictadura del consumo,
que quiere programarnos una sonrisa superficial. Soportar el dolor
nos impulsa a ser concretamente solidarios con aquellos pobres para
quienes la pobreza no es justamente una virtud, sino una situación de
vida, una imposición de la sociedad."[9] Tú, Juan, nos recuerdas, con tu
vida y tu obra, que el camino hacia la unión mística sólo acontece en
solidaridad con todos aquellos cuya confianza y esperanza ha sido
empañada por la guerra, la brutalidad, el aislamiento, la explotación.
Porque sólo por "el camino de dolorosas oscuridades el místico llega
finalmente a la unidad con Dios, a ser crucificado con Cristo y resuci-
tar con Cristo."[10] Lo que me motiva para seguir caminando es aquella promesa de la cual nos habla san Pablo: "No vivo yo, sino que es
Cristo quien vive en mí" (Ga 2, 20). Esa confianza me une a ti.

---

[8] Stein, E., *Im verschlossenen Garten der Seele* (En el huerto sellado del alma),
Friburgo de Brisgovia, 1987, pág. 73 s.

[9] Metz, J. B., *Zeit der Orden? Zur Mystik und Politik der Nachfolge* (¿Época de
las órdenes religiosas? Sobre la mística y la política del seguimiento), Friburgo de Brisgovia, 1977, pág. 50.

[10] Arnold, F., *Befreiungstherapie Mystik. Gotteserfahrung in einer Welt der "Got-
tesfinsternis"* (Mística como terapia de liberación. Experiencia de Dios en un
mundo de oscurecimiento de Dios), Regensburgo, 1991, pág. 142.

Sigue tu propio camino con la frente alta, en el diálogo con Dios

Confiarse a Dios en la oración
Wunibald Müller

Muchas personas con muy poca o ninguna vinculación con la vida religiosa relatan que, en situaciones de angustia, súbitamente comienzan a orar. En tales horas experimentan su propia limitación. La oración, por ejemplo, en forma de jaculatoria, surge directa y espontáneamente de la situación de necesidad, como si manase naturalmente desde lo profundo del alma. C. G. Jung describe ese regreso espontáneo a la esfera de lo religioso de la siguiente manera: "Se tiende incluso a dar cabida a una inspiración que ayude en la necesidad o a ideas a las que antes no se había prestado atención. Se toman en cuenta los sueños que tienen lugar en tales situaciones, se medita sobre ciertos acontecimientos que se generan en nosotros justamente en esos tiempos. Cuando se cultiva una actitud de esta índole, pueden suscitarse y operar fuerzas auxiliares que dormitan en la naturaleza profunda del ser humano... Como se sabe, la oración exige una actitud semejante y por eso tiene el correspondiente efecto."[1]

En el marco de esta declaración de C. G. Jung se menciona un significado de la oración que resulta interesante también desde el punto de vista psicológico. La oración como última posibilidad frente a una situación desesperada. La oración que se adentra en la anchura y la profundidad cuando enfrentamos nuestra propia limitación: *Yo estoy en las últimas, pero Tú no.* Me confío a un poder superior, a un poder ilimitado. Para el hombre creyente ese poder ilimitado no es sólo el inconsciente, el *anima*, un algo impersonal, sino Dios mismo que me ayuda, de quien se dice en el salmo 18, 7: "Clamé a Yahveh en mi angustia, a mi Dios invoqué; y escuchó mi voz desde su Templo, resonó mi llamada en sus oídos."

---

[1]Jung, C. G., *Archetypen* (Arquetipos), Olten, 2001, pág. 23 s.

Cuando me asalta el miedo, cuando no sé qué hacer, cuando estoy en pánico, cuando me veo súbitamente confrontado con una situación que no puedo superar, puedo entonces invocar, clamar a Dios: "¡Dios mío! Ayúdame. No sé qué hacer. Ayúdame en esta situación. Que no sea éste mi final." He aquí la situación cuando sencillamente doy rienda suelta a mi corazón, cuando le expongo a Dios, en forma de clamor, lo que me oprime, mi miedo. Desde el fondo de mi alma, presa de la inseguridad, me vuelvo hacia quien es más grande, hacia un poder superior.

Al dirigirme a un Dios personal, ese poder superior adquiere un rostro. Lo mismo ocurre cuando la oración a Dios, en el caso del cristiano, se convierte en oración elevada a Jesucristo. Lo decisivo es que en una situación de real experiencia de angustia sea capaz de dirigirme, desde el fondo de mi ser, a un poder superior, de confiarme a él cuando experimento mi limitación, y quizás también de cara a un peligro de muerte. De ese modo establezco contacto con algo que he perdido de vista a causa de tantas medidas de seguridad que aíslan y protegen mi vida. Ya no estaré solo con mi miedo. Muchos hombres experimentaron en tales situaciones la cercanía de Dios que disipa los temores.

Confiarse a un poder superior cuando se experimenta miedo puede introducirnos en un proceso de transformación, por el cual finalmente arrostraremos el miedo con mayor serenidad, y tendremos la experiencia que Hermann Hesse vierte en las siguientes palabras: "La gracia que había experimentado volvió a resplandecer y obrar. Recordó pasajes de la Biblia, y todo lo que sabía sobre personajes carismáticos, piadosos y santos. Así había comenzado siempre, en todos esos casos: ellos habían sido conducidos por los mismos caminos fragosos y oscuros como los suyos, fueron cobardes y miedosos hasta el momento de la conversión y la iluminación. 'En el mundo tendréis miedo', había dicho Jesús. Pero quien había vencido el miedo no vivía ya más en el mundo, sino en Dios, en la eternidad."

❖ *Ejemplo*

Un hombre de cincuenta años relató que su padre, algunas semanas antes de fallecer, había dicho: "No soy ni totalmente bueno ni totalmente malo. Dios tendrá que aceptarme tal como soy." Cuando él
mismo cayó enfermo y parecía que en cualquier momento moriría, recordó repentinamente las palabras de su padre. Desde ese momento
para él ya no hubo más ni esperanza ni tristeza, ni miedo ni alegría, ni
querer quedarse ni querer irse. Se hizo una gran serenidad en él. Sencillamente estaba allí. Esas palabras de su padre le habían infundido
una seguridad absoluta. Miraba cara a cara al miedo como alguien
que se sentía ligado con el mundo de la eternidad, con Dios. Como
aquel paciente sobre el cual relataba Sören Kierkegaard, que antes de
una operación con riesgo de vida le dijo al médico: "Ya estoy preparado." Y entonces "el miedo entró en su alma, revisó todo y arrojó de
ella lo finito y lo pequeño."[2] El miedo se convirtió en serenidad y
abandono.

La experiencia del miedo puede contribuir a una profundización
de la relación con Dios, convertirse en oportunidad para que la relación con Dios se haga plena realidad. El momento en el cual realmente nos abandonamos a Dios, nos entregamos a su guía, nos dejamos
caer en él, por decirlo así. Aguantar el miedo, pasar por la angustia ligada a él, puede ser para nosotros una condición muy importante para acercarnos más a Dios, para hacer que la relación con él sea más estrecha y real.

También Jesús padeció miedo. Así lo describen, de manera impresionante, los relatos sobre el huerto de Getsemaní. Por ejemplo, en el
evangelio de san Marcos 14, 33: "Comenzó a sentir pavor y angustia".
Jesús vence el miedo enfrentándolo. De ese modo nos alienta a enca-
rar nuestro propio miedo. No debemos dejarnos intimidar por nuestro miedo, sino ir siempre más allá de él. Si logramos vencerlo, nos
abrimos a nuevas posibilidades. Se trata entonces de aguantar el miedo por un momento.

---

[2]Kierkegaard, S., *Der Begriff Angst* (El concepto de miedo), Gütersloh, 1981,
pág. 165.

"En el mensaje de Jesús se aprecia el importante motivo de la espera, de la reflexión y de la acción. Se trata de soportar una tensión sin recurrir a soluciones precipitadas. La idea es que la resurrección sólo tendrá lugar si antes hubo angustias de muerte en el huerto."[3] Orientémonos en tales situaciones por el ejemplo de Jesús, quien experimentó el miedo y lo venció justamente pasando por él, aguantándolo. Confiemos en sus palabras: En el mundo ustedes tienen miedo. Pero, ¡ánimo!: Yo he vencido al miedo (cf. Jn 16, 33: "En el mundo tendréis tribulación. Pero, ¡ánimo!: Yo he vencido al mundo").

También la muerte de Jesús en la cruz está signada por el miedo. En esa terrible experiencia de extremo abandono, cuando Jesús clama: "Dios mío, Dios mío, ¿por qué me has abandonado?" (Mt 27, 46), pasa por el miedo y lo vence, a más tardar en el momento en el cual sube a Dios, a su Padre. Algún día nos tocará también a nosotros dar el paso de la vida a la muerte. Para la mayoría de nosotros no será tan cruel como lo fuera en el caso de Jesús. Pero también nosotros tendremos miedo en ese tránsito, padeceremos angustia de muerte. En ese momento se cumplirá el último paso de la plena realización de uno mismo. Para el creyente es a la vez el tránsito a otra manera de ser. En él resplandece algo de la experiencia de Jesús que el mismo Jesús vierte en las palabras: "Yo he vencido al mundo."

La tensión entre finito e infinito se acaba con la muerte. Con la muerte caduca el miedo que, según la visión de Sören Kierkegaard, nos recuerda continuamente nuestra finitud y debe desprendernos de "los engaños de la finitud, de las falsas seguridades",[4] y es parte de nosotros mientras vivamos en el mundo.

---

[3] Rolheimer, R., *Entdecke den Himmel in dir* (Descubre el cielo en ti), Munich, 2002, pág. 216.

[4] Kast, V., *Vom Sinne der Angst* (El sentido del miedo), Friburgo de Brisgovia, 1997, pág. 22.

¿Me escucha Dios?

Alfred Läpple

❖ Un gran aliento

Jesús, el Cristo, alentó siempre al hombre a orar: "Pedid y se os dará" (Mt 7, 7). San Agustín describe con las siguientes palabras la doctrina del Nuevo Testamento relativa a la oración: "Todos nosotros, cuando oramos, somos mendigos de Dios. Estamos delante de la casa del Padre esperando recibir algo." El gran teólogo analizó y desenmascaró la oración de muchos hombres: Nos dirigimos a Dios pero no queremos a Dios en absoluto, sino sólo su ayuda para un asunto, un beneficio o un bienestar terrenales, incluso para avanzar en nuestra carrera profesional o ganar en la Bolsa. San Agustín es también psicólogo cuando expone el resultado de sus investigaciones con sobriedad verdaderamente científica: "El hombre no ora para contarle a Dios sus cosas, sino para darse ánimo a sí mismo."[1]

¿Toma Dios realmente en serio una oración en cuyo eje está el propio yo? Dios se convierte en títere, es degradado a mero cumplidor de deseos humanos. La mentalidad y la oración orientadas hacia el yo revelan su verdadera naturaleza cuando Dios no cumple sus pedidos y deseos: Decepcionados, y no raras veces enojados, dicen entonces: "No puedo orar más a un Dios así; me voy de la Iglesia porque Dios dejó morir a mi abuela; porque uno de mis mejores amigos está afectado de cáncer; porque mi prima murió en un accidente de avión."

Una oración de esta índole, preocupada por el propio yo, ¿puede ser aquella "correcta oración" de la cual el apóstol san Pablo escribe: "No sabemos cómo pedir para orar como conviene: mas el Espíritu mismo intercede por nosotros con gemidos inefables" (Rm 8, 26)? ¿Intervendrá el Espíritu Santo en nuestra oración si ésta sólo gira en torno de deseos y logro de ventajas humanas?

---

[1]San Agustín, Epist. 140, pág. 69.

✧ No fui escuchado

No pocos dicen, decepcionados y resignados: "No fui escuchado... Encendí una vela... Dejé una limosna considerable en el cepillo... Pero no hubo respuesta de Dios." Hay que ser sinceros y hacer una autocrítica: Quizás al cabo de poco tiempo nos dimos cuenta de que nosotros mismos debíamos habernos comprometido con ese asunto; de que no tuvimos que habernos cruzado de brazos y dicho a Dios: "Hazlo tú."

Cuando leemos ese oscuro texto del Nuevo Testamento: "Y aun siendo Hijo, con lo que padeció experimentó la obediencia" (Hb 5, 8), debemos asociarnos al corazón humano y divino de Jesús. Jesús obedeció hasta la muerte, y muerte de cruz (Flp 2, 8), también cuando no fue cumplida su petición en el huerto de Getsemaní: "Aparta de mí esta copa" (Mc 14, 36). " Llegó la hora. Mirad que el Hijo del hombre va a ser entregado en manos de los pecadores" (Mc 14, 41). La palabra clave "obediencia" genera hoy, a menudo, una actitud de rechazo. Porque con frecuencia es vergonzosa la manera como se justifica y se abusa de la obediencia. El hombre de hoy no quiere ser un mero receptor de órdenes, no quiere llevar una vida "a las órdenes de..." Y esa actitud fundamental tiñe e impregna también la vida eclesial y religiosa: El cristiano quiere decidir, creer y actuar con libertad. El escritor francés León Bloy (1846-1917) expresa lo que ocurre en no pocos cristianos con aquella oración que es un clamor: "Señor Jesús, tú orabas por los que te crucificaban. Y crucificas a los que te aman." Resulta muy fácil decir: "Señor, cúmplase tu voluntad aun cuando yo no la entienda y me haga sufrir mucho."

Al leer el Nuevo Testamento, ¿no escuchamos un tono muy distinto, que nos alegra y libera? Allí leemos sobre la "gloriosa libertad de los hijos de Dios... (y) que en todas las cosas interviene Dios para bien de los que lo aman" (Rm 8, 21.28; cf. 2 Co 3, 17). Deberíamos cambiar profundamente nuestra manera de pensar. Deberíamos pensar desde Dios y no desde el hombre, a fin de evaluar correctamente nuestra vida con sus oraciones escuchadas y no escuchadas.

Con el paso de los años algunos se dicen: "Fue bueno que Dios no haya escuchado mi súplica. Porque aquel no habría sido un buen camino para mí." Al echar una mirada retrospectiva descubrimos que ese silencio de Dios, que al principio experimentábamos con dolor, nos hizo personas más reflexivas y maduras. Al tomar distancia advertimos que ese no ser escuchado fue conveniente para nuestra decisión de vida. Porque de ese modo se nos ahorraron, a nosotros y a nuestra familia, muchas decepciones.

✧ Las sorprendentes providencias de Dios

Ese Dios discreto, ese Dios de la bondad y del amor a los hombres (Tt 3, 4) tiene buenas intenciones con nosotros. Quiere nuestra felicidad en este mundo y en la eternidad, y a menudo justamente por el camino de no escuchar nuestra petición. "Yo no te olvido. Míralo, en las palmas de mis manos te tengo tatuada" (Is 49, 15-16). Recién en la visión beatífica (*sub specie aeternitatis*) reconoceremos "cara a cara", que ciertas dilaciones y negaciones de parte de Dios llevaron hacia un futuro feliz, afortunado, de nuestra vida. En el prólogo de uno de sus libros, Schillebeckx escribe algo que es digno de ser meditado, algo que nos ayuda y nos consuela inefablemente: "Los hombres son las palabras con las cuales Dios relata sus historias"[2] ...una historia con continuas sorpresas.

Quien contempla retrospectivamente su propia vida, advertirá una y otra vez providencias y conducciones divinas por medio de las cuales ha sido "elevado" y guiado. En la biografía de todo hombre hay "zonas ignotas", que fueron y siguen siendo acontecimientos inexplicables y misteriosos. En autopistas de mucho tráfico, ¿no hemos pasado a veces situaciones en las cuales se produjeron delante de nosotros o junto a nosotros terribles accidentes y nosotros seguimos nuestro camino ilesos, sin un solo rasguño? Sólo Dios sabe cómo fue posible. ¿No pueden decir muchos: "He encontrado una persona sin la cual mi vida habría transcurrido de una manera muy diferente, sin la cual yo quizás habría perdido mi fe en Dios, mi vinculación concreta a la Iglesia?" "¿No fue gracias a una providencia de Dios y a la oración de mi

---

[2] Schillebeckx, *Menschen. Die Geschichte von Gott* (Hombres. La historia de Dios), Friburgo de Brisgovia, Basilea, Viena, 1990.

161

piadosa madre que mi hermano y yo pudiéramos regresar a casa luego de la Segunda Guerra Mundial y de la prisión sufrida en calidad de prisioneros de guerra?" Algunos hablan del destino, de la casualidad. ¿No podría ser que esos acontecimientos inexplicables y misteriosos hayan sido "destinados" por Dios para nosotros? La melodía del hombre y la melodía de Dios se han unido misteriosamente.

Un san Francisco de Asís se abandonó en las manos de Dios de tal modo que Dios pudo narrar su historia en el marco de la vida y de las decisiones del Pobrecito de Asís. "Ser una sola alma y un solo corazón en Dios", se lee en el primer capítulo de la Regla de San Agustín, escrita en 388/389 para un compañero. Y también en cuanto al futuro se trata exactamente de esa consonancia entre Dios y el hombre y el hombre y Dios. He ahí el gran consuelo para el futuro, pero también la gran expectativa en nuestra peregrinación hacia el futuro.

El diálogo con Dios

Anselm Grün

El tercer paso consiste en lo que llamamos normalmente oración, en el diálogo con Dios. Algunos preguntan enseguida: ¿Qué le diré a Dios? ¿Acaso él no sabe ya todo? Naturalmente Dios sabe todo. Dios no necesita mi oración. Pero yo sí la necesito. Me hace bien dirigirme a Dios con mis necesidades y corazonadas más íntimas. Imaginémonos qué pasaría si sólo pudiéramos dirigirnos a los hombres y no a Dios, el fundamento último de todo ser. Nos sentiríamos incomprendidos. Porque los hombres no pueden comprender nuestras preguntas más profundas. Nos pueden ofrecer un poco de comprensión, de contención. Pero quedaríamos solos en cuanto a nuestros más hondos anhelos y corazonadas. Viviríamos en un mundo frío e incomprensible. En medio de la tierra extranjera, del desamparo de nuestra existencia, la oración nos infunde un sentimiento de protección, de comprensión y aceptación. Nos dirigimos con nuestras preguntas a Aquel que es el único que está en condiciones de contestarlas. Justamente ningún medio humano puede respondernos la pregunta por el dolor y la muerte de los inocentes. Pero no vivimos en el ámbito del absurdo, sino que podemos dirigirle la palabra a Dios, fundamento último de todo el universo.

¿Qué le diré a Dios?: Todo lo que aflore en mí. Le hablaré sobre mi vida, tal cual ella es. Le hablaré de mis encuentros con los hombres, de lo que me ocupa en este momento, de los enojos y decepciones, de las alegrías y las experiencias hermosas, de los miedos y preocupaciones, de mi esperanza. La oración no precisa ser devota sino sólo sincera. Debe exponerle realmente mi vida a Dios. Nos puede ayudar en este punto verter en palabras, pronunciadas en voz alta o no, lo que me viene a la mente. Un buen ejercicio es tratar de hablar con Dios, en voz alta, durante media hora. Podría, por ejemplo, comenzar con la siguiente pregunta: Señor, ¿qué piensas realmente de mí? ¿Qué me dices y qué dices sobre lo que hago? O bien, podría preguntarme lo que quisiera decirle a ese Dios en correspondencia con mi verdad. Y hacerlo obligándome a cumplir la media hora. Si Dios se me aleja, entonces hablaré con él sobre ese alejamiento. Si me enojo, se lo diré. Si no se me ocurre nada más, conversaré con Dios sobre cuánto más importantes que él son para mí otras cosas. Naturalmente este modo de oración no está pensado como ejercicio diario, ya que podría convertirse entonces en simple palabrería. Pero es una buena ayuda de cuando en cuando, sobre todo cuando en mí reine la confusión y el vacío. Yo mismo no hago ese ejercicio de muy buena gana. Pero cuando lo realizo, siento que me hace bien. Al principio tenía suficientes palabras y fórmulas para hacer interesante mi oración. Pero llega el momento en el cual ya no confío más en mis formulaciones, cuando realmente debo decirle a Dios la verdad de mi vida. Tengo que confiarle entonces lo que inquieta mi corazón. La oración resulta siempre distinta de lo esperado. Me obliga a abordar la verdad. No puedo engañar a Dios. Debo decirle cómo estoy yo realmente. No basta con relatarle no sé cuántas cosas, sino que tengo que decirle mi verdad más íntima. Sólo entonces la oración me liberará. Porque sólo la verdad nos hará libres.

Otra posibilidad es sentarse sencillamente ante Dios y dejar que emerjan espontáneamente las cosas. No necesito verter en palabras lo que palpita en mí. Porque me faltan palabras para expresar ciertas corazonadas y sentimientos. Hay cosas que experimento de manera difusa, sin poder formularlas. Pero cuando me siento delante de Dios y lo contemplo, aflora por sí mismo lo importante. Sobre todo aparece lo que no fue correcto. Evagrio Póntico dice que no hay verdadera oración en la cual no me tope con mis faltas. No hace falta investigar: al contemplar a Dios descubro yo mismo lo que no fue correcto. La oración es el lugar donde estoy frente a Dios sin protecciones, donde no pongo nada entre él y yo: ni palabras ni oraciones hechas. Más bien me ofrezco a mí mismo. Y eso me obliga a la verdad. Con frecuencia, a lo largo del día tengo el vislumbre de que lo que estoy haciendo en ese preciso momento no es correcto del todo, de que no estoy en la verdad, de que no estoy plenamente presente, de que me engaño de alguna manera, de que existe una dimensión totalmente distinta en mi vida. Pero reprimo esos vislumbres ocupándome con el trabajo u otros pensamientos. Hay miles de posibilidades de huida. Pero luego tengo la sensación de que se ha depositado una capa de polvo sobre mi vida interior y que el polvo me sofoca. Al orar exponiéndome a Dios sin defensas, ese polvo se remueve y aparece lo verdadero que hay en mi corazón. Establezco contacto con el fondo de mi alma.

En la pieza teatral "El zapato de seda", de Paul Claudel, a la pregunta sobre cómo orar, Doña Proeza responde: "Todo lo que nos hace falta nos sirve justamente para orar. El santo ora con su esperanza; el pecador, con su pecado." En la oración debemos ofrecerle a Dios, por un lado, nuestra carencia, nuestro anhelo, nuestra insatisfacción por nosotros y nuestra vida y, por otro, exponerle nuestro pecado, nuestros lados oscuros. La oración sólo me libera cuando le permito a Dios contemplar también mis abismos, las cosas reprimidas, lo que ha sido excluido de la vida, las tendencias homicidas de mi corazón, lo falso y oscuro, las pasiones del alma, las necesidades y deseos latentes debajo de la superficie. En la oración puedo confiarle a Dios mi miedo y mi desesperación; mostrarle los estados de ánimo y los sentimientos que no me puedo explicar; descubrirle lo que he reprimido, lo que no quiero percibir en mí porque lesiona mi honra, quiebra la imagen de mí mismo que me he forjado inconscientemente. Delante de Dios puedo dejar que salga a luz todo, sin justificarlo ni disculparlo, sin calificarlo en absoluto. He de exponer mis abismos para que la luz de Dios los ilumine y de ese modo los haga habitables para mí. La oración me liberará sólo si en ella le ofrezco todo a Dios. No debo tener miedo de nada que haya en mí. Todo tiene razón de ser, pero todo ha de ser puesto en relación con Dios.

Lo que yo excluya del encuentro con Dios irá en menoscabo de mi vitalidad, será excluido también de mi vida. Y me asaltará por la espalda y me dañará, en lugar de intensificar mi relación con Dios. La oración no tiene que ser ante todo devota, sino, en primer lugar, sincera. Dejar que Dios vea todos los precipicios de mi corazón, exponerle todas mis oscuridades, endurecimientos, amarguras. Me ayudará en este punto reparar en mi cuerpo y en mis sueños. Ellos me señalarán lo que he separado de Dios, dónde me he retirado a "habitaciones privadas". Las contracturas de mi cuerpo señalan que hay cosas en él que no contemplo y tampoco dejo que Dios las contemple. Mis sueños me dicen lo que en mí es aún oscuro e irredento, me dicen qué cosas se están pudriendo en mi sótano porque en él no entra la luz de Dios. En la oración debo abrirle a Dios todos los rincones oscuros y habitaciones cerradas de mi casa, para que su luz y su amor iluminen y transformen todo. Orar significa abrir todas las habitaciones de mi cuerpo y de mi alma, de mi consciente y de mi inconsciente, y permitir que Dios ingrese en ellas para que toda la casa de mi vida sea habitada e iluminada por Dios.

Cuando le haya dicho a Dios todo lo que se me ocurre y todo lo que emerge en mí en el silencio, entonces trataré de decirle toda mi verdad. ¿Qué pasa realmente conmigo? ¿Cuál es mi verdadera situación? ¿En qué puntos huyo de Dios? ¿En qué puntos estoy en desarmonía conmigo mismo? ¿Qué cosas no están bien en mí? No se trata tanto de localizar faltas particulares cometidas, sino de la pregunta fundamental de mi vida. ¿Qué quiero hacer con mi vida? ¿En qué puntos cierro los ojos ante la realidad de mi vida, ante la realidad de Dios? ¿En qué puntos giro sólo en torno de deseos y necesidades en lugar de abrirme a Dios? La oración me obliga a la verdad. Pero la verdad me hará libre. La verdad volverá a poner orden en mí, me enderezará si me había retorcido en mis propias reflexiones y deseos. El encuentro con Dios me conduce hacia mi verdad, me conduce hacia mí mismo. Para muchos, orar equivale a pedir. Esta actitud es, ciertamente, demasiado unilateral. Sin embargo la petición es también parte esencial del encuentro con Dios. Puedo pedirle a Dios todo lo que es importante para mí. Pedir significa, en primer lugar, admitir mis necesidades y deseos; decirle a Dios lo que me falta y lo que anhelo. Necesidades y deseos son parte esencial de mí. Sería soberbia reprimirlos o apartarlos de mi encuentro con Dios. Ante Dios puedo expresar todo, incluso mis deseos y necesidades, mis crisis y dificultades. Y pedirle que me ayude o que ayude a las personas que llevo en el corazón. Al pedir reconozco con total humildad que soy un ser necesitado, que no puedo salir adelante sin determinados presupuestos. Reconozco asimismo que no me basta con Dios solo, sino que necesito su ayuda; que sus dones son importantes para mí y no sólo el encuentro con él. Pedir no es entonces un "someterse" a la voluntad de Dios, sino, en primer lugar, una súplica real de ayuda. Debo tener fe en que Dios me comprende y toma en serio mis deseos. Pero a la vez en la petición me dejo cuestionar por Dios. Al expresarle con toda libertad mis deseos, tomo distancia de ellos. Los presento a Dios y me dejo cuestionar por él. Pedir es entonces una lucha con Dios. Al final de esa lucha está la entrega a la voluntad de Dios. Pero no debo entregarme enseguida a la voluntad de Dios sino que puedo perfectamente decirle mis propias opiniones y deseos.

Jesús mismo nos exhorta a pedir, y promete que escuchará nuestras peticiones: "Todo lo que pidáis en mi nombre, yo lo haré, para que el Padre sea glorificado en el Hijo" (Jn 14, 13). En la parábola del juez inicuo y la viuda, Jesús nos alienta a pedir sin cesar y luchar por nuestro derecho. Promete que Dios ayudará: "Y Dios, ¿no hará justicia a sus elegidos, que están clamando a él día y noche, y los hace esperar? Os digo que les hará justicia pronto" (Lc 18, 7 s.). Vale decir que tenemos derecho a la vida y debemos luchar por ella, incluso ante Dios. Sin embargo, no debemos imaginarnos de manera demasiado material el cumplimiento de nuestros pedidos. Naturalmente Dios puede intervenir desde afuera y cambiar la situación exterior. Podemos orar con la confianza en que Dios realmente interviene. Pero a la vez tengamos en cuenta que la oración en cuanto encuentro con Dios mismo puede ser ya el cumplimiento de nuestra petición.

En la oración tomo conciencia del derecho a la vida. Entonces ya ningún enemigo tiene más poder sobre mí. Experimento en Dios un profundo cobijamiento que es más fuerte que todo lo que pretende obstaculizarme en la vida. En la oración siento que no se me ha dejado solo como a la viuda, que no puede hacer cabildeos ni dirigirse a nadie, porque ni el mismo juez está interesado en ayudarla. En la oración experimento la protección de Dios. Eso le quita a la situación poder sobre mí. Más allá de que Dios cambie las condiciones externas o no, en toda oración puedo experimentar una transformación de mi actitud. Pedir es siempre ambas cosas: pedir a Dios que haga algo, que intervenga, que cambie la situación. Pero en la oración, en la súplica confiada, experimentaré ya un cambio interior, vislumbraré que en el fondo nada puede dañarme, que estoy en las manos de Dios, pase lo que pasare.

El diálogo con Dios quiere ser algo más: el lugar de la intimidad, en el cual le digo a Dios los anhelos, vislumbres, deseos y heridas que hay en mi corazón. Intimidad con Dios significa confiarle realmente todos los sentimientos que hay en mí y que a menudo están sepultados porque tengo miedo de ellos. Quizás afloren entonces sentimientos muy infantiles como anhelo de cobijamiento y amor, sentimientos que me oculto a mí mismo porque me resultan penosos, porque pienso que, como adulto, yo debería estar por encima de ellos. La oración me quiere alentar a expresar realmente todo, a no escatimar nada: mis anhelos más profundos y todas las carencias de mi vida, mi amor y las mociones de mi corazón. Al querer expresarlos con palabras, toparé ciertamente con límites. Quizás los gestos me ayuden entonces para sacar a luz mis sentimientos más íntimos. Por ejemplo, podría colocar mis manos en cruz sobre mi pecho y ofrecerle a Dios mi anhelo de intimidad.

Un confrater me relató que a veces se desliza debajo de la frazada y allí le dice a Dios todo lo que por lo general no se anima a decirle, que allí le ofrece todos los sentimientos que sólo emergen a la noche, cuando justamente uno está debajo de la frazada. Y que a veces aprieta un almohadón contra su pecho para expresarle a Dios su necesidad de amor y ternura. Si tenemos el coraje de abordar y expresar ante Dios lo que nos ocultamos a nosotros mismos, lo que le decimos a un compañero en el marco del amor más íntimo, nuestra vida será más profunda y vital; se liberará de todo aburrimiento y mediocridad; seremos más auténticos y libres; no tendremos más miedo de nuestro propio corazón; el corazón comenzará a palpitar renovadamente, sentiremos que existimos, que vivimos realmente. Es hermoso vivir. Pero, naturalmente, a la vez es doloroso. Porque no hay intimidad sin vulnerabilidad: pero eso nos infunde vida y autenticidad. La oración debería ser para nosotros el lugar para cultivar intimidad, establecer contacto con lo más íntimo de nosotros mismos y ofrecerle a Dios esa intimidad. Eso enriquecerá toda nuestra vida. Las máscaras caerán; no necesitaremos recubrirnos con tantas cáscaras. Permitiremos que la gente se nos acerque. Sentiremos en lo más íntimo lo que significa ser hombre: ser conmovido e interpelado en el corazón, ser herido por el amor de Dios que nos abre a Dios y a los hombres.

La oración, respiración del alma

Reinhard Abeln, Anton Kner

"Nada consuela tanto como la certidumbre de que en todas las situaciones de la vida estamos rodeados por el amor de Dios" escribía el reformador Juan Calvino (1509-1564). En el Antiguo Testamento el pueblo llamaba "Yahveh" a Dios, palabra que significa: "Estoy aquí para ustedes." Por eso para el creyente no puede haber interlocutor más importante que Dios. La filología ha demostrado que la palabra "Dios"[1] significa "el ser a quien se invoca". Dios es alguien que siempre está dispuesto a conversar, alguien a quien se puede llamar sin solicitar previamente turno o cita. A tal "llamada" la designamos sencillamente "oración". Quien ora, quien se detiene ante el Padre y le expone la jornada cotidiana, será capaz de darle su correcto lugar a las cosas y acontecimientos de la vida. No hace falta decir muchas palabras sino simplemente "dejarnos contemplar por Dios" (Carlo Carretto), pedirle que consume lo que hemos podido comenzar. La oración, llamada también "respiración del alma", es una ayuda para asumir la vida. Una ayuda que ha demostrado su bondad a lo largo de milenios. Según Peter Wust, la oración "nos serena, nos hace objetivos, filiales". Quien ora vuelve a ponerse de pie sobre tierra firme, obtiene más energías para asumir las preocupaciones que lo afligen. No hay sustituto para la oración. Don Bosco dijo sobre la oración: "Cuando rezan, de dos granos de trigo brotan cuatro tallos..."

También Jesús oraba sin cesar. Repetidas veces los evangelistas relatan que se retiraba a un determinado lugar, por ejemplo, a un monte, para orar (Mt 14, 23). Jesús oró antes de elegir a los apóstoles (Lc 6, 12). Rezó durante toda la noche luego del milagro de la multiplicación de los panes. Oró antes de salir al encuentro de los discípulos caminando por el mar, en la cuarta vigilia de la noche. Oró en el huerto de Getsemaní y en la cruz. Jesús le expuso al Padre todo lo que era importante para él. De ese modo todo pasaba a ocupar su justo lugar y a asumir su justo valor. Contemplaba así bajo una nueva luz lo que ha-

---

[1]En alemán, "Gott" (N. del T.).

bía acontecido. Toda la realidad cobraba un nuevo aspecto. Cuanto más largamente oraba Jesús, tanto más grande se hacía su alegría, su confianza y su amparo en el Padre.

Esta manera de proceder de Jesús, ¿no podría servir de modelo para nuestra vida? La oración no es algo innato; tampoco crece en nosotros espontáneamente. Más bien hay que ejercitarse en la oración con o sin palabras. Quien persevere en ese ejercicio experimentará lo que san Bernardo de Claraval (1090-1153) expresara con las siguientes palabras: "El Dios sereno hace todo con serenidad." Muchas mujeres y hombres fueron personas de oración. Blas Pascal (1623-1662), el famoso filósofo y matemático, oraba así a Dios: "Tú solo has podido crear mi alma; tú solo puedes renovarla; tú solo has podido imprimirle tu imagen; tú solo puedes darle otro cuño y volverle a estampar el rostro que se había borrado, que es Jesucristo, mi Salvador, que es tu imagen y el signo de tu esencia."

La oración es una valiosa ayuda en la ardua labor de modelar nuestra vida para que tenga sentido. Para muchos es una fuente de energía imprescindible para vivir abnegada y sacrificadamente. ¿Dónde, si no en la oración, encontraríamos luz, consuelo y orientación para nuestra acción y resistencia a la hora del sufrimiento? "Rece por mí" pide el creyente cuando confía en que la oración intercesora de su prójimo lo ayudará a aceptar y sobrellevar la situación por la que está pasando. Cuando estamos viviendo una situación aparentemente sin salida, solemos exclamar: "No se puede hacer más que rezar." Esta exclamación es expresión de nuestra fe.

La oración va educando al hombre para que no flaquee en las horas difíciles. Ayuda a dar con fe el paso siguiente. Las manos más activas serán siempre las manos orantes, como lo afirma claramente la pequeña oración de H. Klemm: "Oh Señor, danos manos que bendigan y hagan el bien; manos que creen y no reposen jamás; manos que sostengan al que tropieza; manos que se junten en oración; manos que se levanten a Dios para agradecer; la vida necesita manos humanas." Una historia de las misiones relata lo siguiente: Sucedió en una capilla de campaña en Nueva Guinea. El sacerdote misionero notó que luego de la misa, un hombre se quedaba largo tiempo en la capilla, arrodillado sobre la tabla que servía de reclinatorio. Era analfabeto y por lo tanto no leía; se limitaba a mirar, con los brazos cruzados sobre el pecho, el altar que ya había sido despejado. Un día, el misionero se animó a preguntarle al nativo qué hacía todo ese tiempo allí. Este le contestó con una sonrisa: "Expongo mi alma al sol."

Orar significa conversar con Dios sobre algún asunto, escuchar a Dios, ponerse en las manos poderosas de Dios. Quien se ejercite en ello con la convicción de que Dios está muy interesado en él, experimentará que su vida no es una mera pompa de jabón que se forma, brilla y revienta dejando sólo una gota de agua, sino que es un caminar hacia una vida más plena, vale decir, hacia la paz y la conformidad, hacia una feliz serenidad y cobijamiento.

Quien quiera intentar hacerle "una llamada a Dios", encontrará una ayuda oportuna en el salmo 31: "En ti, Yahveh, me cobijo, ¡oh, no sea confundido jamás! ¡Recóbrame por tu justicia, líbrame, tiende hacia mí tu oído, date prisa! Sé para mí una roca de refugio, alcázar fuerte que me salve; pues mi roca eres tú, mi fortaleza, y, por tu nombre, me guías y diriges. Sácame de la red que me han tendido, que tú eres mi refugio; en tus manos mi espíritu encomiendo, tú, Yahveh, me rescatas. Dios de verdad, tú detestas a los que veneran vanos ídolos; mas yo en Yahveh confío" (Sal 31, 1-7).

Muchos han hecho de este salmo su salmo favorito, y "experimentado": Dios está siempre para mí, estoy cobijado en sus manos; jamás estoy solo. San Agustín, Doctor de la Iglesia (354-430), nos dice algo que puede servirnos de orientación en la vida: "Dios escucha tu clamor cuando en ese clamor es a él a quien buscas. Pero no te escuchará cuando a través de ese clamor estés buscando otra cosa." Dios no rechaza a nadie que se refugie en sus brazos. Para con cada persona que se dirija a él, Dios se mantendrá fiel a aquellas palabras que en un primer momento fueron dirigidas al pueblo elegido: "Con amor eterno te he amado" (Jer 31, 3).

Orar nos humaniza

Reinhard Abeln, Anton Kner

Un sacerdote de amplia experiencia dijo cierta vez: "El cristianismo de una persona depende decisivamente de su oración." En la oración se expresa la actitud fundamental del hombre ante Dios: abrirse ante él con fe, recibir con humildad y gratitud, ser colmado por Dios, ser feliz en él. En la oración, Dios y el hombre se comunican de la manera más íntima. Lamentablemente, en la época actual la oración se halla en una seria crisis. A muchos la prisa de la vida laboral y las distracciones del tiempo libre ya no les permiten un espacio de reflexión. Como nunca antes en la historia, la confianza en las posibilidades de modelación del mundo y el pensamiento utilitarista han desviado hacia afuera las fuerzas de muchos. En la vida cotidiana la religión está a punto de ser relegada a un rincón como algo sin importancia.

En no pocas personas, en lugar de la oración a Dios se constata un giro hacia el mundo y los bienes mundanos, lo cual lleva a un agotamiento de la fuente interior. Y así muchos viven sin sentido un día tras otro, pasando de una distracción a otra. Ya no se tiene tiempo para orar porque hay cosas "más importantes" que hacer. Ya san Agustín sabía de esta situación cuando dijo: "Se tiene demasiadas cosas en la cabeza."

Sin embargo la oración es una cuestión vital (¡no secundaria!) para el hombre, aun cuando éste no quiera admitirlo. Quien ora, se humaniza y conserva esa humanidad. Quien exponga al Padre aquello que es importante para él, y deje que el Padre lo examine y juzgue, será capaz de darle el valor correcto a todas las cosas y acontecimientos de su vida. Será capaz de "ver el fondo". En suma, el orante vive fundado en lo esencial; no sólo sobrevive sino que vive realmente. Fjodor Michailowitsch Dostojewski (1821-1881), el novelista ruso y buscador de Dios, escribió una vez: "No se puede ser hombre sin inclinarse ante algo. Un hombre que no es capaz de inclinarse, tampoco es capaz de sobrellevarse a sí mismo..."

Quien no ora, "está a la deriva", pierde muy a menudo los parámetros, se considera indispensable e insustituible, vive en protesta contra sí mismo, contra sus límites, contra su entorno, se hace mezquino, de miras estrechas, padece represión afectiva, vivirá en extremos, se hace indiferente y duro. Quien no ora no tiene un eje central. Y lo que no es colgado en un eje central, cuelga torcido y se tuerce aún más. En la oración no sólo se decide la supervivencia de una persona, sino también una vida digna de un ser humano. Quien no ora, por lo común paga un alto precio por esa falta de oración. Girará en círculo como quien rema con un solo remo. San Agustín decía: "Quien no sabe orar correctamente tampoco sabe vivir correctamente." Vivir correctamente, hallar el sentido de la vida, asumir la vida, ¿quién no lo quiere? Todos aspiramos a ello, sanos o enfermos, ricos o pobres, conocidos o menos conocidos. ¿Sabemos también cuánto nos puede ayudar la oración en ese sentido?

Orar es vital, le otorga al hombre la clave para comprender la sabiduría de la vida. Nadie lo ha expresado con tanta claridad como el fallecido profesor de filosofía Peter Wust, oriundo de Münster. Algunas semanas antes de su muerte (1940), este sabio de 55 años les escribía a sus alumnos una carta de despedida. En ella les decía: "Si antes de que yo parta me preguntasen si conozco una clave que nos pudiese abrir la puerta de la sabiduría de vida, les diría lo siguiente: Sí. Esa clave no es la reflexión como la que esperarían de un filósofo, sino la oración. La oración nos serena, nos hace filiales y objetivos."

La oración es, según el filósofo, la clave de la sabiduría de vida. Una afirmación sorprendente, sobre todo de la boca de un filósofo. No se menciona ni exige nada fatigoso; nada que esté reservado a pocos; nada que presuponga gran inteligencia, voluntad fuerte o técnica complicada. Más bien se menciona algo muy sencillo, algo que todos podemos hacer y ojalá hagamos: orar, "hablar de corazón" con Dios.

Para orar no hace falta haber leído ni siquiera un solo libro de teología. Para conversar con Dios tampoco son necesarias palabras raras. El niño puede orar tan bien como un adulto. Por último, nada es tan sencillo como orar, siempre y cuando se haya aprendido a hacerlo y se lo ejercite siempre. Los que tenemos experiencia de oración podemos confirmar lo que dice Peter Wust sobre la oración: en ella reside realmente la sabiduría de vida: la oración serena, nos hace filiales y objetivos. La oración posee una fuerza sanadora.

"Señor, enséñanos a orar." Quien quiera orar serena, filial y objetivamente debería buscar buenos modelos de oración que lo orienten. Ciertamente el modelo más hermoso nos lo ha dado el mismo Jesús. Lo admirable no es que Jesús haya rezado sino cómo lo hacía.

Los evangelistas relatan en diferentes oportunidades que Jesús se retiraba a algún lugar solitario, por ejemplo, una montaña, para orar (Mt 14, 23). Jesús oró antes de la elección de los apóstoles (Lc 6, 12); oró toda la noche luego del milagro de la multiplicación de los panes, antes de salir al encuentro de los discípulos, en la cuarta vigilia de la noche, caminando sobre las aguas; oró en el huerto de Getsemaní y en la cruz, cuando fue presa de la tristeza. La oración era vital para Jesús. Tenía tiempo y se hacía tiempo para ello. A veces los apóstoles se hallaban presentes y observaban a Jesús. Entonces pensaban: "Nosotros también quisiéramos orar". Y le pidieron a Jesús: "Señor, enséñanos a orar" (Lc 11, 1). En la oración, Jesús le exponía al Padre aquello que lo preocupaba. Bernhard Rieger escribe: "En la oración le exponía a Dios su vida, su propia persona, su pueblo y sus discípulos; lo hacía callando y hablando, contemplando y escuchando." De ese modo todo adquiría su justo valor, todo aparecía bajo una nueva luz, todo manifestaba su verdadero rostro. Y cuanto más largamente oraba Jesús, tanto más grande era su confianza, tanto más aumentaba su alegría: "No estoy solo, porque el Padre está conmigo" (Jn 8, 16; 16, 32).

¿No podría ser éste un modelo para nuestra vida? ¿No deberíamos detenernos en medio de nuestro quehacer (o al menos luego de realizado) para orar, para exponerle al Padre todo lo expresable y lo inexpresable, a fin de que él lo examine y juzgue? Sólo de esa manera todas las cosas y acontecimientos de nuestra vida adquirirán su justo lugar y su justo valor. A veces se encuentran personas que irradian una curiosa serenidad en su rostro, en su voz o en todo su ser. Es muy probable que sean personas orantes. En este sentido el papa Juan XXIII, el Bueno, dijo: "Nunca es tan grande el hombre como cuando se arrodilla."

SIGUE TU PROPIO CAMINO CON LA FRENTE ALTA, EN LA ORACIÓN Y LA CONTEMPLACIÓN

Oración comunitaria y contemplación
Karin Johne

✧ La oración de Taizé

En nuestro tiempo de estudiantes, cristianos evangelistas se habían reunido en diversos lugares de Europa formando comunidades religiosas que aspiraban a vivir, dentro del ámbito de la Iglesia evangelista, el ideal de los tres consejos evangélicos: pobreza, celibato y obediencia. Nosotros, por entonces, seguíamos con gran interés ese intento totalmente nuevo. Con el transcurso de los años nuestra atención se centró más y más en la comunidad de Taizé, pequeña pero en continuo crecimiento. En la iglesia de la Santa Cruz, en Dresde, participamos de un encuentro de más de 4000 jóvenes de la por entonces República Democrática Alemana. Durante seis horas oramos apretujados en el escaso espacio del templo. Oramos y cantamos hasta pasada la medianoche, cuando hubo que despejar el templo. Los estribillos de las canciones de Taizé eran parte fija de nuestras tandas de ejercicios y cursos de meditación. Eran el marco y la nota festivos de las meditaciones silenciosas de la mañana y de la celebración eucarística de la tarde.

El año pasado fuimos a Taizé con un pequeño grupo de la comunidad parroquial. Allí experimentamos personalmente cómo cinco mil jóvenes afluían tres veces por día a la iglesia sólo para buscar a Dios, para rezar y adorar. Entonces vislumbré algo así como una promesa para el futuro de la humanidad: Si aún existe un futuro para nuestra humanidad, sólo surgirá de tales células.

¿Qué atraía a esa multitud de jóvenes a reunirse en esa colina de Borgoña? ¿Qué motivaba, por ejemplo, a ese grupo de jóvenes polacos a emprender un viaje en bicicleta desde Polonia a Francia? ¿Qué se irradia allí para que incluso jóvenes y personas mayores intentasen y lograsen llegar allí, procedentes de Sarajevo, de zonas de guerra, y luego estuviesen dispuestos a regresar al lugar de donde habían venido?

Muy pronto intuí profundamente algo así como una confirmación de un camino que se había venido despejando en mí misma con el transcurso de los años, gradualmente, paso a paso. Cuando más tarde leí algunos de los diarios del hermano Roger, encontré allí muchas cosas que yo había advertido más y más a lo largo de los años como el centro y la meta de mi camino: El deseo de *ecumene*, la unión por encima de las distintas confesiones que genera la oración y la meditación comunitarias; la vivencia de la ecumene en el propio corazón antes de que puedan surgir de ella impulsos concretos para las Iglesias; la integración del silencio a una liturgia de la palabra hecha con actitud de adoración; la unión de oración y música que cala hondamente en el corazón y prosigue resonando allí; el "menos es más que mucho", que alcanza y transforma dimensiones muy profundas a pesar de la debilidad e imperfección humanas.

Muy particularmente me conmovió la experiencia de que en Taizé, a pesar de las dificultades con el idioma y el gran número de participantes, realmente se ofrece todo el evangelio a los jóvenes, se les exige todo el evangelio. Y justamente así se pone de manifiesto, nuevamente, que los mensajes centrales del acontecer salvífico pueden calar en el corazón en forma de canciones de pocas palabras. De ese modo tales palabras continúan resonando en medio de la vida cotidiana, en medio de la jornada laboral.

En este sentido, Taizé, un movimiento tan joven, coincide con Evagrio Póntico, quien ya en el s. IV recomendaba usar breves frases de la Biblia como arma contra determinados "demonios". Frases bíblicas cuya repetición continua es capaz de iluminar pensamientos y sentimientos oscuros. Quien en Taizé observe los ojos de los jóvenes cuando oran, vislumbrará algo de esa fuerza sanadora de los cánticos. Más de una vez experimenté que las tinieblas interiores se disipaban cuando me dejaba embeber por los versos: *"Jésus le Christ, lumière interieur, ne laisse pas mes ténèbres me parler"*: Jesús, Cristo, tu luz ilumina nuestras sombras, no permitas que mis oscuridades me hablen...

Cuando se le preguntó al hermano Roger cuál era el eje más íntimo de Taizé, respondió espontáneamente: La oración... y, en la oración, los tiempos de silencio. Aquel que haya experimentado cómo miles de jóvenes en la iglesia de Taizé son capaces de guardar total silencio tres veces al día durante más o menos 10 minutos, se planteará nuevamente la cuestión del valor del silencio en la oración. No en vano tanta gente siente hoy que le falta algo que podría hallar en el cultivo de un silencio absoluto. De ahí que se interese y busque cursos de meditación zen.

❖ La contemplación silenciosa

Conocí la práctica de la meditación contemplativa silenciosa en una tanda de ejercicios que ofreciera el P. Lasalle sj en Dresde. Aún me veo sentada en aquel grupo de personas en meditación. Por entonces experimentaba todavía en mí una cierta resistencia interior al vacío absoluto al que se aspiraba. En las pausas yo leía a Juan Taulero para llenar el vacío con contenidos cristianos. Pero ninguna de las dos alternativas me satisfizo. En uno de los ejercicios obtuve sin embargo un vislumbre de aquello a lo que se aspiraba: sentí casi físicamente que mis ideas e imágenes me sujetaban al borde de un pozo de agua en el cual quería sumergirme. Esa experiencia fue como una promesa cuyo cumplimiento había que esperar. Algunos años más tarde pareció haber llegado el tiempo de dar un nuevo paso: durante un curso de meditación saltó de persona a persona una chispa que acogí. En un curso se nos invitó a buscar en nosotros un lugar al cual no tuvieran acceso ni ideas ni sentimientos. Comprendí entonces, intuitivamente, dónde se tocan y encuentran el propósito central de un Maestro Eckehart y un san Juan de la Cruz (a quienes yo leía desde hacía mucho tiempo) y la meditación contemplativa silenciosa.

Casi simultáneamente llegó a mis manos el opúsculo de Evagrio Póntico "Sobre la oración". Para Evagrio la oración no es otra cosa que contemplación, entendida como contacto con Dios más allá de la diversidad y diferencias. Sólo cuando el hombre depone todo, sólo cuando en alas de la "apatheia", la impasibilidad, se eleva por encima de todo lo diferenciado y separado, puede entablar contacto con Dios y su misterio absoluto. Para Evagrio ese solo es "el objetivo natural" del alma humana creada a imagen y semejanza de Dios y orientada hacia Dios. Ese opúsculo me transmitió "teológicamente" los fundamentos cristianos de la contemplación (según el estilo de la teología de entonces). Pero más allá de ello, al leer esos breves párrafos, fui atraída hacia una profundidad y silencio que no eran otra cosa que contemplación.

Comencé entonces a intuir que existe una posibilidad de transmitir de persona a persona ese silencio colmado de Dios. ¡Cuán hondo tuvo que haber sido el silencio interior de Evagrio para que su "transmisión" pudiera llegar hasta mí, a pesar de los casi dos mil años transcurridos y de las dos traducciones por las que pasaron sus textos!

Sin embargo, toda vivencia de ese silencio profundo y rebosante de Dios es un renovado regalo de la gracia. Jamás podría ser fruto de mérito propio, jamás podría alcanzarla o retenerla por mis propias fuerzas, ni para mí ni para otra persona; más aún, en definitiva ni siquiera puedo entenderla. A fuerza de propósitos y ejercicios jamás podría avanzar más allá del umbral de ese ámbito. Porque más allá de dicho umbral cesa el querer y poder personales; no llegan allí las palabras o imágenes que procuran discernir racionalmente; vale decir, hay que desistir de todo intento de comprensión intelectual.

Sin embargo ese ámbito entraña no menos realidad sino incluso más realidad que todo lo que normalmente comprendemos, exponemos o afirmamos. La realidad es —como se desprende de la raíz latina de la palabra, *res*— lo que tiene existencia efectiva en mi vida. Pero lo que esa realidad "efectiviza" en mi vida sólo puedo experimentarlo, en el mejor de los casos, posteriormente: Luego de haber sido tocado por algo de esa otra realidad o de haber sido acogido por ella por un breve tiempo, quizás experimente un cambio en la manera de ver el mundo que yo tenía hasta ese momento, o una profundización de mi percepción de los acontecimientos del mundo. Pero jamás podría demostrar intelectualmente ese proceso.

Oración de coro y contemplación en san Benito
Anselm Grün

En la regla de san Benito hallamos extensos textos sobre el orden de la oración, sobre el número de salmos que deben rezarse en determinadas horas, pero sólo dos breves capítulos sobre el modo de orar. San Benito se inserta en la tradición del monacato, sobre todo en la tradición de Casiano, para quien la oración continua era la principal obra del monje. De muchas observaciones se puede inferir que san Benito presuponía la oración continua, y que esperaba que fuera practicada por sus monjes hora tras hora. Por eso tampoco indica tiempos especiales para el ejercicio de la oración contemplativa: Ésta es la corriente viva de la oración interior de la cual, en determinados momentos emerge, a modo de isla, la oración de coro. Si buscamos en el capítulo XIX una teología del rezo del oficio, topamos con dos afirmaciones decisivas que muestran la íntima unidad entre oración de coro y oración contemplativa, entre oración comunitaria pública y oración del individuo que establece contacto con su anhelo personal.

✧ Orar en la presencia de Dios

San Benito comienza el capítulo XIX recalcando que justamente al orar debemos tener fe en que Dios está presente. Creemos que Dios está presente en todas partes y que los ojos del Señor vigilan en todo lugar a los buenos y a los malos, pero lo creemos principalmente sin duda alguna cuando asistimos a la Obra de Dios.[1]

San Benito enfoca aquí la actitud fundamental del monje, de la cual habla una y otra vez en su Regla, el ejercicio fundamental que le interesa destacar en todas las indicaciones que da para la vida espiritual: vivir en la presencia de Dios. Lo cual no significa otra cosa que orar incesantemente en lo interior. En todo lo que el monje hace se sabe delante de Dios y contemplado por Dios. No está apegado a sus propios pensamientos, a su trabajo, sino arraigado a Dios en lo más profundo.

---

[1] Cf. Regla de san Benito, cap. XIX.

En el momento de la oración comunitaria se experimenta con particular intensidad lo que el monje practica todo el día. En ese momento se hace particularmente viva y fuerte la conciencia de que Dios está realmente presente, de que estamos ante él. La recomendación de san Benito de que en la oración se tome conciencia de la presencia de Dios nos dice algo importante sobre su concepto de oración. Lo decisivo no son las palabras sino el estar en la presencia de Dios, el estar orientado a Dios, la apertura del alma y del cuerpo para el Dios presente. San Benito describe esa apertura con tres breves citas de los salmos:

En la primera, "Servid al Señor con temor", "temor" significa cultivar la absoluta apertura ante Dios, embeberse en la misteriosa cercanía de Dios. Santa Hildegarda de Bingen describe al hombre temeroso de Dios (*timor dei*) como una persona cuyo cuerpo está cubierto de ojos.[2] Porque no sólo contempla a Dios con los ojos corporales sino con todos sus sentidos, con todo su cuerpo. Toda la atención de la que es capaz está dirigida a Dios. Dios cala en el orante por todos los poros de su cuerpo; no hay ámbito alguno en el cual el orante se repliegue dentro de sí mismo, se encierre en su habitación privada: más bien le abre al Dios presente su consciente y su inconsciente, cuerpo y alma.

"Cantad sabiamente" (*psallite sapienter*) es la segunda recomendación con la cual san Benito describe esa apertura ante Dios. Nos quiere decir que en la oración no se trata sólo de palabras sino de experiencia. El monje ha de orar de tal modo que a través de las palabras guste a Dios, experimente a Dios mismo, y no se limite a comprender el sentido de las palabras. "*Sapienter*" (sabiamente) se refiere a la oración interior. Que el monje recite los salmos de tal manera que las palabras que pronuncie sean a la vez un gustar lo que ellas significan, un sentir a Dios que se pronuncia a sí mismo en todas ellas.

La tercera cita se refiere a la liturgia celestial, en la cual participamos cuando oramos en coro: "En presencia de los ángeles te alabaré." Con esta imagen, san Benito expresa lo que significa estar delante del Dios presente y estar uno mismo presente. Que el monje tome conciencia de que está delante del Dios, a quien los ángeles adoran, y de

---

[2] P. Luislampe, "Kapitel XIX Regel Benedikt" (El capítulo XIX de la Regla de san Benito), en: *Monastische Informationen* 42 (1985), pág. 9 s.

que está en el coro de los ángeles que contemplan a Dios. La oración del monje es un sumergirse en la oración eterna de los ángeles, un sumergirse en su comunidad. Los ángeles son imágenes de la presencia concreta de Dios. Al estar rodeado de ángeles, los orantes están envueltos en la presencia sanadora y amorosa de Dios. Sus ojos no están cubiertos con el velo de la carne. Contemplan ininterrumpidamente a Dios. Nos indican la meta de nuestra oración. Contemplación significa visión. Los ángeles viven en perpetua contemplación. Y nos señalan de qué se trata nuestra oración: de apartar nuestra mirada de nosotros mismos y dejarnos guiar cada vez más por las palabras a la visión de Dios.

❖ Dejarse transformar por la palabra de Dios

"*Mens nostra concordet voci nostrae.*" Muchos maestros de espiritualidad se han esforzado por interpretar cabalmente estas palabras. Evidentemente sintieron que en ellas está la clave de la doctrina sobre la oración que nos ofrece san Benito; la clave que nos abre la puerta para comprender la unidad de oración de coro y contemplación. Victor Warnach investigó los tres conceptos más importantes de esa breve frase. "*Mens*" no significa la razón sino el hombre interior con su conocimiento, voluntad y sentimiento. *Mens* significa casi lo mismo que "*cor*", el corazón, pero alude particularmente a la parte dominante del alma. Para san Agustín *mens* designa la unidad superior de todas las potencias del alma. *Mens* es "el fundamento del alma más íntimo y vuelto hacia Dios, el ojo del alma, que se abre a la luz de la verdad eterna y de ese modo alcanza la sabiduría."[3] En la literatura monástica se designa *mens* sobre todo "al espíritu orante, que justamente mediante la oración se une a Dios."

La "*vox*", con la cual el espíritu orante o el corazón han de estar en armonía, no es sencillamente la voz, tampoco las palabras, sino "el hacerse presente del pensamiento". La *vox* puede asimismo convertirse en "manifestación del espíritu divino." En los salmos se suele hablar

---

[3] Warnach, V., "Mens concordet voci", en: *Liturgisches Leben* (Vida litúrgica) 5 (1938), págs. 169-190.

de la *"vox Dei"*, de la voz de Dios que debemos escuchar. Y san Benito habla en su prólogo de la voz divina que nos exhorta, pero que a la vez nos llega como dulce voz del Señor que nos invita a orar. La palabra *"concordet"* une *mens* y *vox*. *"Concordare"*, hacerse uno en el espíritu, armonía interior, unidad signada por el afecto. La unión de *vox* y *mens* significa entonces "que el espíritu y la voz han de conformar una unidad viva."[4] Nosotros esperaríamos que nuestras palabras proviniesen de nuestro corazón y concordasen con él, sin embargo san Benito lo ve de manera distinta: nuestro corazón debe estar en consonancia con la voz.

La palabra, la voz, es la norma para el corazón. Es la palabra de Dios a lo que se debe ajustar nuestro corazón. Al pronunciar la palabra, nuestro corazón, todo nuestro hombre interior, debe hacerse uno con ella. Las palabras no deben quedar en la cabeza. San Benito no quiere decir que debemos reflexionar sobre las palabras, vale decir, que sólo oremos meditativamente. La oración puramente racional, en la cual reflexionamos sobre todo lo que rezamos, distrae. Nos saca de nuestra propia profundidad. San Benito nos exhorta más bien a dejar transformar nuestra más honda interioridad por la palabra de Dios que pronunciamos con nuestros labios, que la palabra haga resonar también nuestro corazón. Mi corazón ha de estar abierto para que la palabra pueda alcanzarme. No soy yo quien hace algo con la palabra, sino que es la palabra la que obra algo en mí, y ciertamente en lo más íntimo del alma.

Que nuestro corazón esté en consonancia con la palabra puede significar también que nuestra vida debe corresponderse con nuestra oración. Pero éste es sólo un aspecto exterior. Justamente en el marco de nuestro tema, quiero recordar que entre nuestro espíritu y la palabra ya no hay más distancia, que nuestra interioridad se hace una sola cosa con la palabra. Vale decir que no debo contemplar y reflexionar objetivamente sobre la palabra. Al rezar los salmos no tengo que refrescar mis conocimientos teológicos. Eso ciertamente hace interesante la oración, pero a la vez nos distrae y nos aparta de lo verdadero, del hacerse uno con Dios. Pero si, al contrario, me hago uno con la palabra, la

---

[4] Ibíd., págs. 175-179.

palabra me llevará a la unión con Dios. Así entonces no pensaré sobre la palabra sino que me dejaré arrebatar por ella a Dios. No me quedaré en mí mismo contemplando la palabra, sino que ataré mi espíritu a la palabra y me dejaré llevar por ella al misterio de Dios.

¿Cómo orar para que mi espíritu se haga una sola cosa con la palabra? Casiano nos dice algo que puede iluminar las recomendaciones de san Benito. En su colación X, 11, describe un notable proceso en el cual se aprecia claramente la íntima relación del canto de los salmos con la oración contemplativa. En el párrafo anterior, Casiano había comentado la continua repetición de la fórmula: "Dios mío, ven en mi auxilio; Señor, date prisa en socorrerme." Y continúa diciendo que la pobreza y sencillez de ese verso hace del mismo orante un "pobre de espíritu", a quien pertenece el Reino de los cielos y a quien se introduce en los misterios más sublimes. La continua ejercitación de esa fórmula conduce a la experiencia contemplativa.

En este punto Casiano dice súbitamente que el orante acoge entonces todas las inspiraciones de los salmos y los reza como si no hubiesen sido compuestos por el profeta sino como una oración propia que le brota de su interior. El orante se identifica totalmente con el contenido de los salmos. El salmo no habla de la experiencia del profeta sino de la experiencia del orante mismo. Se llega a este conocimiento no por la reflexión y deducción del orante, sino cuando el corazón del orante hace suyo el salmo. Casiano dice que cuando asumimos la misma actitud de corazón que es cantada o descrita en el salmo, y nos convertimos, por así decirlo, en el mismo salmista, captamos el sentido del salmo antes y no después de reflexionar sobre él. Vale decir que experimentamos el efecto de las palabras antes de su comprensión intelectual.

Esto significa que la experiencia del contenido del salmo en el corazón del orante es más rápida que la elaboración racional de dicha experiencia. Porque la asimilación intelectual de la experiencia del salmo se realiza posteriormente. Casiano agrega: La realidad nos enseña a no acoger todo como algo que simplemente se escucha, sino a examinarlo como algo conocido; y llevados por una honda moción del corazón, darlo a luz no como algo que se ha registrado en la memoria sino como algo que habita ya en nuestro ser. Vale decir que el salmo que resuena en lo profundo del corazón no es acogido como algo que se escucha y graba en la memoria, sino que la resonancia del salmo es como un nuevo nacimiento, como algo que pertenece a la íntima naturaleza del ser humano antes de que la razón pueda comprenderlo y conocerlo. Casiano vuelve a resumir brevemente este pensamiento en las siguientes palabras: "Entendemos el sentido de las palabras del salmo no por la lectura y elaboración intelectual del texto sino en virtud de esa previa experiencia espontánea e interior." Esto es probablemente lo que san Benito quiere decir cuando afirma que el corazón debe estar en consonancia con la palabra. Casiano prosigue: "y de ese modo nuestra *mens* (corazón, sentimientos) arriba a esa oración continua a la que se refería el párrafo anterior de la colación." Se alude aquí a la oración ígnea, la *"oratio ignea"*, como llama Casiano a la cumbre de la experiencia contemplativa. Esto significaría que la identificación del orante con el salmo en lo más íntimo de su corazón genera la experiencia contemplativa.

Si se quiere tener un panorama de todo el proceso se podría decir lo siguiente: la continua repetición de la misma oración lleva a una purificación del corazón que posibilita la experiencia de misterios divinos. El corazón así purificado acoge espontáneamente el salmo con todos sus sentimientos y motivaciones, y se identifica por completo con él, como si el salmo hubiese brotado de él. Esto genera evidentemente un nuevo proceso de purificación, de tal modo que del corazón asciende la inefable oración ígnea. Así pues, ejercicio de la contemplación y canto de los salmos se entrelazan y condicionan mutuamente.

Sobre este trasfondo de Casiano, con el *"mens concordet voci"* san Benito recomienda evidentemente que recitemos los salmos de tal modo que no exista espacio intermedio entre la palabra y nuestra interioridad. Es como en el caso de la contemplación de un mandala: no se trata de contemplar una imagen que es independiente de mí, sino de hacerme uno con esa imagen. De modo similar, al recitar los salmos se trata de hacerse uno con la palabra, fundirse con la palabra. Pronunciamos palabras que se nos ofrecen ya formuladas. Pero al decirlas, nos hacemos uno con ellas, las sacamos de nuestra más profunda interioridad y a la vez nos dejamos conducir por ellas al misterio más íntimo de nuestro corazón y al misterio de Dios.

Existen dos maneras de entender las palabras de san Benito y la interpretación de Casiano. Una es la contemplativa: debemos dar nuevamente a luz esas palabras desde nuestro interior, desde el fondo de nuestra alma. La condición de esa oración es el hacerse uno con Dios, que luego se consumará concretamente en el hacerse uno con la palabra. Al ligar mi espíritu a la palabra, me libero de mí mismo. La palabra me libera de la ligazón a mis propios pensamientos y me sujeta a Dios. Al dejarme sujetar enteramente por la palabra, me liberaré más y más de mí mismo y del girar en torno de mí mismo, y así iré calando más y más profundamente en el misterio del Dios amoroso que mora ya en mí.

Pero existe otra manera de entender las palabras de Casiano y san Benito: tomar las palabras ajenas de los salmos como imágenes con las cuales expresar nuestra propia vida. Se trata de una interpretación más bien psicológica del pasaje de Casiano: A través de las imágenes de los salmos podemos expresarle a Dios todas las experiencias personales y todos los sentimientos y vislumbres que existen difusamente en nuestro inconsciente. Para ello nos valemos de palabras ya formuladas. Pero esas palabras son, por así decirlo, poesía propia, porque las llenamos con nuestra propia vida. Los salmos son poemas. Y los poemas nos dejan libertad para expresar con sus palabras nuestras experiencias personales.

En este plano, *"mens concordet voci"* significa que nos comprometemos por entero con la palabra, que no reflexionamos sobre ella sino que la usamos como expresión de nuestro espíritu, de nuestro corazón. Debemos llenar nuestra voz con nuestra vida. Así nos haremos uno con la palabra. La palabra deja de ser un objeto ajeno que se contempla y pasa a convertirse en soporte de nuestra propia experiencia. También esta interpretación lleva finalmente a la experiencia contemplativa. Porque entonces las palabras sujetarán mis sentimientos e ideas, las expresarán ante Dios y de ese modo me liberarán paulatinamente de ellos. Así me iré abriendo más y más a Dios. Porque por ese camino le ofreceré a Dios mi vida, con todo lo que me motiva actualmente. Mi vida no me separará más de Dios, sino que será acogida y sanada por Dios y de esa manera alcanzará la tranquilidad y la paz de la que habla el salmo 62: "En Dios sólo el descanso de mi alma."

Nuestra alma sólo se aquietará cuando se la elevemos a Dios con la palabra y los cantos. Porque de ese modo la estaremos poniendo en contacto con Dios. Para los monjes, el peligro residía en la carencia de referencia, en la distracción, en el fantasear sin sentido alguno, en pasearse por su fantasía. El remedio es estar referido a Dios, vinculado a Dios. Al rezar los salmos todo lo que hay en mí se sentirá interpelado. Contemplaré esas cosas sin reprimirlas; pero se las expondré a Dios, pondré todo en contacto con él. Y al relacionarlas con él quedarán sujetas, y así yo descansaré. Expresar todos los pensamientos y sentimientos con las imágenes de los salmos nos llevará al verdadero silencio y a la contemplación. Aquí el rezo de los salmos es condición de la contemplación y posibilita la contemplación, mientras que en el primer modelo la contemplación era lo primero, de lo cual luego brotaban las palabras que me permitían hacerme cada vez más uno con Dios. Ambos enfoques son posibles y legítimos.

✦ Orar con devoción pura

En el capítulo XX de su Regla, san Benito escribe sobre la oración interior individual, que sin embargo era realizada dentro de la oración comunitaria de coro. Luego de cada salmo, los monjes prosiguen rezando en silencio. Pero esa oración silenciosa no era una oración con palabras, sino el calar de la palabra en el corazón, un descansar en el fondo del alma, un saborear el hacerse uno con Dios. En Egipto, después de cada salmo, los monjes se ponían de pie, extendían sus brazos para orar, luego se postraban brevemente y volvían a extender los brazos en oración.[5] Oraban con todo el cuerpo para expresar que anhelaban a Dios con cuerpo y alma, tal como se dice en el salmo 63: "Señor, tú eres mi Dios, yo te busco ardientemente; mi alma tiene sed de ti, por ti suspira mi carne, como tierra sedienta, reseca, sin agua."

La oración con el cuerpo señala que la pausa luego de los salmos no estaba destinada a pensar, vale decir que no era una pausa medita-

---

[5]Cf. G. Holzherr, *Die Benediktregel* (La Regla de san Benito), Einsiedeln, 1985, pág. 167.

tiva como muchos la interpretan hoy. Más bien era un espacio libre en el cual podía brotar la oración interior, un momento en el cual el orante, sin palabras ni pensamientos, se anclaba profundamente en el fondo del alma, y allí se hacía uno con Dios. La práctica del monacato antiguo señala de ese modo que la oración contemplativa estaba integrada expresamente a la oración comunitaria de coro, que había una sana alternancia entre la salmodia comunitaria y la oración interior luego de cada salmo. Pero no se trataba de dos realidades yuxtapuestas, sino imbricadas. Porque la oración vocal estaba ya comportada por la oración interior y llevaba a la oración interior. La oración interior era la melodía de fondo que se expresaba de varias maneras: en el canto, la recitación y la postración silenciosa.

San Benito exige *"oratio brevis et pura"*, que la pausa de oración sea breve y la oración interior, pura. Y lo desarrolla recurriendo a diferentes expresiones que señalan, todas, que lo que le interesaba era la oración contemplativa. Tenemos que rezar *"puritatis devotione"*, con devoción pura. Y no hablar mucho, sino orar *"in puritate cordis et compuctione lacrimarum"*, con pureza de corazón y compunción de lágrimas. En este punto san Benito se inspira en Casiano, quien escribió detalladamente sobre la pureza de corazón. La pureza de corazón es meta de toda la ascética y de toda oración.[6] Es la apertura de la voluntad y de la razón a Dios; es el descanso del corazón en Dios, que sólo es posible por el amor. Para Casiano pureza del corazón es, en definitiva, amor que se vuelve por completo hacia Dios y se ofrece a él para que se queme toda impureza de los deseos y pensamientos, y el hombre en su corazón se haga uno con Dios. La oración con pureza de corazón no es otra cosa que la oración contemplativa, en la cual no hay ya lugar para pensamientos y sentimientos propios porque Dios colma al orante hasta el borde. Las lágrimas de compunción que san Benito espera de la oración del monje se relacionan con la oración contemplativa. Porque en esa oración Dios se le acerca tanto al monje que éste rompe a llorar. Las lágrimas son signos de una intensa experiencia de Dios. Isaac el Sirio dice que en cuanto nos acercamos a la verdad de

---

[6] Cf. Grün, A., *Die Reinheit des Herzens* (La pureza de corazón), Francfort, 1978.

Dios, nuestros ojos comienzan a derramar lágrimas. Las lágrimas pacifican nuestros sentidos y nos introducen en la paz de Dios.[7] Para Evagrio Póntico, sin lágrimas no hay verdadera experiencia de Dios. Las lágrimas son señales de la cercanía de Dios, expresión corporal de la presencia experimentada del Dios amoroso.

Evidentemente, san Benito cuenta con que, mediante la salmodia, los monjes entran en un estado propicio a la oración. En la oración el salmo despierta el anhelo que, en la oración breve posterior a la recitación del salmo, es sentido con el cuerpo y con el alma. O dicho de otra manera: Las palabras de los salmos avivan las brasas del corazón del orante. En la oración breve luego del salmo, brota de las brasas la llama que ilumina el espíritu y el corazón. Entonces el monje se vuelve hacia un nuevo salmo para que esa llama encienda otras partes de su alma. Así pues para san Benito no existe oposición entre oración de coro y contemplación, sino que ambas se condicionan mutuamente.

En años pasados se intentó unir oración coral y contemplación. El experimento consistía en rezar muy pocos salmos y, luego de cada salmo, introducir una pausa de meditación prolongada. Ciertamente es posible hacerlo. Pero ya no es más oración de coro y contradice la intención de san Benito, quien concebía la oración de coro como una modalidad de oración contemplativa. No se trata de interrumpir los salmos con largas pausas de meditación, como si sólo las pausas de silencio fuesen realmente contemplación, sino de avivar más y más las brasas de nuestro amor y de nuestro anhelo de Dios mediante las palabras de los salmos, y que de esas brasas surja la llama en las breves pausas luego de cada salmo.

Oración y contemplación tienen sus respectivos lugares. Es bueno ejercitar la contemplación sentados y en silencio. Porque de ese modo también en la oración de coro nos conectamos una y otra vez con ese lugar en nosotros donde Dios mismo mora en nosotros. Pero también es bueno no mezclar ambas cosas. Porque de ese modo se desgarraría la verdadera conexión y unidad de oración de coro y contemplación, que consiste justamente en una alternancia de palabra y silencio.

---

[7]Cf. Grün, A., *Gebet und Selbsterkenntnis* (Oración y autoconocimiento), Münsterschwarzach, 2002, págs. 31-48.

A salvo en el mar del tiempo

Wunibald Müller

Cuando me integro al ritmo de los salmos, soy apartado de una concepción del tiempo que me fija en un ayer, un hoy y un mañana. Mi tiempo ya no comienza en tal o cual momento, ni marcha hacia tal o cual lugar, ni termina en tal o cual instante. Ya no es más como un río que fluye continuamente en una determinada dirección, sino que es un mar profundo. Un mar en el que puedo quedarme. Puedo tomarme tiempo para ir hacia mí. Puedo vivir plenamente en el instante, y en ese permanecer enteramente en el momento, vislumbrar algo de lo eterno. Me desprendo de la prisa y el afán. Ya no me dejo empujar. Me quedo en mi mar. Y cuanto más permanezco en él, tanto más me conecto conmigo, exterior e interiormente. Siento mi cuerpo y me hago más y más sensible a la voz de mi psiquis y de mi alma. Ya no me distraigo más de ellas. El cuerpo y el alma están en paz. Por fin escapan de la presión del "tener que funcionar", de la obligación, de la eficacia...

Abandonarse y sencillamente dejar que las cosas sean. Sólo entonces cuerpo y alma advierten cuán agotados están, cuán dañados y necesitados de reparación. Lentamente se aquietan. Y comienzan a disfrutar, a extenderse y expandirse en el mar de los tiempos. La paz los embarga. Cunde la serenidad. El ayer y el mañana pierden importancia. Sí; yo existo. Existo ahora. Aquí. Vivo. Precisamente ahora.

La experiencia del ahora se hace más y más densa. Y cala más y más hondo. Me envuelve más y más. Hasta que se transforma en un vislumbrar lo que significa que el tiempo se detenga definitivamente, que el momento se haga eternidad. Yo mismo estoy como disuelto en el mar del tiempo y, a la vez, a salvo en él. Algún día ese será mi lugar para siempre. Ahora encuentro aquí la tranquilidad y el descanso que necesito para reencontrarme conmigo mismo; para avanzar hasta mis raíces y mis fundamentos; para conectarme con mi profundidad y mi fondo; para volver a sentir y experimentar más lo eterno, lo intemporal. Ahora me anclo y sujeto de nuevo a ello. Eso me ayuda a ponerme en orden, a sopesar los acontecimientos de mi vida de tal manera que reencuentre el equilibrio. No floto como un barco sin timonel en medio de un mar borrascoso. Soy capaz de volver a orientarme cada vez más y dominar mi situación. Estoy de nuevo en contacto con lo más profundo y más elevado, con lo que está por encima de toda categoría espacial y temporal. De ese modo vuelvo a estar anclado y, al tomar conciencia de la experiencia y vislumbre de esa conexión, me entrego de nuevo al tiempo que fluye y me lleva, me entrego a la vida.

Oración, meditación y silencio

Anselm Grün

❖ Oración y meditación

La oración es un camino importante para la purificación. Pero con "oración" no quiero decir pedir a Dios que lave desde afuera toda suciedad que haya en mí. La purificación en la oración acontece sólo cuando le expongo a Dios todo lo que hay en mí, incluso mi suciedad interior y mis lados flacos. Al exponerle a Dios todas esas cosas, su luz podrá entrar en mi oscuridad y sombra, e iluminarlas. Sobre todo debo ofrecerle a Dios mi propia devoción y dejar que él la examine, para ver si no está empañada por una idealización de modelos de vida que me enferman, o si no utilizo a Dios en mi propio provecho, en lugar de entregarme a él en la oración.

La purificación en la oración puede realizarse de dos maneras: una es permitiendo en la oración que el amor de Dios cale en lo turbio y sucio que haya en mí; y otra es expulsando de mí la suciedad interior: imagino que estoy sentado ante Dios dejando aflorar todo lo que ascienda de lo hondo. Y lo pongo a los pies de Dios. Evidentemente es este segundo método el que tiene presente san Benito cuando aconseja al monje: "Estrellar al punto contra Cristo los malos pensamientos que vienen a su corazón, y manifestarlos al anciano espiritual" (Regla de san Benito 4, 50). San Benito alude aquí al salmo 137, 9: "Feliz quien agarre y estrelle contra la roca a tus pequeños". Los Padres de la Iglesia interpretaron estos versículos como una alusión a los malos pensamientos. La roca era para ellos una imagen de Cristo. Ya en el prólogo de la Regla, san Benito había dicho que el monje *toma los nacientes pensamientos (inspirados por el diablo) y los estrella contra Cristo* (Regla de san Benito, prólogo, 28). Es una imagen impresionante que san Benito pone ante los ojos del monje: expulsar de sí los malos pensamientos y estrellarlos contra la roca de Cristo, de modo que ya no tengan más poder sobre él. Es un acto lleno de energía y agresividad capaz de liberar al monje de su suciedad interior.

SIGUE TU PROPIO CAMINO ✧

Para los monjes de antaño, la oración de Jesús era la oración de purificación. La rezaban dejando que resonara en todos los entresijos de la psiquis. Cuando en las horas de ira, decepción, amargura o caos interior rezo: "Señor Jesús, Hijo de Dios, ten piedad de mí", algo se purificará en mí. El enojo perderá poder sobre mí. La ofuscación cederá paso a una visión más clara. Las complicaciones internas se resolverán. No pretenderé conjurar mediante la oración de Jesús el enojo o el sentirme ofendido. Aceptaré el enojo y el sentimiento de haber sido ofendido sin enfurecerme contra ellos. No pretenderé dominar mis afectos. Los expondré a Dios y recitaré la oración de Jesús en el marco de esos mismos afectos, sin la presión interior de querer que se transformen. Trataré con cariño mis afectos. Con la oración de Jesús dejo que el amor misericordioso de Jesús cale en mis ofuscaciones y a ese amor le uno mi propia benevolencia, mi propia dulzura y misericordia. Y así experimentaré a menudo que al cabo de media hora los sentimientos cambian. Dejaré de sentir rencor. Experimentaré una profunda paz interior. Porque en mí algo se ha purificado. Estoy conectado conmigo mismo. El otro y su ofensa no tienen ya poder sobre mí. Lo dejo ser tal como él es, sin pensar con rencor en él.

A veces en la meditación de la mañana, ante un icono de Cristo, siento que afloran en mí pensamientos sombríos: De pronto pienso en cuán injustamente me ha tratado un confrater, cuán negativamente ha hablado sobre mí. Y me enredo en un monólogo interior en el cual aplico toda mi inteligencia para demostrar la estrechez de miras de ese confrater. Se me ocurren entonces todo tipo de modelos psicológicos en los cuales clasificar al otro. Pero cuando de pronto miro a Cristo, siento que sencillamente no puedo proseguir con mis monólogos destructivos. La imagen de Jesús, de ese Jesús que está clavado en la cruz, que a pesar del odio destructor de sus enemigos no se dejó invadir por la amargura, me desafía a iluminar mi interior. Advierto entonces cuánto me daño a mí mismo cuando me apego a esos pensamientos sombríos. Así pues se los ofrezco a Cristo pidiéndole que su espíritu y su amor calen en mí y expulsen de mí toda amargura y deseo de venganza. Siento mi responsabilidad de comenzar el día con un corazón purificado y no con esos sentimientos homicidas que pretenden minar mi corazón.

Para nosotros, los monjes, la oración diaria de coro es un ritual de purificación. Cuatro veces por día nos reunimos para orar y cantar los salmos. En los salmos expresamos nuestras emociones. Los salmos no son sólo piadosos. Ponen de manifiesto todas las emociones: amor y odio, miedo y confianza, preocupación y duda, anhelo y abandono, dolor y alegría. Al dejar fluir nuestros sentimientos en el canto de los salmos, esos sentimientos se van purificando. Cesa el entrelazamiento de nuestras emociones con la atmósfera externa que nos invade. Se ilumina el paisaje interior de nuestros sentimientos, se distiende el subconsciente. Éste ya no nos domina. Aun cuando no haya cantado vísperas con particular unción, me sentiré después, de alguna manera, en orden. Ya no llevaré sobre mí la carga de esas emociones confusas. Porque habrá más claridad en mi interior. Un visitante dijo una vez que al cantar los salmos se sentía como en la playa: Con su ir y venir, las olas limpian la playa. Así el canto de los salmos limpiaba su alma.

El orden del día que me invita a suspender cuatro veces mi trabajo tiene un efecto purificador sobre mí. Porque advierto una y otra vez que a lo largo del día uno se va cargando de conflictos emocionales. Por ejemplo, viene un confrater y se queja de que hay algo que no está bien organizado. Otro dice que tal o cual fábrica no ha entregado o se ha equivocado en la entrega del pedido hecho. El maestro mayor de obra informa sobre errores en la construcción. Cuando llueven tantas cosas sobre mí, se va acumulando el enojo. Y si le doy lugar a ese enojo, responderé con irritación a toda llamada telefónica. Y aumentará en mí la sensación de que todo mi esfuerzo es en vano. Acabaré desesperándome, sintiéndome paralizado. Podría intentar explicar el embrollo de esas emociones: mi resistencia interior a tener que apagar incendios diariamente, mi indignación por tener que escuchar siempre lo negativo. Mi resistencia e indignación ante esos continuos conflictos se van cargando con las emociones de los confratres y colaboradores que vienen a verme. Y de esa manera se genera un caldo de emociones difícil de aclarar. Durante la labor en la oficina no logro en absoluto distinguir el entramado interno de mis emociones y resolverlo. Pero cuando acudo al rezo del oficio del mediodía, lo experimento como una interrupción sanadora. Me sumerjo en los salmos, escucho la lectura y luego me dirijo en silencio al almuerzo. Y de pronto advierto que en mí algo se ha solucionado, se ha aclarado. El rezo del oficio del mediodía limpió la suciedad acumulada a lo largo de la mañana.

❖ Hacer silencio

Otro camino fundamental de purificación fue, desde siempre, el silencio. Porque en el silencio me encuentro conmigo mismo. En el silencio afloran los lados oscuros del alma. El silencio puede aclarar lo que no está claro. El hablar remueve las emociones. En cambio cuando guardo silencio, las impurezas se decantan. Los monjes comparan la clarificación de esa turbiedad con el vino en la bodega. El vino tiene que permanecer quieto para que la borra se decante. Cuando el monje se aquieta y calla, pueden decantarse en él aquellas cosas que durante el día lo han perturbado. En el silencio me encuentro conmigo mismo. Reconozco las perturbaciones que me afectan desde la infancia. Si expongo esas perturbaciones a la claridad de Dios, se disiparán. El silencio no purifica automáticamente. Por ejemplo, en quien mantiene encerrada dentro de sí su ira, el silencio puede incluso intensificar esa ira. La ira sólo podrá disiparse si tomo conciencia de ella y trato de desprenderme de ella en el silencio.

Por lo común las emociones se aclaran cuando se las verbaliza y elabora. En el silencio se depuran, aun cuando o quizás justamente porque no las verbalizo. Los Padres de la tradición monástica creían que las emociones se intensifican al verbalizarlas. Hay algunas emociones que deben ser depuradas con el silencio. Uno de los Padres lo compara con los insectos encerrados en un frasco. En cuanto se abre la tapa y se cuela un poco de oxígeno, los insectos reviven. En cambio cuando se mantiene el frasco cerrado, los insectos acaban por morir. Mientras guarde silencio, la suciedad de mi entorno que voy acumulando no podrá adherirse a mis emociones. El silencio permite tomar distancia de las emociones. Y gracias a esa distancia separaré mis propios sentimientos de todo lo que se ha ligado a ellos. En el silencio mueren los insectos alojados en mi alma, porque ya no tienen más oxígeno.

Hay que ejercitarse en el silencio. Los monjes distinguen un silencio interior y otro exterior. Hay personas que callan exteriormente, pero interiormente hablan sin cesar. Giran en silencio en torno de su insatisfacción o de otras personas que los sacan de quicio. Se tragan su enojo. Mantienen incesantes soliloquios interiores signados por la crítica. Ese silencio no sirve de nada. Hacer silencio significa soltar todo lo que una y otra vez aflore en mí. Aquí rige aquella ley fundamental de la espiritualidad: Sólo puedo soltar lo que he aceptado. Tengo que mirar lo que aflora en mí. Debo enfrentar la suciedad. Sólo entonces podré tomar distancia de ella, soltarla.

A veces debo resistir valientemente el bullicio interior y obligarlo a callar. El evangelio según san Marcos nos relata que una tempestad se había abatido sobre los discípulos que navegaban en su barca. Mientras redoblaban sus esfuerzos con los remos, Jesús dormitaba en popa. Cuando lo despiertan, "increpa al viento y dice al mar: '¡Calla, enmudece!' El viento se calmó y sobrevino una gran bonanza" (Mc 4, 39). La tormenta interior se origina en nosotros cuando no estamos más en contacto con Jesús dentro de nosotros, con nuestro eje interno, con nuestro verdadero yo. Por eso debemos volver a conectarnos con el Cristo en nosotros y, como Jesús, levantarnos, increpar a las turbulencias interiores y ordenarles que se callen. A fin de volver a pensar con claridad, debemos expulsar enérgicamente de nosotros ciertos pensamientos que afloran una y otra vez, contaminándonos interiormente. Eso no es represión, sino una conminación expresa, para que el yo vuelva a ser el amo de la casa y no se deje vapulear de un lado a otro por mil pensamientos.

El silencio puede ser como un baño en el cual se sumerge el alma. Al cabo de un día de silencio me sentiré muy distinto. Quizás no haya elaborado muchas cosas en él. El silencio habrá sido más bien como un baño para mi alma. Algo se ha serenado. Muchas cosas sencillamente se han desprendido. En el baño no limpio la suciedad frotando con violencia. Cuando me sumerjo en la bañera, la suciedad se desprende suavemente. Algo similar acontece con el silencio. Lo que ha contaminado mi interior se desprende lentamente. Y el alma vuelve a respirar con libertad. Necesitamos continuamente tales momentos de silencio en los cuales se quite el polvo acumulado en nuestra alma.

Orar con el cuerpo

Meinrad Dufner

Formas muy variadas de expresión cultural tienen a menudo su raíz en la sensibilidad religiosa. Está en el ser mismo de la realidad que lo psicológico, lo intelectual, lo espiritual, se transmitan y expongan materialmente mediante gestos, palabras, imágenes, música, ritos, vestimenta, desnudez. A continuación se señalan algunos aspectos del cuerpo orante y se invita a hacer experiencias personales con ellos.

La postura más llamativa del ser humano, la que lo distingue muy patentemente de los animales es la verticalidad. De pie sobre la tierra, extendido hacia el cielo, la figura del hombre es similar a la de una columna. No debe faltar ninguno de los dos polos. Sin suelo que sostenga no se puede estar de pie. Sin la amplitud de un espacio superior no se puede adoptar una postura vertical. Se estaría agachado, doblado. Sostenidos por la tierra y orientados hacia el cielo... este doble origen del ser humano describe la manera como debe vivir: afirmarse en la tierra pero tender al cielo. También sus preguntas y respuestas han de dar cuenta de esas dos direcciones, asentarse en ellas.

Esta tensión de la verticalidad posibilita una agilidad, una visión de conjunto, y sobre todo una libertad de manos que permitió la acción desde los inicios. Cuando el hombre se irguió y sus miembros delanteros se transformaron en brazos y manos, obtuvo la capacidad de maniobrar: desde edificar una casa hasta tocar un violín. Y maniobrando y tentando, el hombre fue capaz de aprehensión: primero en el plano físico y, luego, en el intelectual. Así pues el hecho de estar de pie, de experimentar la verticalidad, es motivo suficiente para agradecer, es también una misión que cumplir, es dignidad, y es una carga que sobrellevar.

La vida no exige otra cosa que ser fieles a esta tensión y estar a la altura de ella. Sabemos de la tentación de quedarse con uno solo de los dos polos; sabemos que la soledad del estar de pie se hace muy difícil y la tentación de huir es grande. Al orar de pie ante Dios le pedimos que nos mantenga esa capacidad, pero también tomamos conciencia de que hay que ejercitarse en esa postura, que tenemos una misión con ella.

Otra forma fundamental de la corporeidad humana se expresa en la dualidad: tenemos dos ojos, dos oídos, dos manos, dos piernas, dos pies. Podríamos seguir enumerando pares. Así pues la situación de base es una apertura de todos los "unos" acumulados y monolíticos. Con el dos surge la tensión, con el dos surge lo uno y lo otro. Se produce una diferenciación, un encuentro, se halla o se pierde algo. Se pregunta y se responde, se muestra y se refleja, se confronta. La dualidad es nuestra apertura. Gracias a ella el ojo aprecia la distancia, el oído escucha en estéreo, las manos palpan los diferentes lados, los pies dan pasos. Ya antes del encuentro con otros, esa duplicación nos hace seres dialogantes, seres vivos que son intercambio y relación.

Sostener el dos significa también vencer las dudas que el dos pueda generar. Mostrarme a Dios como una figura signada por la dualidad, sin palabras, sólo sintiendo, es una súplica infinita, es clamor y llamado, es también alabanza con el don de lo distinto. *Abajo* es fundamento y sostén, pero también oscuridad, peligro, lastre, servidumbre, muerte. En cambio, el *arriba* resplandece, es luz, significa amplitud, elevación, libertad, cielo y bien. *Adelante* es futuro, es salida, es avanzar y continuar la marcha. *Detrás* es lo que ha quedado en el camino, es lo pasado. La mirada se tiende hacia delante; nuestras espaldas son ciegas y, por lo tanto, están amenazadas. La *derecha* es el lado luminoso con el cual la mayoría de los hombres maniobran, asen, escriben. La derecha es el lugar de honor; derecho tiene que ver con correcto y justo. La *izquierda* es la dirección subordinada, sugiere torpeza.

La señal de la cruz describe las direcciones fundamentales de arriba y abajo, derecha e izquierda, con un gesto que aun sin palabras es signo sagrado. Cuando una persona se coloca en esa tensión, cuando se deja tender así sobre esa cruz, cumple su misión en la vida. Las palabras de Jesús: "Si alguno quiere venir en pos de mí... tome su cruz y sígame" significa, entre otras cosas: ser fiel a mi destino y a lo que me ha sido dado, de arriba abajo, de derecha a izquierda; dejarme tender de ese modo sobre la cruz. Una oración de adoración hecha sobre la base del dos me orienta hacia una unidad, me forma para la cruz de la vida en la cual me hago más similar al Hijo del hombre.

También el tres es parte de la estructura determinante de nuestra vida. Lo hallamos en la movilidad de las manos, los dedos, las piernas y los pies. Lo hallamos sobre todo en el arriba —abajo— medio: en la cabeza —tronco— miembros. Como en el caso de la lectura grafológica de la escritura, el campo superior alude al mundo espiritual, el campo inferior a la zona vital y sus cualidades, y el campo medio es precisamente el punto medio de ambos. En esa zona tenemos en el cuerpo los órganos de la respiración y de la nutrición. En ella percibimos particularmente las emociones, sentimos con especial nitidez alegría y tristeza, estrechez y amplitud, dicha y melancolía.

Según el dicho popular, las mejores cosas vienen de a tres. Así pues estaremos bien si reina la armonía en nuestra propia tríada. Una oración desde el tres no excluirá ningún campo, no evaluará unilateralmente, generará equilibrio y paz. Detenerse en la meditación de lo triforme nos remite también al misterio de la Trinidad. Una oración que se hace presente tres veces, es una oración en la cual hay un movimiento de amor, es una oración que goza de unidad en la pluralidad de tres.

Junto con lo recto, manifestado en el estar de pie, en los brazos y piernas, llevamos en nosotros lo redondo. Nacimos de lo redondo, retornamos a lo redondo una y otra vez en el sueño, la caricia, en el replegarnos con cuerpo y alma. Redondo es el círculo, la esfera, lo perfecto. Podemos orar ante Dios como personas "redondeadas". Es gesto tanto de consumación como de origen. Es gesto del hogar, de la protección, del cobijamiento. Es la actitud del niño. Conozco la oración debajo de la frazada, los silenciosos momentos de miedo y confianza, de sentirse amenazados, y el coraje al despertarse en un nuevo día. Es también la postura de oración del enfermo y del anciano, del moribundo. En esa actitud el hombre ha cesado de obrar, de procurar, de determinar. Se entrega a lo que puede ampararlo y acogerlo. Aguarda y madura como la fruta en la bandeja, como el polluelo en el huevo, esperando otra vida que le está preparada. En casi todas las religiones se aprende la oración unida a la respiración. El ir y venir de la respiración es el movimiento primordial. Añadamos que con el nacimiento se da la primera inspiración, y con la muerte, la última espiración. La respiración marca inicio y fin. Toda inspiración acoge nueva vida y toda espiración es despedida. Ninguno de ambos momentos es estable; uno puja por convertirse en el otro. El aire es nuestro elemento vital. Todo: cuerpo, alma y espíritu, depende de su soplo, de su ir y venir. Los pensamientos que pensamos necesitan oxígeno, el aire es vehículo para las palabras que decimos o escuchamos. La sabiduría de la humanidad nos dice que el respirar tiene que ver con Dios. Por eso "hacemos" oración también con la respiración. Con el ritmo de la respiración se realiza la memoria de Dios de los budistas, la oración de Jesús de los ortodoxos, el rosario de los católicos y musulmanes. La respiración misma, en cuanto movimiento interior acompañado por nuestra atención, es entrega, veneración, enseñanza. Es respiración de su respiración.

¿Se puede orar con la piel? Con las manos, naturalmente. ¿También con la desnudez completa? Los Padres del Desierto y sobre todo san Francisco podían hacerlo. En una visita a África recuerdo una oración similar con la piel: es una profunda experiencia estar de pie, sentado, arrodillado, acostado en presencia de Dios, desprotegido como un recién nacido, desnudo como alguien que ha sido despojado de todo, como un mendigo o un amante. "Me rodeas por delante, por atrás. Tú me conoces." Ya no hay medios auxiliares para el encuentro, estoy despojado incluso del adorno de cualquier devoción. Soy como soy, y me muestro por entero tal como puede acontecer en un espacio de amor. Y sé que se me mira íntegramente. Ojos amorosos y totalmente vueltos hacia mí, como los ojos de una madre posados sobre su hijo, como los de un médico sobre su paciente. Por último, una desnudez profundamente aceptada abre todos los poros. Saca lo más escondido a una luz total. Pero eso sólo es posible en la presencia de una cercanía que para mí es más importante que la cercanía que yo puedo significar para mí mismo. Lamentablemente una oración vital de este tipo es algo que la mayoría de los hombres han desaprendido. Valdría la pena volver a aprender a orar así.

La postura de estar sentado es considerada la auténtica postura de la oración meditativa. En efecto, estando sentados nos desentendemos mejor de circunstancias externas, ya que estamos sostenidos por el suelo, la silla o un apoyo donde nos recostamos. El estar sentado es más profundo en la actitud de descanso, para salir de la cual necesitamos más movimiento hasta comenzar a caminar. En la Antigüedad estar sentado era, en ciertos lugares, privilegio de reyes, sacerdotes, jueces y ancianos. Así lo observamos en estatuas del antiguo Egipto y en las figuras románicas de la Santísima Virgen. Se puede apreciar al Faraón sentado en el regazo de un dios. El Divino Niño está sentado en el regazo de la Santísima Virgen, y ésta, a su vez, en un trono. Poder estar sentado es don de una presencia mayor que me sostiene, en la que me apoyo y afirmo, que concede lugar y autoridad. Todo estar sentado en oración entraña algo de esa dignidad derivada, algo de gracia y elección.

La postura de rodillas alude a otro aspecto de la realidad. Ya no se trata de la conciencia de haber sido elegido sino de la veneración de la grandeza de alguien que es más grande. Para dejar que sea más grande, el orante se hace más pequeño. Quien se arrodilla, se hunde en el suelo, renuncia a la posibilidad de dar pasos propios, de recorrer caminos propios. Es entrega a otro, es abandonarse, o bien gesto de asunción de una tarea. Así, por ejemplo, el sacramento de la confirmación y del orden sagrado se reciben de rodillas. En la tradición católica, la postura de rodillas era sobre todo la actitud orante de la adoración eucarística. Arrodillarse ante la presencia de Cristo es un valioso contrapeso para la rutina de comulgar. Aquel de quien se trata en la comunión es demasiado grande como para ingresar en nosotros. Para confesar este misterio y profundizarlo en la fe, el arrodillarse es gesto elemental de oración, es preparación para la comunión y acción de gracias luego de la comunión.

La postración, a su vez, expresa otra cosa. Estar postrados ante alguien, totalmente extendidos sobre el suelo con el rostro a tierra, es máxima entrega y abandono. Me entrego por completo. Así se ora en el comienzo de la liturgia del Viernes Santo; así ora el candidato antes de la ordenación sacerdotal; así se coloca el monje cuando profesa. En privado puede ser una oración elemental, tal como la practica varias veces por día el monje de la iglesia ortodoxa en el retiro de su celda. Extenderse totalmente sobre el suelo, apoyarse con todo el corazón en un lugar sagrado, inclinarse para ingresar a una gruta o extenderse en la cumbre de un cerro... son formas de oración del cuerpo que dicen más que la palabra hablada o el pensamiento. Se puede incluso apretar una Biblia cerrada contra distintas partes del cuerpo. Sólo preciso escuchar de ella lo que la Palabra me quiera decir aquí y ahora. La oración es tan vasta, la vinculación con Dios es tan amplia que podemos y debemos dejarla fluir en todas las circunstancias y maneras. Los censores de la oración han matado mucho del gusto de orar. En cambio aquí afirmamos que todo el cuerpo es oración, y quiere serlo más y más.

Esto me lleva a los cuatro modos clásicos, tradicionales, de oración: oración como silencio, vigilia, ayuno y continencia. En todos estos modos se trata de la misma técnica psicoespiritual. Se pospone, se estanca temporalmente una necesidad fundamental del ser humano para colmar ese espacio con oración. El que guarda silencio se prohibe la palabra; el que vela se prohibe el sueño para estar presente. El que ayuna llena con la memoria de Dios la ausencia de alimento. El que practica la continencia sexual se abstiene de contacto para mantenerse íntegramente en relación con Dios. En estas cuatro áreas se establece la relación con Dios mediante órganos que relacionan: boca, conciencia, vientre. Pero eso también significa, inversamente, que la vida con sus posibilidades de relación puede ofrecer puertas de acceso a la oración: la comida sagrada y toda comida, la palabra y el erotismo. Los procesos del encuentro y del entregarse se complementan y expresan en los distintos planos. No puede ser de otra manera.

Abrirse a Dios en todas esas formas, recorrer todas esas modalidades en el camino hacia Dios, eso es oración. Somos cuerpo, para ser cada vez más oración corporal, para pertenecer cada vez más a Dios con mayor conciencia, con mayor amor.

SIGUE TU PROPIO CAMINO CON LA FRENTE ALTA, EN LA VIDA COTIDIANA Y LA FAMILIA

Sobre el trato con las cosas

Irmgard y Peter Abel

Nos visitaron algunos amigos. Los niños jugaron juntos, bulliciosa y vivazmente. Al caer la noche fuimos a buscar los juguetes y nos dijimos: "Por nuestro jardín tuvo que haber pasado una horda de vándalos." Un rastrillo de juguete estaba roto, a un camioncito volcador le faltaba una rueda, el columpio también estaba roto. Con espanto comprobamos que los niños de los amigos habían tratado con brutalidad las cosas. Nos dolió. ¿Qué moviliza a esos niños? Por supuesto sabemos que muchos niños sufren descuido, sabemos de la barbarie que se expresa en la carencia de lazos con los adultos, o en lazos "comprados". Sabemos de la mentalidad consumista que lisa y llanamente reemplaza un juguete roto por otro nuevo. Vislumbramos que el trato desamorado con la creación adquiere formas concretas en el ámbito de la familia.

San Benito habla claramente sobre el trato con las cosas: *trata a las cosas que se te han confiado como si fueran vasos sagrados del altar.* Justamente también los niños pueden enseñármelo. Los observo mientras juegan con la arena: lloran cuando, por descuido, se derrumba una torrecilla. Con dedicación, destreza y cuidado aprovechan sus herramientas. Mirar todos los utensilios... como si fuesen vasos sagrados del altar. La Regla de san Benito tiene un firme respeto por las cosas de la vida cotidiana. Por eso san Benito ordena (Regla de san Benito, XXXII) que se las trate con solicitud y respeto. Incluso exige que se haga cuidadoso inventario de ellas. El que no las tratare como es debido, deberá dar cuenta de ello: "Mas si alguno tratare sórdida o negligentemente las cosas del monasterio, corríjaselo" (Regla de san Benito 32, 4).

La cuestión de la propiedad se relativiza cuando la propiedad está ordenada al servicio de Dios. San Benito no exige pobreza radical de la comunidad, como lo exigieran órdenes religiosas posteriores, y por

203

eso su actitud respecto de la propiedad puede ser asumida también en la familia de hoy. Ciertamente rechaza la propiedad privada con una radicalidad que no puede ser vivida en el ámbito de la familia. Pero hay claras recomendaciones sobre la espiritualidad de la adquisición de bienes y la propiedad: el monje debe renunciar a símbolos de status como tablillas y pluma, aun cuando existan en la comunidad. En cuanto a las cosas necesarias, el miembro de la comunidad debe esperarlas del padre del monasterio (cf. Regla de san Benito, 33, 5; 34).

San Benito no procede en este punto con una mera actitud igualadora. Más bien se da al individuo lo necesario para vivir, no según prestigio y dignidad, sino según sea la necesidad concreta (cf. Regla de san Benito 34). Con su actitud de liberadora humanidad, san Benito manda dar lo que el individuo necesite considerando su flaqueza. La meta a la que apunta el reparto de los bienes es la paz de la comunidad (Regla de san Benito 34, 5), la *pax benedictina* entre los miembros de la comunidad y, en ella, la paz con Dios. "Para que en todo sea Dios glorificado" (Regla de san Benito 57, 9). Esta frase clave de la Regla no se halla inserta en una instrucción sobre la liturgia, sino al enfocarse el tema del comercio con los bienes producidos. El respeto por las cosas está unido a un trato respetuoso de unos con otros y al respeto por Dios.

Es decir que se hace una corrección radical, ya que tratar con respeto las cosas no significa glorificarlas sino, en el trato concreto con los utensilios, tener respeto unos por otros y por el misterio de la vida. Las cosas se convierten así en un regalo de Dios. Eso me hace libre para el misterio de la creación, suscita en mí el deseo de protegerlo en la vida cotidiana en toda ocasión posible.

Mística y eros en la familia

Gerhard Riedl

Mística y eros están presentes en esa mezcolanza muy cotidiana que resulta de una familia cuyos miembros son muy distintos entre sí, de la pila de platos que hay que lavar luego de la cena, de los juguetes que hay que ordenar y de los deberes de los chicos que aún no han sido hechos. Pero, ¿quién busca la mística y el eros en esa mezcolanza? Mejor participar de un taller sobre el tema, ir a pasar algunos días a la hospedería de un monasterio, participar de un curso en la "Casa de contemplación San Benito". Es también algo bueno. Porque allí se me volverá a decir que el camino místico es un camino que lleva a la vida cotidiana.

En uno de esos días muy comunes me disponía a apartarme del trajín encerrándome en la cocina para quedarme en silencio. Entonces escucho la voz de mi mujer que me dice: "Termina de lavar los pañales, pon la lavadora en el número dos". Su tono me dio a entender claramente qué estaba pensando ella de mi propósito. ¿Qué hacer? ¿Hacer eso y dejar lo otro? ¿O qué? Yo encontraba una buena fundamentación para todo: "Más importante ahora es sentarse... mejor termino esta tarea ahora y luego me quedo en paz... a veces tendrías que decir que no, etc." En pocos segundos ese ir y venir de pensamientos generó confusión. En ese estado, reaccionar con enojo es un medio probado para echarles la culpa a otros. Y debo admitir que hubo de pasar mucho tiempo hasta que comprendí que en este camino no existen ni trucos ni estratagemas.

Así pues no me ayuda ni el mirar con envidia al que vive solo o al que vive en una comunidad monástica, quienes aparentemente están tranquilos y pueden participar de cursos cuando se les antoja; ni tampoco decirle a mi amigo Anselm, en son de queja: "¡Qué bien lo pasas tú!" Por otra parte, tampoco les ayuda a aquellos que tienen fantasías eróticas, señalarnos a nosotros, los casados, y exclamar: "¡Qué bien lo pasan ustedes! ¡Viven en pareja y pueden disfrutar su sexualidad!" No vamos muy lejos con esta manera polarizada de ver la realidad. Diferentes caminos conllevan diferentes tareas.

Debo comenzar entonces aquí, donde estoy parado o bien sentado... miro una bella imagen del almanaque y medito las palabras de
aliento de Christian Morgenstern: "No precisamos seguir viviendo como lo hemos hecho hasta ahora. Depongamos esa creencia y mil posibilidades te invitarán a una nueva vida." Ello presupone estar dispuesto a abandonar mi eficientismo.

El continuo correr en pos de atracciones espirituales o sexuales em-
paña la mirada para contemplar la cotidianidad que es menos atractiva.
Si nos adherimos como una lapa a nuestras ideas y representaciones, no
descubriremos las posibilidades que se nos ofrecen. Y a propósito de
oportunidades... un lama tibetano me sugirió prestar atención, por
ejemplo, al limpiar la mesa: me recomienda hacerlo como si estuviese
limpiando mi alma. A veces hace falta una recomendación tan concreta
para salir de ese mero y unilateral "funcionar", porque en "la realidad
hay interrupciones provocadas por todos los errores, faltas, deficien-
cias, por la malicia de unos para con otros, por cosas desconcertantes o
bien tristes... en fin, prácticamente por todo lo que nos pasa diariamente."[1] En vano buscamos recetas evidentes. En este contexto recuerdo el
término de Watzlawick "solución evidente". Se refiere a soluciones que
son tan patentes que acaban con el problema y sus fenómenos concomitantes. Una ayuda como limpiar una vez la mesa con profunda atención, puede contribuir a interrumpir la serie de frustraciones y quejas
de nuestra vida cotidiana y descubrir nuevas oportunidades.

Les relato una de esas oportunidades: el año pasado cambiamos el
techo de nuestra casa. Fue un trabajo mayor que ocupó cabalmente a
varias personas. Una tarde, al descender la escalera para buscar más
clavos, Lena, mi hija de dos años, me miró con ojos muy atentos, y me
dijo: "Juguemos al 'hola, ¿qué tal?'" Lo que quería decir era "juega
conmigo a la tienda de juguetes". No me sentí como alcanzado por un
rayo, pero sí atraído por su modo suave de preguntar y mirarme. Dejé entonces mis herramientas y comencé a jugar con ella. Esa interrupción abrió súbitamente mi percepción a una realidad distinta de aquella a la cual estaba obligado. Esa criatura frenó mi eficientismo y me
llevó consigo a su mundo.

---

[1] Rilke, *Carta 18.*

No pasó mucho tiempo hasta que me dejó ir. A pesar de la brevedad, ese espacio de juego al que ingresé con ella fue muy distinto del espacio del cual yo venía y al cual retorné transformado. Hay momentos en la vida en los cuales no puedes distinguir mística de eros ni eros de mística. Así como una ola llega sorpresivamente y te abraza y fecunda, así también quizás experimentes que abrazas y fecundas todo el mundo. Con el paso de las horas palidece esa alegría original que primero caló en nuestro interior y luego fluyó hacia fuera, y se convierte en un estado de buen humor. Tarde o temprano el yo volverá a dominar y disminuirá el brillo de los ojos. En la familia, los niños, con sus expresiones de vida tan espontáneas, nos señalan el gran valor de tales experiencias. Una mera euforia no resistirá por mucho tiempo las pequeñas molestias y disgustos hogareños.

En nuestra vida existen, dadas las circunstancias, más vivencias "que nos conectan con el ser" (Graf Dürckheim) de lo que suponemos. Mientras me ocupo con este tema, me sorprende advertir que vuelven a aflorar experiencias que yo creía ya olvidadas, y la cuestión se me presenta de una manera distinta: ¿Por qué no somos capaces de armonizar esos acontecimientos, diferentes en cuanto a su calidad e intensidad, y descubrir en ellos un hilo, una huella, un camino?

Al contemplar mi labor diaria de consultor en asuntos de familia e informarme sobre los acontecimientos del mundo, percibo poca mística y eros. En cambio se observa mucho dolor y violencia, poder y comercio, guerra, estafa, explotación y locura. Y eso seguramente se debe también a mi concepto de mística y eros. También es doloroso, pero real, que mucho de lo que percibo fuera de mí acontece asimismo en mí. Para no eludir ni lo uno ni lo otro, pero tampoco para no ser víctima de ello, hace falta esforzarse verdaderamente por una formación del corazón. En los colores oscuros o negros de la vida resulta difícil o incluso imposible percibir lo luminoso. Y éste no es un problema intelectual, sino uno que afecta toda mi existencia. No me resulta fácil abrirme paso por entre las emociones y el pensamiento para arribar a una amorosa "inteligencia del corazón" (Hillesum).

Un ejemplo quizás lo subraye: al cabo de dos años de asistir a la consultoría, una mujer volvió a tocar el tema del aborto al que se había sometido. Fue cuando tenía diecisiete años. Si bien ella se alegraba del embarazo, su padre la obligó a abortar en Holanda. No es necesario detenerse ahora en los respectivos y enfermizos modelos de relación, constelaciones de poder e impotencia y demás crisis familiares del caso. Sea como fuere, la Sra. B. sueña desde hace veinte años sueños que tienen que ver con ese aborto. A modo de complemento de nuestras conversaciones, le sugerí que pintase el drama padecido. Que se tomara tiempo para ello; que se trataba de volver a establecer contacto con su realidad. En nuestro siguiente encuentro trajo una serie de diez cuadros que había pintado en sus noches insomnes: uno era más abrumador que el otro.

Pero el último era muy distinto: toda la hoja estaba ocupada con la imagen de un remolino negro en el que se veían pedazos de cuerpo humano. Su comentario: "Ésta soy yo con el niño." Silencio de consternación y desconcierto, silencio de muerte. Más tarde me vino a la mente el *"horror vacui"* que se describe en la mística... ese agujero negro en la existencia humana. Le deseé a la Sra. B. que su recuerdo valiente y vivo contribuyera a un presente que la redimiese. ¡Todavía había esperanza! En este caso apreciamos las consecuencias funestas de la sexualidad en cuanto fuerza vital, de esa energía por la cual se produce también el milagro de la vida y en la cual dos son capaces de hacerse uno. Frente a las necesidades reales que padecen muchos en esta área (aborto, abuso sexual, sexualismo, etc.) no podemos limitarnos a hacer rancho aparte. Para muchos el camino de sanación es largo y muy doloroso. Términos como mística y eros pueden estar ligados, como en el caso de la Sra. B., a vivencias negativas. En tales situaciones, una auténtica comprensión y compasión quizás puedan abrir puertas para una percepción más amplia de la realidad.

Me gustaría enfocar además una experiencia de la vida matrimonial. También en el matrimonio existen períodos de continencia sexual. La construcción de una casa, la carrera profesional (por lo común en el caso del varón), los requerimientos de parte de los niños, las labores domésticas diarias (por lo común en el caso de las mujeres), enfermedades, conflictos y muchas cosas más, todo eso puede llevar a una situación de "me siento cansado". Nos preocupamos cuando esos períodos duran más de lo común o son vividos muy unilateralmente. En este punto debe tenerse en cuenta que, a la hora de los conflictos, podemos caer en "una visión vertiginosamente falsa de nuestro universo de relaciones" (O. Paz).

Dadas las circunstancias, las necesidades de ternura pueden ser saciadas por los niños pequeños. No estoy diciendo que la sexualidad se sublime proyectándola en determinadas áreas espirituales. Más bien quiero decir que los procesos familiares, laborales y espirituales absorben tantas energías, o dicho con otros términos, que el tomar en serio las "mil pequeñas preocupaciones de la vida diaria" (Hillesum) conlleva el descuido (hasta la desertización) del área sexual. La familia ofrece seguridad. ¡Es innegable! Pero el revés de la moneda es el peligro de la erosión. Cuando nos sorprendamos enredándonos en casi todas y cada una de las cosas cotidianas, cuando nos sorprendamos dramatizando prematuramente las situaciones, nos ayudará un remedio muy sencillo: "¡Evitar la identificación!" Pero, claro, es más fácil decirlo que hacerlo...

Eros y mística se viven en la sexualidad matrimonial de distintas maneras. Así como hay volumen alto y volumen bajo, así también existe lo salvaje y lo tierno. La vivencia sexual debería brindarle a cada cual una satisfacción que redunde en una pacificación. Elevándonos por encima de nuestra propia potencia, la vivencia sexual podría llevarnos hacia una vivacidad que ya no necesite contar orgasmos; y elevándonos por encima de un disfrute más bien egoísta, llevarnos a experiencias suma y profundamente gratificantes. Las notas constantes podrían ser la sencillez en los gestos íntimos y una mayor percepción de los matices en el encuentro. En relación con nuestro tema, una de las tareas del matrimonio es madurar pasando de una sexualidad personal hacia una sexualidad cósmica. Thich Nath Hanh dijo una vez, con una sonrisa de satisfacción, que él era el inventor del abrazo cuidadoso. Es factible satisfacerme a mí mismo, pero no lo es lograr un abrazo cuidadoso. Porque para eso hacen falta dos, y una cualidad a la cual ambos estemos integrados.

Es grande el anhelo de experimentarse a sí mismo también a través de la pareja. Lamentablemente confundimos una y otra vez placer con felicidad. El placer sexual se alimenta de estímulos continuos. Los medios nos ofrecen sin cesar tales estímulos. Konrad Lorenz tiene una clara opinión al respecto: "El placer acaba atontando los instintos, brutalizando al ser humano, exacerbando los bajos instintos. Hay personas que sólo piensan en comer y aparearse." A modo de contrapunto propongo, para mencionar sólo una posibilidad, buscar la imagen de la mujer soñada estudiando los sueños, y descubrir cuánto tienen que ver esas imágenes con la historia de nuestra vida. Eso siempre será más útil que comparar a nuestra pareja con la mujer soñada, y así dificultar un auténtico encuentro.

Una vez sucedió lo siguiente: el padre y la madre regresaron cansados de las habitaciones de los niños: ¡por fin dormían! Reinaba el silencio. Los esposos se miraron. No saltaba ninguna chispa, no; más bien todo trasuntaba benevolencia. Nada más, no hacía falta otra cosa. Se contemplaron por un momento y descendieron a la cocina, para ordenar las cosas. "Bendita tranquilidad" designó F. Perls a ese momento de descanso al cabo de un quehacer realizado de todo corazón, cuando cunde una profunda paz en el cuerpo, el espíritu y el alma. Nuestro primer lenguaje es el movimiento. Reparemos en la suavidad y serenidad con la que juegan los pequeños dedos y manos de un bebé, movidos con cuidado. Por un lado es un movimiento muy hermoso y a la vez desmañado; por otro, es toda la creación la que danza con esos mismos gestos.

Admito que aprecio muchísimo el cuidado cuando me resulta agradable. Pero cuando varios niños sufren al mismo tiempo tos ferina y tienes que levantarte no sé cuántas veces durante no sé cuántas noches, puede ser que a veces te pongas nervioso. Y también, dadas las circunstancias, en otras situaciones muy distintas a lo largo del día. Pero también ese defecto, asumido conscientemente, puede comenzar a transformarse. Cuando tomamos dolorosa conciencia de actitudes erróneas, nos sorprendemos a menudo recurriendo a la evasión (intelectualismo, actividad, alcohol, meditación, etc.), la defensa o el ataque exagerados, o la búsqueda de las mencionadas "soluciones evidentes". En esos momentos "escuchar con amor" nos resulta desagradable, se nos convierte en un término extraño. Vivimos y ponemos en escena nuestros dramas personales y familiares con mucha energía, defendemos nuestro yo con uñas y dientes. El primer paso es admitir que nos apegamos demasiado a nuestra lucha. Sin esa confesión no se despejará el camino para más pasos de crecimiento. La fa-

210

milia es una buena plataforma para tales movimientos: no faltan las oportunidades correspondientes. Incluso para declaraciones de amor: la esposa y el esposo se abrazan con amor. Sin que lo advirtieran, hay otra persona que los contempla. Dos ojos azules como el cielo miran al padre, y el niño dice: "Papá, tú amas a mamá, ¿no es cierto?", y añade, con una sonrisa: "Yo también la quiero". Ahí está vivo el eros en la familia.

En un "Manual para experiencias místicas y eróticas cotidianas" habría, por ejemplo, algo sobre el despertarse por la mañana, sobre la respiración consciente, se mencionaría tanto el cuidadoso levantar del auricular con la otra mano y llevado al otro oído, como el contemplar cómo el más pequeño de la familia pasa con cariño el cordón por los ojales de los zapatos de su hermano mayor. Podría ser que se nos recordara nuestra cama que nos abrigó tan bien en la noche, para que la tratemos con un poco más de cuidado. Quizás se nos alentase a no replicar con una queja esa crítica que por enésima vez nos hace nuestra pareja, sino reflexionar sobre ella. Dado el caso podríamos tener la experiencia de que nuestro interlocutor realmente no quería atacarnos sino que él es un espejo muy necesario para nosotros, a fin de que descubramos la viga en nuestros propios ojos. La oferta sería inagotable... Creo efectivamente que nos hace bien a todos salir de nuestras armaduras y hacerle una jugarreta a nuestra compulsión a repetir conductas. Para ello nos necesitamos mutuamente. De ese modo quizás logremos preparar el terreno para un "ambiente espiritual" en la familia. Así seremos unos para otros como una tierra fértil en la cual, como dice un refrán indio, podamos echar raíces con los niños, mientras seamos pequeños o nos sintamos pequeños, y en donde a nosotros y a nuestros hijos nos crezcan alas cuando nos hagamos más grandes y maduros. Individuación significa, contemplada familiarmente, co-evolución (J. Willi), si consideramos a la familia como camino de crecimiento, como camino hacia Dios.

Experiencia de Dios en las vivencias cotidianas
Anselm Grün

Muchos experimentan a Dios en los acontecimientos de su vi-da cotidiana. Lo que otros toman por una casualidad, éstos, en cambio, lo viven como una providencia de Dios: Dios mismo les habla cuando se encuentran justamente con tal o cual persona, cuando en la librería dan precisamente con tal o cual libro, o cuando en el periódico leen sobre una situación en la cual ven expresada su propia situación. Experimentan el cariño concreto de Dios cuando en una tarde gris de invierno se abren un poco las nubes y el sol brilla justamente sobre ellos. Hace algunos años, en la iglesia de nuestro monasterio se realizó un concierto. Se tocó la quinta sinfonía de Bruckner. En el adagio, la luz del sol, pasando por los vitrales, cayó sobre la cruz. Los haces de luz eran como alas luminosas suspendidas en torno de la cruz. No sólo para mí sino para muchos de los asistentes fue un signo de que en esa música se escuchaba y experimentaba a Dios mismo.

Tales experiencias no constituyen ninguna prueba de Dios. Pero pueden convertirse para mí en vivencias concretas de Dios en medio de la historia de mi vida. Dios jamás me sale al encuentro directamente. Pero puedo experimentar a Dios en experiencias de amaneceres o atardeceres, de bonanza luego de la tormenta, de un arco iris mientras estoy conversando con alguien, de encuentros sorpresivos con personas que me dijeron algo importante, de un feliz viaje en automóvil por una calzada resbaladiza. No puedo contar a otros a gritos que Dios mismo me ha tocado, pero sí puedo hacerlo cuidadosa y prudentemente, con una fe sencilla.

Para mí la experiencia de Dios en la historia de mi vida significa también otra cosa. Nuestra vida con sus experiencias concretas es el camino a Dios. La enfermedad que me afecta puede convertirse en una crisis de mi fe en Dios. Pero si la acepto y abrazo, puede llevarme a Dios. Mi miedo, mis celos, mi enfado, mi decepción, mi susceptibilidad, mi depresión, mi poca autoestima, mi sexualidad, mi fracaso, todo puede constituir un punto de partida en mi camino hacia Dios. En el acompañamiento espiritual observo siempre que la gente cree que sólo experimenta a Dios cuando logra controlar su miedo, sus celos o su depresión. Y le pide a Dios que las libere de esos sentimientos y conflictos.

Y cuando las personas se sienten libres, ese estado es para ellos una experiencia de Dios. Pero muy a menudo se sienten decepcionados porque Dios no los libera del miedo y la depresión. En mi vida creí durante mucho tiempo que podía valerme de Dios para que me liberara de mis molestos miedos, tristezas e inhibiciones. Hoy sé que usé a Dios para mis fines. No me interesaba Dios sino mi propia persona. Cuanto más avanzo en años, tanto más claramente percibo que la vida concreta, tal cual ella es, es el lugar donde puedo experimentar a Dios. Y eso requiere otro trato con mis emociones y miedos.

En lugar de pedirle a Dios que me quite el miedo, seguiré ese miedo mío hasta su fondo. Admitiré que tengo miedo de enfermar y morir. Si acepto ese miedo mío, él me llevará a Dios. Precisamente en mi impotencia para librarme de mi miedo, me abandonaré a Dios junto con mi temor. En el fondo de mi miedo Dios me saldrá al encuentro. Mientras le pida a Dios que me quite el miedo, me estaré aferrando a la ilusión de que controlo mi situación y podría superar mis miedos: es una ilusión de mi yo. La mística nos dice que la verdadera experiencia de Dios presupone la muerte del yo. Muchos lo han entendido mal y rabiaron contra el yo. No debemos rabiar contra nuestro yo sino dejar que la vida nos enseñe. Cuando me entrego a mi miedo, me desprendo de mis ilusiones en relación con mis capacidades para dominar mi vida por mí mismo. Y justamente en ese lugar Dios me sale al encuentro más que en todos los métodos de meditación que yo haya elegido.

Los cónyuges y los religiosos tienen a menudo la sensación de haber sido abandonados por Dios cuando en la vida matrimonial o en la comunidad religiosa simplemente la situación ya no es sostenible, cuando los miembros de esa comunidad se dificultan la vida unos a otros. Y creen entonces que sólo podrán experimentar a Dios si logran eludir tal situación agobiante. Por supuesto hay experiencias de infierno de las que naturalmente podemos salir sin que se nos haga objeción alguna. Pero muy a menudo son justamente esos conflictos los que me conducen hacia un vislumbre más profundo de lo que es la gracia de Dios. Me entrego; abandono la ilusión de que con mi buena voluntad podré solucionar todos los problemas de relaciones humanas. Me dejo llevar hacia Dios a través de las desilusiones que experimento en la comunidad. Sólo podré sobrevivir a esa tensión si estoy fundado en Dios, si en lo más profundo me siento arraigado en Dios y comprendido por Dios.

Buscar a Dios significa para mí, cada vez más, salir del país de mis ilusiones, desprenderme de la identificación con mi ego y así estar abierto para el Dios que quiere salirme al encuentro justamente aquí donde estoy en este momento.

Domingo, tiempo sagrado

Meinrad Dufner

El domingo... en primer lugar constituye un dato temporal. Durante siglos fue considerado inamovible, tan permanente como el sucederse de los días. Cada día tenía su propio rostro marcado por la historia de salvación: el viernes era el día de la muerte de Cristo y por lo tanto había abstinencia de carne. El domingo, el día de la resurrección, la pascua de cada semana. ¿Cómo dejar pasar la Pascua? Parte de la Pascua es la comida pascual. Esa es la misa.

El domingo alude también a una circunstancia especial, a una manera particular de vivir, de brindarse, de sentirse. Antaño comenzaba con el baño del sábado. Toda la familia se bañaba, uno tras otro. En mi pueblo parte de la preparación era barrer la calle, el patio y el zaguán. En la cocina mamá horneaba la rosca típica de nuestra región. Había muchos trabajos para realizar, era un ritual que no se debía perturbar de ninguna manera.

El domingo por la mañana había ropa limpia: una camisa blanca, ropa de domingo y zapatos lustrados. Ya en el desayuno resplandecía nuestra "gala dominguera", ¡y cuidadito con manchar nada! Pero también este último temor tenía su sabor de domingo.

"El domingo es el día del Señor; los domingos reza y descansa a tus anchas", decía el refrán que aún resuena en mis oídos, escuchado desde temprana edad, de tal manera que el corazón jamás lo ha olvidado. No se lo podía olvidar porque esas palabras se hacían vida: en efecto, mi diligente padre se sentaba entonces en su cuarto, leía, fumaba un cigarro, dormía. Los hermanos conversaban, se entretenían jugando. Sólo mamá y la empleada doméstica trabajaban. Pero esas labores se hacían llevando delantales nuevos, blancos, bordados finamente. Los domingos no se acarreaba leña, no se llevaban cosas pesadas, no se hacían trabajos de limpieza. El trabajo en la cocina podía prolongarse sin término fijo. Cuando estaba puesta la mesa, labor que me tocaba a mí, el hijo menor, se llamaba a comer. Se rezaba y se bendecía la mesa. Los domingos los adultos hacían su siesta. Se le concedía tiempo a todo. Permanencia y duración hacían más amplio el domingo. Nosotros disfrutábamos el domingo.

Me resulta hondamente familiar el aprender a disfrutar, el disfrutar como una actividad espiritual. La prohibición de martillar, clavar clavos, el tabú del trabajo, no tenían en sí nada de mera reglamentación sino que eran más bien una liberación. El domingo me liberaba incluso de la espada de Damocles de las tareas para el hogar. Era como un asilo temporal. En cambio hoy el domingo se llena de actividades de fin de semana. Aprendí incluso la pereza del domingo. El "descansa a tus anchas" estaba en pie de igualdad con el "reza a tus anchas". La oración no tiene nada que ver con ser eficaz y diligente. Siendo niños, cuando íbamos a visitar parientes en otras casas, nos disgustaba, nos parecía casi fuera de lugar, que la bendición de la mesa semejara un tren de carga: los padrenuestros desfilaban interminablemente uno detrás de otro. Se me había enseñado que la oración era algo muy tranquilo y que llevaba a la tranquilidad. A la mañana, espantaba el miedo ante las exigencias que el nuevo día traía consigo. Al caer el sol, protegía de los peligros de la noche y me reconciliaba con el día. En el camino constituía una pausa, un descanso. En medio del trajín, la oración se hacía en forma de jaculatoria: una palabra, un pensamiento surgido de la afectividad, cargado con toda la confianza en Dios de la que yo era capaz.

Se me transmitió la religión como una manera de andar con paso firme y tranquilo, precisamente los domingos. De una espiritualidad de este tipo siempre caía algo sobre todo descanso, holgazanería, tiempo libre y disfrute. Se tendía más a permitirse algunas cosas en Dios y delante de Dios que autoflagelarse con abstinencias. Por eso creer en Dios era moverse en el campo de una gran aceptación. Así como mi padre abogaba por mí ante profesores, sacerdotes y otras personas, así también, y mucho más, debía ser Dios. Así como mi madre velaba continuamente por nosotros, así sólo Dios podía hacerlo. Por lo tanto, orar significaba entrar en la casa, en la sala acogedora, poder estar allí, descansar.

Al comparar aquella vida con la actualidad, me viene a la mente la idea: "más lento". Vivir más lento, hablar más lento, relaciones más lentas, ser eficientes y diligentes más lentamente. Pienso en el carpintero del monasterio. Su oración es tan continua como su labor. No hay apuro. Al toque de cada hora, la máquina se apaga, la gorra es quitada, las manos se juntan para hacer la misma oración. Aquel de entre los huéspedes que haya asistido alguna vez a ese ritual, habrá experimentado lo más importante que puede dar mi monasterio.

Pero toda vida, toda cotidianidad, tiene espacios de tiempo, transiciones, inicios de senda que podrían servir para descansar en la memoria de Dios. La oración es un momento, un lugar en el cual el corazón se entrega al descanso. Sentarse en un determinado sillón, mirar por la ventana y contemplar el campo o mi árbol. Dicho con otros términos: cuando el hombre se vuelve a lo más propio de sí, brota la oración. La verdad más profunda de nosotros mismos es siempre agradecer y clamar, desde la hondura y lejanía, por una mayor cercanía.

Mil veces por día dejar que el corazón se encuentre con lo verdadero de sí mismo. Para algunos, lo que conduce enseguida hacia lo más esencial es la música; para otros, la pintura, la poesía o la lectura diaria. Pasar por delante de una ermita, hacer una breve visita al templo, una canción con la cual lleno la casa vacía, y por último salir a la naturaleza... todas oportunidades para vivir el día laboral con espíritu de domingo. Finalmente se puede tomar también un baño, cambiarse de ropa, embellecerse, ponerse "dominguero". No necesito alimentar interminablemente tu fantasía: tú ya la tienes. La oración y el volverse a Dios han de ser alegría, respiración libre, erguirse, ¿quién no querría permitírselo continuamente?

Domingo

El domingo se mece,
lleno de paz,
entre los árboles,
El domingo se tiende,
lleno de luz,
sobre la falda de las colinas.
Toda vida que murmura o canta
lo hace suavemente, y sabe,
que es huésped del descanso de Dios.
El viento juega amorosamente
con las hojas
que se estremecen y doblan
como si riesen.
Callan los incansables cencerros.
El rumiar de los terneros
es ofrenda de gratitud.
El Altísimo celebra misa mayor
sin estruendo de órgano
ni sermones altisonantes.
Me ha permitido ocupar
un lugar en la sillería del coro,
desde donde, sin ruido,
me inclino y canto.

Participar en el diseño del día

Wunibald Müller

Me contaron que en África las gallinas ponedoras exhaustas de poner huevos continuamente, son apartadas de las demás y llevadas a un cuarto especial para reponerse de alguna manera del desgaste sufrido. Me parece una medida que podría aplicarse a la situación humana, cuando hay personas que corren peligro de agotamiento o ya están agotadas: abandonar por un momento el entorno que uno asocia con un gran estrés y suspender por un tiempo la actividad que me ha agobiado. Si logro realmente aprovechar la distancia exterior para establecer una distancia interior de lo que me agobia, esa puede ser una manera eficaz de combatir el agotamiento.

A menudo no conseguimos generar esa distancia. Nuestros viejos esquemas de conducta nos persiguen y alcanzan. No logramos realmente la tranquilidad ni la distensión. Retornamos un poco más fortalecidos al entorno habitual, pero sólo para volver rápidamente al punto que nos motivó a tomar distancia y permitirnos una pausa.

Al intentar prevenir el agotamiento interior, algunos han hecho una buena experiencia colocando muy conscientemente en el transcurso del día acentos que contribuyen a no caer en la vorágine de un ritmo impuesto desde afuera. Por ejemplo, se levantan más temprano para comenzar el día con tranquilidad. Meditan, leen alguna página de un libro que los inspire, que les transmita pensamientos que los acompañan durante el día. Otros comienzan el día con una breve meditación o una oración. "Tomarse tiempo", dice Bernardo de Claraval, "es la condición para reencontrarse consigo mismo y con Dios. Porque, ¿qué es más importante para el culto religioso que aquello a lo cual Dios mismo nos exhorta en el salmo: 'Tomaos tiempo y ved que yo soy Dios'?" (Sal 46, 11).

Hay quien se toma los primeros diez minutos del día para recordar sus sueños, escribirlos y tratar de averiguar qué le quieren decir. Todas las posibilidades mencionadas contribuyen a comenzar conscientemente el día. Me ayudan a establecer un mayor contacto conmigo mismo, incluso con lo que me moviliza interiormente en este momento. Otros han hecho buenas experiencias con el trabajo corporal, por ejemplo, yoga, eutonía, tai chi, el training autógeno, etc. Tales ejercicios constituyen un buen contrapeso para nuestras actividades usuales y sus respectivos movimientos. En todas estas cosas estoy haciendo sobre todo algo por mí, me hago un bien, presto atención a mi persona, a mi situación, a mis pensamientos, a mis anhelos, a mi cuerpo. Me permito algo.

Y me hago un bien cuando, a pesar de todo lo que me limita, a pesar de todo lo que me está prescrito, no ceso de indagar cómo dar forma a mi vida, a mi día, cómo asegurarme el margen de movimiento que tengo. Trataré de determinar qué acentos poner en el diseño del día. Henry Thoreau dice que "el arte supremo es intervenir uno mismo en el diseño del día".[1] Vale decir, participaré en las decisiones sobre cómo será mi orden del día, lo que pensaré y haré, las cosas de las que me ocuparé. Al menos veré las posibilidades que tenga para ello más allá de todo lo que esté ya prescrito.

Así pues determinaré, por ejemplo, cómo comienzo y termino mi día. Y por la manera como ponga tal y cual acento, se expresará cómo me trato a mí mismo, qué actitud interior tengo para conmigo mismo. "¿Qué rituales tengo para comenzar el día y para cerrarlo? Levantarse por las mañanas en el último minuto y devorar rápidamente el desayuno es también un ritual, pero un ritual que enferma", dice Anselm Grün.[2] O bien, prosigue preguntándose: "¿Cómo es, por ejemplo, la noche? A menudo se retorna a casa con un sentimiento de frustración, luego de alguna reunión o trabajo, y ya no se tiene ganas de nada. Se aplaca el enojo con comida, bebida o televisión. Y luego uno se deja caer, fatigado, en la cama. En los rituales debe expresarse lo que es importante para mí, lo que quiero fortalecer. En los rituales descubro mi identidad."

---

[1] Thoreau, H. D., *Das Leben in den Wäldern* (La vida en los bosques), Zurich, 1979.

[2] Grün, A., *Gott suchen-sich selbst finden* (Buscar a Dios-Encontrarse a sí mismo), en: *Der Kreis* (El círculo), ed. Egbert-Gymnasium i.a., Münsterschwarzach, 1992, pág. 30.

El comienzo y la finalización del día son particularmente propicios para tales rituales, para expresar lo que nos es realmente importante. Pero tales rituales, en el sentido de acentuaciones, pueden incorporarse también al orden del día acostumbrado: momentos en los cuales me retiro interior o exteriormente, establezco contacto conmigo mismo, me quedo por un momento en mí, tomo conciencia de lo que me ocupa actualmente, quizás inicio un monólogo sobre el tema, dejando que aflore todo: alegría, frustración, tristeza, enojo, gratitud, hastío... Otro dedicará la pausa del mediodía para dar unos pasos, para distraerse un poco contemplando otro entorno, para caminar tranquilamente e interrumpir así el ritmo usual marcado por la prisa. A otros les serenará el espíritu una breve visita a una iglesia o capilla, sumergirse en un ámbito de silencio y hacer una breve oración. Se trata de pequeños acentos, rituales que, aplicados regularmente, nos pueden ayudar a permanecer en nosotros mismos.

Es importante concederles gran importancia a esos rituales en el transcurso del día, darles la misma importancia que a las obligaciones que debemos cumplir. Los rituales tendrían que ser como pilastras angulares en nuestro orden del día; columnas que ponen de manifiesto lo que es importante para nosotros, los valores y actitudes ante la vida que cultivamos y queremos fortalecer. Aplicados regularmente, los rituales consolidan nuestro camino, nuestra identidad. Son una protección contra influencias y conductas que podrían amenazar nuestra identidad. Más allá de ello, los rituales nos vinculan con nuestra alma. Nos permiten sentir la fuerza y el apoyo que se irradian de nuestra alma cuando estamos conectados con ella.

Sostenido por mensajes sabidos y el coro de muchas voces

Peter Modler

❖ Mensajes sabidos desde hace mucho tiempo

Algunas historias son realmente antiquísimas. Han sido contadas tantas veces que uno se pregunta si aún vale la pena contarlas. Todos sus mensajes se conocen ya desde hace mucho, su novedad es nula, ¿para qué seguir contándolas?

Cuando voy a visitar a mi viejo amigo (ahora tiene 82 años), lo encuentro tan débil y encogido en su cama como siempre lo ha estado en estas últimas semanas. Envejeció aquí en la clínica; fue sometido a una gran operación y espera la próxima. Una y otra vez compartió el cuarto con otros enfermos que fueron dados de alta antes que él; él fue postergado. Ahora está solo en el cuarto, el sol entra por la ventana. Mi amigo está en el umbral de la muerte. Lo sabe, aun cuando no quiera hablar más sobre ello.

Hoy es Viernes Santo; por lo común nadie lo visita. Es la tarde, la hora en que los cristianos de todo el mundo rememoran la crucifixión del Hijo de Dios. Le pregunto a mi amigo si ya pasó el capellán de la clínica. No. Tampoco ayer, Jueves Santo. Sencillamente hay muchos enfermos. Tampoco sabe cuándo vendrá en los próximos días. Yo me lo había imaginado, y por eso llevé una Biblia. Cuando le ofrezco a mi amigo leer juntos la pasión de Jesús, asiente vivamente. Debido a un derrame cerebral hay momentos en los que no puede hablar bien.

Comienzo entonces a leer la vieja historia. Cómo Jesús fue traicionado y arrestado, el interrogatorio al que lo somete Pilatos, su condena. Mi amigo comienza a roncar suavemente. Ya hacía unos minutos había inclinado la cabeza. Sin embargo yo había continuado leyendo. En el cuarto se generó una atmósfera distendida, serena; la brisa mece las cortinas, los pájaros cantan, el enfermo respira ahora profunda y pesadamente, la bolsa plástica de orina cuelga tranquilamente debajo de la cama, por la ventana se ve el cielo azul. Un pequeño, silencioso culto divino en el Viernes Santo.

Mi amigo se durmió cuando reconoció las palabras que yo le leía. Fue como un profundo asentimiento a esa historia. Un asentimiento que sólo podía expresar ahora con todo su cuerpo: *sí, es algo que conozco; sí, soy parte de esa historia; sí, me siento amparado en ella; sí, se trata de la muerte, pero es algo familiar, me consuela, aquí puedo dormirme sin miedo...*

Afuera, en las parroquias, se está relatando ahora cómo Jesús emprende el último camino que lo lleva hasta pronunciar aquellas desesperadas palabras en la cruz. Una historia sabida, conocida desde siempre.

El anciano llena de aire sus pulmones inspirando profundamente, con la boca un poco abierta, y duerme. Escuchó tantas veces esta historia que sabe el resto en cuanto escucha la primera frase. Y por eso no importa que duerma mientras relato la mayor parte de la historia; a pesar de ello, él está muy presente en ella. Precisamente porque es tan poco original, porque no está embellecida, porque es tan corriente. Precisamente porque él la conoce muy bien desde hace tanto tiempo.

A mi amigo ya hace mucho que dejaron de interesarle los cambios, los estímulos rápidos, las ocurrencias excitantes. Dejó atrás la continua propaganda de los medios de comunicación y de las modas. Aquí, donde está ahora, está totalmente solo en su camino, y lo único que aún le brinda sostén es el armazón sobre la cual se ha movido a lo largo de su vida. También ha quedado poco de ese armazón, algunas palabras claves, aromas, ritmos, todo se ha reducido mucho.

Algunos días después recibo una llamada telefónica: mi amigo se estaba muriendo. Mi mujer y yo estamos sentados junto a su cama de terapia intensiva sosteniéndole las manos. Tiene la cabeza levantada, los ojos cerrados y respira débilmente. Un monitor muestra un ritmo cardíaco irregular. Acaricio sus cabello. Ya no reacciona. Lentamente, en voz baja, le leo el salmo 18, un salmo para hombres: lucha con los enemigos, redención, peligro y salvación. Cuando termino, la respiración se ha atenuado más aún. Finalmente cesa. Silencio. Mi amigo partió, y yo lloro porque le estoy muy agradecido. Por esa despedida, por la esperanza en la que murió. Estoy hondamente conmovido porque él y yo aprendimos esa oración que fue lo último que escuchó.

Si una tradición de fe tiene algún valor, ese valor se demuestra en ese momento. Cuando otros esperan sólo un final, un residuo de evolución, desconsuelo y una caída sin fondo, la tradición religiosa insiste en que existe otra realidad: el resurgimiento. No queda aplastada, muda, sino que en ese momento tiene algo que decir: "para que no os entristezcáis como los demás, que no tienen esperanza" (Ts 4, 13).

Sí, hemos escuchado este mensaje; pero, ¿creímos en él? ¿acaso tiene menos valor porque hace falta tanto tiempo hasta que uno cae en la cuenta?

✧ El coro de muchas voces

Lo recuerdo como si fuese hoy. Mi padre falleció repentinamente; nadie lo esperaba. No había cumplido aún los sesenta. La llamada telefónica de mi hermano, avisándonos sobre el deceso, nos llegó mientras estaba con mi familia en plenas vacaciones. Empacamos todo rápidamente y regresamos conmovidos con nuestros hijos. Ninguno de mis hermanos ni tampoco mi madre tuvieron oportunidad de despedirse de mi padre. En la misa de cuerpo presente en la pequeña iglesia del pueblo, casi no podíamos hablar por el dolor. Las lágrimas corrían por nuestras mejillas y sólo podíamos sollozar y darnos las manos.

Durante toda la misa no pudimos rezar ninguna oración, ni responder, ni cantar. El dolor no nos permitía pronunciar palabra. Estábamos en el banco y mirábamos todo como a través de un velo de lágrimas. Nos dolía el corazón. No podíamos decir nada. Pero podíamos escuchar.

Escuchamos a muchas personas que no conocíamos personalmente cantar canciones tristes y esperanzadas. Escuchamos que un fuerte coro de muchas voces decía las respuestas correctas en el momento correcto. Escuchamos un sacerdote, desconocido para mí, que hablaba sobre mi padre y su vida. Escuchamos oraciones pronunciadas por otros, música tocada por otros, bendición impartida por otros. No podíamos hacer nada por nosotros mismos. Otros, muchos otros, actuaban en nuestro nombre y nos consolaban ya por el hecho de actuar en nuestro lugar. No podíamos hacer nada pero tampoco debíamos hacer nada. Ese sentimiento era un profundo consuelo para nosotros, y me sentí hondamente agradecido.

Tradición de los creyentes. Cuando ya no puedo más, esa tradición sabe cómo seguir adelante. Cuando no tenemos más palabras, ella encuentra algunas. Cuando no podemos actuar por nosotros mismos, lo hace por nuestro bien y en nuestro nombre. Nos ofrece oraciones no inventadas en el momento, sino oraciones que fueron rezadas ya mucho antes de mí y que serán rezadas mucho después de mí. La tradición nos alivia, nos bendice, nos regala. Todo sin mi intervención.

He ahí lo benéfico del rito tradicional, que no precisa ser desarrollado de nuevo desde cero por cada participante. No necesito fundamentarlo de nuevo, recurrir a tal o cual cita, a tal o cual adorno, para finalmente construir intelectualmente "una cosa" carente de la dignidad de lo tradicional.

Algo así ocurre con las ofertas de "pastoral libre" y "ceremonias libres" que aparecen en estos tiempos en los países occidentales, y cuya atracción reside en "no estar ligadas a ninguna tradición religiosa."[1] Sin embargo un rito sin arraigo en una tradición (sin el suave aroma de una dulce inocencia histórica), es como una planta con sus raíces en el aire: tarde o temprano se secará.

Naturalmente Prometeo no va a la iglesia. Pero, ¿quién quiere durante toda su vida estar siempre aplicado, siempre consciente, ser incondicionalmente original y marcar las pautas culturales? Sobre todo en situaciones en las cuales mi energía se está acabando, ya no me ayudarán los parámetros meramente intelectuales. Porque con el tiempo se genera una sobreexigencia que redundará, a la larga, en anquilosamiento, en mueca en lugar de sonrisa.

La tradición de la fe de la Iglesia, con su historia agrietada, llena de cicatrices, contradictoria, es menos impecable de lo que desearíamos. Pero la tradición nos quita el peso de una exigencia que nos abrumaría. Recibimos una tradición que se comporta como una gran corrien-

---

[1] Cf. "Der Glaube an die Kraft der Rituale" (La fe en la fuerza de los rituales), en: *Badische Zeitung*, 18.6.2003, pág. 24.

te que en su lecho ha depositado ripio inútil pero también oro y cosas nobles. Fluye hacia adelante y lleva agua viva.

Al consejo reiterado de sus amigos de que abandonara finalmente esa Iglesia que le había dificultado tanto la vida, Pierre Teilhard opinó lo siguiente sobre esa corriente de la tradición: "La Iglesia representa una corriente tan poderosa, está transida de tal manera de lo que constituye la fuerza vital de las almas... encarna (a pesar de mezquindades pasajeras) una tal potencia capaz de desarrollar armónicamente la naturaleza humana, que me sentiría infiel para con la vida misma si abandonase una corriente orgánica como ésta... No todo lo que hay en ella me agrada de la misma manera; pero tampoco todo en ella es decisivo... y fuera de ella no veo nada que corresponda mejor a las inclinaciones y esperanzas que yo siento."[2]

---

[2] De Chardin, Teilhard, "Sur mon attitude vis-à-vis de l'Église officielle" (Sobre mi actitud para con la Iglesia oficial) (5.1.1921), en: De Chardin, Teilhard, *Le coeur de la matière* (El corazón de la materia), París, 1976, pág. 136.

Tiempo y momento

Ursula y Wolfgang Gast

❖ El tiempo: algo más de lo que dice el almanaque

Estoy aquí. Soy ahora. Ambas cosas a la vez. Pero entre el aquí y el ahora existe una diferencia muy grande. Ésta comienza con el hecho de que podemos ver un lugar, percibir con los sentidos el aquí y todos sus elementos concomitantes. Pero con ninguno de nuestros sentidos podemos percibir el ahora, el tiempo. Sólo apreciamos lo que el tiempo, una vez transcurrido, ha causado y dejado detrás de sí. A menudo no vemos ni siquiera eso.

Habrá quien proteste diciendo: *¡Por supuesto que vemos el tiempo! Basta mirar el reloj o arrancar la hoja del almanaque...* ¡Ah, si fuera tan sencillo! Efectivamente nuestras medidas y medidores del tiempo familiares son inventos del orden de los sentidos humanos. El sociólogo Norbert Elias dice al respecto: Lo que medimos con el reloj no es "el tiempo invisible, sino algo sumamente palpable, por ejemplo, la duración de un día laboral o ... la velocidad de un corredor de cien metros." El tiempo transforma una mezcolanza de acontecimientos en una secuencia de hechos que se puede contemplar en su conjunto. Todo sigue su marcha y dicha marcha está fijada por modelos de fluencia regulares y repetidos. El mundo se nos aparece entonces como una cosa detrás de la otra. A la vez el reloj es un medio para regular nuestra conducta, una especie de orden social al cual nos ceñimos, por no decir: por el cual funcionamos. Quien es permanentemente impuntual, perderá conexión con la convivencia general.

El almanaque es útil en ese sentido. Nos ayuda a administrar unidades de medida mayores (semanas, meses, años). La suma de los años transcurridos nos ofrece un panorama sobre la propia vida y sobre la historia de la humanidad. La vida se transforma en transcurso de la vida. El almanaque ordena la plétora de acontecimientos mundiales que se nos ha transmitido. Le da un sostén a nuestra memoria, la cual, sin él, se disiparía como los sueños.

El reloj y el almanaque son esquemas para organizar la vida; son tan útiles como un metro, una medida de peso, un vaso medidor. Pero no podemos considerarlos sin más ni más como algo totalmente "sin tiempo". Porque aplican el modelo de la sucesión, que la filosofía desde siempre consideró ligado al concepto de tiempo. Por ejemplo, Aristóteles decía que el tiempo es "el antes y el después en el movimiento". El reloj y el almanaque se basan en dos figuras geométricas que simbolizan el tiempo: el círculo y la línea.

El día, la semana, el mes y el año son fenómenos circulares. En su transcurso alcanzan un punto en el cual ya estuvieron antes. Naturalmente este día de hoy, una vez concluido, no volverá. Pero habrá un nuevo día. Este retorno es un rasgo amable del tiempo (algo para "acariciar", en el sentido de la cita de Nabokov): el tiempo nos ofrece la posibilidad de un "nuevamente", de una nueva oportunidad. El tiempo no borra al final del día lo que ha acontecido; si ha habido cosas malas para nosotros, hemos de asumirlas. Pero el final del hoy es base para el salto al mañana. Podemos afirmarnos en lo que ha quedado de bueno.

El otro símbolo del tiempo es la línea. Es la pista donde corre el tiempo. El punto por el cual pasa el tiempo queda definitivamente atrás. Contemplamos así el segundo rostro del tiempo, que siempre nos espanta: el tiempo no se puede detener ni hacer volver atrás. El tiempo pasado no puede volver a vivirse, está definitivamente perdido para nosotros. La manera como transcurre el tiempo se distingue fundamentalmente del lugar. El aquí permanece como tierra firme debajo de nuestros pies, que sólo podría colapsar por una rara catástrofe. En cambio el "ahora" se convierte en pasado en cuanto acabamos de pronunciar la palabra.

Nos atormenta esa fugacidad del tiempo. Porque vemos que nuestra vida está ligada a él y a la vez se nos escurre con el tiempo. Nos rebelamos contra esa interrelación. La filosofía no puede liberarnos de ello. Pero nos ofrece algunos pensamientos salvadores. Nos dice qué podemos oponer a ese desaparecer sin dejar rastros. Y nos señala el límite a partir del cual nuestra resistencia no tiene sentido.

El ser humano viene al mundo con su tiempo. Su cantidad de tiempo no es mensurable con anticipación; sólo se sabe que está limitada.

Recurriendo a estadísticas se puede establecer una cifra estimativa ("expectativa de vida"). La casa del tiempo se halla en su total esplendor el día del nacimiento. Desde ese momento se irá desmoronando; a lo largo de los años el palacio de las posibilidades se convierte en choza miserable del "ha pasado". Una imagen triste, pero realista. Sin embargo es una media verdad. La culpa de que el tiempo se degrade de palacio a choza que finalmente se pudrirá no reside en él, sino en el poseedor. Todo hombre posee su cuota de tiempo, y aun cuando el tiempo lo abandone paulatinamente, queda con él, pero bajo otra apariencia.

Mi tiempo sólo se convierte en "nada" cuando lo dejo fluir sin sentido. Porque tengo la oportunidad de transformar el tiempo invisible en algo visible, palpablemente real. Me resisto a desaparecer, a la disminución constante de mi tiempo, construyendo la obra de mi vida. Cosificamos o encarnamos el tiempo. Para el artista, el tiempo se convierte en obra de arte; para la pareja, en el hijo; para todo hombre, en recuerdo de lo que ha llevado a cabo.

Mi tiempo transcurre. No quiero desaparecer con él sin dejar rastros como si yo jamás hubiese existido, y le opongo entonces todo tipo de obras. Sin embargo también esas obras son transitorias. Espero, sin embargo, que me sobrevivan. El hombre quiere prolongarse en el tiempo. Quiere ocupar y poseer futuro más allá de su cuota de vida. Y trabaja diligente y encarnizadamente por esa meta; hasta que quizás con el paso de los años madura en él la sabiduría de Sísifo. ¡Cuán insensato es esclavizarse a un deseo incumplible! Al tiempo sólo puedo arrancarle mi existencia por un rato y no de modo duradero. Lo haré sensatamente. Vale decir, realizaremos nuestras obras por la alegría de crear y por amor de unos por otros. Para el presente. Y si pensamos en más allá... sólo podemos dejar lo hecho librado a su propio futuro.

✧ El momento: la breve eternidad

Vivimos *ahora*. Pero el ahora pasa en cuanto pronunciamos la palabra. Esa transitoriedad nos atormenta, y nos resistimos a ella realizando obras en el mundo. El tiempo transcurrido, bien utilizado, deja rastros de nuestro trabajo. O al menos una foto que fija un instante antes de que se nos escurra irremisiblemente. Tomamos fotos, a veces ansiosamente, sin desalentarnos por el hecho de que constituyen un pobre apoyo para la memoria. La cosificación del tiempo es uno de nuestros métodos para apropiarnos de él. Sin embargo ensayamos otras posibilidades. ¿Si lográsemos interrumpir el tiempo? ¿Extenderlo? ¿Descender de su tren? El ahora no es para nosotros sólo el símbolo de lo fugaz, de lo inasible. También nos aferramos a él cuando queremos liberarnos del tiempo. Llamamos momento a aquello de lo cual nos sostenemos. ¿Qué esperar del momento? Varias cosas, como lo muestran los siguientes ejemplos de la filosofía y de la literatura, y la realidad de las vivencias.

✧ *Alcanzar el momento de la verdad...*

"Tiene dos enemigos: el primero lo acosa desde atrás, desde el comienzo. El segundo le cierra el camino hacia delante..." Franz Kafka presenta (en la parábola que comienza con esas frases) un hombre que vive oprimido: desde atrás lo acosa su pasado, que exige continuación y consecuencias; delante de él, el futuro le pone obstáculos. El hombre lucha diariamente contra ambas fuerzas. Pero tiene un sueño, "que alguna vez, en un momento no vigilado (para ello es necesaria una noche oscura como ninguna), pueda salir de esa línea de fuego..." Entonces ambos enemigos chocarán entre sí y él estará como juez por encima de ellos. Un hombre anhela salir del circuito de su vida. No para siempre, pero al menos por un momento que dure toda una noche. No para huir desapareciendo en la oscuridad. Más bien para reconocer claramente: visto desde afuera, ¿qué cosas en mi vida son débiles? ¿qué es en mi vida débil, dudoso, indigno de mi compromiso? ¿dónde está para mí el sentido? Desea luz para descubrirse a sí mismo...

✧ *Suspendido en los aires por un momento...*

"Por encima de mí, el cielo azul. En el cenit gira un ave de rapiña. Me sentía feliz..." Una escritora narra en una revista momentos felices de su vida. Podemos imaginarnos muy bien la escena: el alma se une a ese pájaro, se deja elevar por él... es otra felicidad que la enseñada por los filósofos. Éstos piensan en un estado duradero: vivir en una atmósfera fundamental de felicidad. Deberíamos reconciliar nuestros deseos con lo que es alcanzable, en lugar de ir detrás de lo inalcanzable. Porque el momento feliz es extático: me elevo del suelo, liberado de la carga cotidiana; me deslizo ingrávido sobre todo lo terrenal. Por supuesto, tampoco esta felicidad puede conseguirse calculadamente. Más bien se ofrece como un regalo al que está atento.

❖ Detenerse por un momento...

Un hombre dice de sí que tiene su ritmo, que ama el cambio. Por ejemplo: trabajo, placer, dormir, trabajo, placer, dormir, etc. Quien se percibe a sí mismo de esta manera descuida algo "admirable". Platón nos explica al respecto (en el libro *Parménides*): lo admirable reside en el momento ubicado entre los acontecimientos; un momento en el cual parece que el tiempo contiene su aliento. En Platón se discute la cuestión de cómo se pasa de un estado a otro en el caso de estados opuestos. La respuesta ejemplar: "Nada de la quietud pasa a ser movimiento mientras se reposa; ni nada del movimiento pasa a ser quietud mientras se está en movimiento." Más bien "el momento, ese algo admirable, se ubica entre el movimiento y la quietud, y no pertenece a ningún tiempo". Podemos percibir y prolongar ese "algo admirable". En él hallamos el sentimiento seguro de que ahora ha concluido una actividad. Y experimentamos la alegría del próximo comienzo. Mientras tanto, el yo tiene una buena oportunidad de recogerse (un trabajo del eros).

❖ Vivir un momento de puro presente...

Un hombre desea sentir su existencia pura. No la felicidad del alma que vuela alto; no el momento del yo que se recoge. Sólo la pura existencia, muy cerca entre el ser y el no ser. El deseo se cumple por la tarde, en la playa.

Estoy acostado en la playa, acunado por el murmullo de las olas, sin pensamiento indagador alguno que quiera aferrar nada; siento que debajo de mi cuerpo gira la tierra, lejos de mí; siento que soy un cosmos, un compuesto de planetas que recorren su órbita, traspasado por rayos; pero nada me sigue ya manteniendo unido... me extiendo, me deshago y en ese perderme estoy para mí más presente que nunca.

❖ *Anular el tiempo mediante la reflexión...*

"Atrapo en su vuelo a la naturaleza que se aleja veloz, y la detengo un momento, enfoco el momento presente, y reflexiono sobre él..." El filósofo Johann Gottlieb Fichte nos señala cómo arrancarle un acontecimiento al fluir del tiempo: mediante nuestro pensamiento.

Aconteció algo; llevó su tiempo; ahora ya ha pasado. Pero me fijé con cuidado en lo sucedido. Por eso recuerdo bien los detalles. Los repaso en mi mente: ¿Cómo fue tal o cual cosa exactamente? ¿Por qué pasó eso? ¿Por qué así y no de otra manera? ¿Qué significa? Al pensar sobre las cosas, detengo lo que allá afuera, en "la naturaleza que se aleja veloz" ya no se encuentra *en ese estado*. El pensamiento les infunde a los acontecimientos una nueva dimensión temporal: son y siguen siendo presente.

Al pensar redimimos, liberamos del tiempo lo que amamos, lo que nos es caro. Quien reflexiona se libera a sí mismo del influjo del tiempo, pero con un riesgo sobre el cual Fichte nos llama la atención: "La naturaleza se aleja presurosa en su continua transformación: y mientras hablo sobre el momento captado, éste ya ha huido y todo ha cambiado." La mente puede perder fácilmente la conexión con lo que está afuera.

❖ *Repentina, inesperadamente...*

En cinco ejemplos el momento se nos apareció bajo una faz favorable: meta de un anhelo; portador de felicidad; lleno de sentido y amable. Pero también puede ser distinto: París, 1 de junio de 1938. Un aguacero. El poeta Ödön von Horváth busca refugio debajo de un árbol. Cae un rayo sobre el árbol y mata al hombre. Un momento bastó para la completa aniquilación.

Nada nos está garantizado más allá del ahora. Forjamos nuestros planes teniendo en cuenta sospechas y esperanzas. Suponemos más certidumbre para no sucumbir al insoportable "quizás": una estratagema del instinto de autoconservación. Sin embargo de ello extraemos también una enseñanza filosófica: el ahora es precioso, por eso, aprovéchalo, vívelo.

Sobre el anhelo

Johanna Domek

✧ *Ya; todavía no*

En nuestra condición de seres humanos vivimos continuamente en la tensión entre el "ya" y el "todavía no". Sólo en escasos momentos experimentamos ambos polos a modo de una unidad íntegra y lograda. A menudo no es tan sencillo soportar esa tensión y permitirla a lo largo de toda la vida. Una y otra vez nos deslizamos a un estado de flojedad que traduce una falta de vitalidad (y que nada tiene que ver con distensión y descanso), o bien caemos en un estado de tensión enfermiza. Parece ser una realidad absolutamente inevitable. Pero sería importante saber cuáles son la melodía y ritmo fundamentales de la vida en lo que hace a las orientaciones que sigue el hombre, a los lugares donde se arraiga. Por lo común no escuchamos esa melodía que resuena en las tensas cuerdas de la vida entre el "ya; todavía no".

Ya; todavía no... está presente a lo largo de todas las edades y fases de la vida, desde la infancia. Ya puedo andar en bicicleta, pero todavía no gano una carrera. Ya puedo manejar un auto, pero todavía no tengo uno propio. Ya toco el saxofón, pero todavía no tengo la suficiente capacidad para tocar en una banda. Ya conseguí un puesto docente, pero todavía no sé si pasaré a ser titular de dicho cargo. Ya encontré un buen trabajo, pero no me satisface por completo. Ya mi vida tiene su rumbo, pero todavía no lo mantengo fielmente. Ya puedo expresar mi vida, mi pensamiento y sentimientos; puedo pintar un cuadro, componer un poema. Pero todavía no he pintado el cuadro que contiene todo, todavía no he podido decir la palabra que dice todo y responder a todas las preguntas que están sin responder. Ya he encontrado al hombre o a la mujer de mi vida, pero aún no logro brindarle mi amor cotidiana y realmente.

Para mí, como cristiana, y para los cristianos en general, rige también la siguiente realidad: ya estamos plenamente redimidos por Cristo, pero en la práctica vivimos todavía no redimidos del todo. Ya esta-

234

mos viviendo en comunidad fundados en Dios, pero a menudo en las formas de nuestra vida comunitaria todavía no le prestamos una cabal atención al otro. Ya sabemos lo que es importante y esencial, pero todavía no desprendemos nuestro corazón de lo no importante y de lo no esencial. Ya ha curado Cristo nuestras piernas paralíticas, pero a menudo andamos todavía más con muletas que con nuestros pies y piernas curadas. Cristo ha tocado ya nuestros ojos ciegos, pero todavía no los hemos abierto verdadera y ampliamente a su luz, y parpadean al contemplar la vida.

Ya; todavía no... en innumerable variaciones, cotidianamente, teórica o prácticamente, difusa o concretamente, velada o palmariamente. En definitiva, no se trata de una pequeñez. Una y otra vez me sorprendo a mí misma luchando contra esa tensión que estará por toda la vida, y tratando de sacudir su yugo. A todos nos pasa lo mismo, en diferente medida. Está muy difundida la tendencia a anular tensiones en lugar de sobrellevarlas. Pero de una cuerda de arco no tensa no puede partir una flecha que vaya muy lejos; de una cuerda de instrumento no tensa tampoco se puede obtener un tono claro. Aprendamos a ser pacientes sin negar el anhelo vivo de cumplimiento de grandes promesas, el anhelo vivo de plenitud.

San Benito escribe en su Regla, cap. 7, v. 27, citando palabras de los salmos 14 y 53: "El Señor mira constantemente desde el cielo a los hijos de los hombres, para ver si hay algún inteligente y buscador de Dios." Dios busca al buscador (cf. Regla de san Benito, prólogo) y le preguntará e invitará, como dice el v. 15: "¿Quién es el hombre que quiere la vida y desea ver días buenos?" El término "búsqueda de Dios", tan importante en la tradición monástica, pone claramente de manifiesto esa unidad en tensión, esa vida en tensión. Nos habla del anhelo de Dios en todo, a través de todo y por encima de todo. Anhelo con el cual toda nuestra humanidad responde al llamado del amor de Dios.

Dios busca al hombre y le obsequia el anhelo. A menudo no hallamos su cercanía y presencia, o la hallamos de manera insuficiente. Pero en el lenguaje amoroso de Dios no existe en ningún lugar ese giro coloquial por el cual la gente, por diversas y, en parte, fundadas razones, niega ingreso y espacio a otro: "Aquí no tienes nada que buscar."

En Dios siempre tenemos algo que "buscar". Nos obsequió el capital del anhelo, que tan frecuentemente malgastamos en ofertas baratas de la feria del mundo.

Lo que buscamos lo vislumbramos ya, lo conocemos ya de alguna manera o en alguna medida, pero no lo encontramos por completo, o bien ha pasado o incluso se ha perdido. Por eso sabemos, en el fondo de nuestra alma, en los silenciosos recintos de la memoria, que los pájaros, todos los años, cuando llega el otoño, siguiendo su instinto, se reúnen y migran desafiando las condiciones climáticas. Fuerza primordial que impulsa la vida, tensión: ya; todavía no. Todavía no; ya: anhelo que nos permite e impulsa a volar lejos.

SIGUE TU PROPIO CAMINO CON LA FRENTE ALTA, EN EL TRATO CON LA CREACIÓN DE DIOS

El descubrimiento del tiempo como lugar de Dios o Dios en cuanto Creador

Georg Steins

¿Dónde mora Dios? El hombre se planteó siempre esta pregunta porque quería alcanzar a sus dioses. La respuesta de la Biblia es sumamente original, ya que no consiste en datos de coordinadas espaciales sino que aparta la mirada de la categoría espacial a la cual ligamos habitualmente la pregunta por un lugar. La originalidad de esta respuesta bíblica nos ha marcado a todos, tanto a los que nos confesamos cristianos como a los que no lo hacen así; su originalidad determina desde hace 2.500 años el sentimiento vital de numerosas personas en nuestro ámbito cultural.

"En el principio creó Dios los cielos y la tierra. La tierra era caos y confusión y oscuridad por encima del abismo, y un viento de Dios aleteaba por encima de las aguas. Dijo Dios: 'Haya luz', y hubo luz" (Gn 1, 1-3). Con estas palabras comienza el relato de la creación en la Biblia. Un texto importante, de lenguaje mesurado, solemne, que ha conmovido la historia universal como casi ningún otro texto bíblico. En los últimos doscientos años se ha debatido, de cara a las ciencias naturales modernas, sobre el significado y la veracidad de este texto, designado equívocamente como "relato de la creación". Curiosamente, y durante mucho tiempo, en la discusión no se percibieron las notas peculiares del relato bíblico. Afortunadamente el debate se ha apaciguado en la actualidad, porque se ha advertido que existen muchos modos diferentes de hablar sobre el mundo. Así pues, existe la posibilidad de apreciar con mayor exactitud la originalidad de ese lenguaje bíblico sobre Dios y el mundo.

En el texto (y hay que insistir en ello) no se describe una historia natural, no se ofrece un protocolo de la creación. Como todos los relatos de Egipto y de Mesopotamia, el texto plantea una imagen del mundo que no pretende informar o explicar procesos naturales, sino orientar exponiendo, desde la perspectiva humana, el ordenamiento fundamental, las diferenciaciones que determinan y los valores que sostienen la vida. Quien quiera tener datos seguros sobre el origen del mundo hallará abundante información en manuales de astrofísica y biología. En cambio, la Biblia quiere llamarnos la atención sobre otras cosas que no son de menor importancia para nosotros. Pero se pasa fácilmente por alto ese orden que constituye la principal intención de la historia bíblica de la creación. Ella relata el acontecimiento de la creación en sucesión cronológica, articulada según días; pero es el orden mismo del tiempo el que se convierte en contenido del acontecimiento de la creación. Esto resulta sumamente asombroso y distingue el texto bíblico de otros textos sobre la creación que se hallan en la Biblia, y de los textos sobre la creación de culturas vecinas de Israel.

Vale la pena repasar con mayor detenimiento el texto inicial de la Biblia, que uno supone bastante conocido, para advertir la importancia del orden del tiempo. El acontecimiento de la creación comienza con la creación de la luz. Existía un estado de muerte descrito con palabras que suscitan espanto, tales como "caos, confusión, oscuridad, abismo". Dios sale al encuentro de ese estado creando, con su palabra, la luz. Ése es el hecho creacional fundamental, porque con él le pone límites al caos mortal. La victoria de la luz es origen del mundo en cuanto cosmos. Con la luz aparece la primera distinción, comienza la configuración de estructuras. Con la creación de la luz ha "acontecido" lo más importante. Así lo señala el texto al agregar enseguida que Dios aprobó la luz: "Vio Dios que la luz estaba bien." "Bien" significa también, siempre, "hermoso", "lleno de vida", "propiciador de vida"; designa, por tanto, lo contrario de desierto y muerte.

En el siguiente paso, la oposición de luz y tiniebla es expuesta como diferencia entre el día y la noche. Por lo tanto el acontecimiento creacional comienza con la creación de una unidad de tiempo. "La creación no comienza con el establecimiento del espacio del mundo, sino con el día y la noche como orden fundamental del tiempo" (Claus Westermann). Según la visión del primer relato de la creación, el orden del tiempo es el fundante, al cual seguirá la creación de los espacios de vida del cielo, tierra firme y agua, junto con su respectiva población.

¿Hacia dónde apunta esta notoria e insólita acentuación del tiempo? En el desarrollo del relato bíblico se percibe progresivamente la respuesta. Los relatos bíblicos configuran la relación de Dios con el hombre de una manera nueva, que no había existido hasta ese momento. Dios recibe una nueva morada. Su lugar especial es el tiempo. Allí se lo encontrará a partir de ese instante.

"Dios y tiempo", este tema de las primeras líneas de las Sagradas Escrituras es mantenido hasta el final del voluminoso libro de la Biblia, hasta las últimas palabras del Nuevo Testamento: "Ven, Señor Jesús", la súplica ardiente de una finalización de la espera de sentido, de plenitud y de redención.

La creación no se concluyó con la creación del ser humano, varón y mujer, en el sexto día de la creación. La tradición cristiana hablaba a menudo de la "obra de los seis días", celebrando al ser humano como corona de dicha creación. De ese modo pasaba por alto el meollo del primer texto de la Biblia, contribuyendo así a que el ser humano no raras veces se excediera en sus pretensiones, con catastróficas consecuencias como, por ejemplo, las que viene denunciando la ecología desde hace algunas décadas. Al relato de los seis días de la creación sigue un párrafo sobre el séptimo día, que con palabras graves y algo ceremoniosas, diferencia ese día de los precedentes: "Y dio por concluida Dios en el séptimo día la labor que había hecho, y cesó en el día séptimo de toda la labor que hiciera. Y bendijo Dios el día séptimo y lo santificó; porque en él cesó Dios de toda la obra creadora que Dios había hecho" (Gn 2, 2-3).

Para la mayoría, estos textos son tan familiares desde los días de la infancia que no se plantea la obvia pregunta: ¿Qué sentido tiene que, más allá de la creación de cielo y tierra, y de todos los seres vivos, se hable aún de otra cosa? Porque con los seis días se tenía todo. Uno pensaría que con el día sexto la creación queda concluida, terminada.

El día séptimo no presenta una nueva obra en correspondencia con las creaciones relatadas anteriormente, sino que señala la culminación de la labor divina, el cese del trabajo de Dios. Esa culminación no coincide con la finalización del trabajo sino que (algo bastante curioso) es un proceso de características propias. En ese séptimo día no ocurre nada más, pero sí acontece algo que se describe con las palabras "bendición" y "santificación". Vale decir: el día es destacado justamente por el hecho de que no se hace nada.

Se podría pensar que todo esto no es nada especial, que sencillamente se fundamenta el usual esquema de la semana con un acontecimiento primordial, presentándolo de esa manera como obligatorio para todos los tiempos. Naturalmente esta opinión es correcta, pero no responde a la pregunta sobre el contenido positivo, por el sentido de separar los días de labor del tiempo santificado de la consumación. Al final de la historia de la creación no sólo se relata, como se dice a menudo, la introducción del "Sabbat" como día de descanso prescrito. El día séptimo es el día santificado. Con esa santificación del tiempo se nos transmite un nuevo mensaje que desde aquel entonces determina la vida en el tiempo: no en una sucesión informe e indiferenciada de días iguales sino en el ritmo de la actividad creadora de Dios se desarrolla la vida de las criaturas, la vida de los hombres, cuya meta está en nada menos que el Santo. El tiempo es diferenciado, los días poseen una calidad distinta.

En la discusión actual en torno del domingo como día de descanso a menudo no se advierte cuán serio es este tema y el debate se estanca en la cuestión de si podemos y debemos permitirnos el domingo como "un lujo" (considerado desde el punto de vista puramente económico). Desde la perspectiva bíblica no se trata sólo de la reglamentación social de tiempos de trabajo y tiempos libres, que pueden implementarse adecuadamente de tal o cual manera, sino de Dios y de su relación con el hombre. La reglamentación social del tiempo no es primeramente y sobre todo una cuestión económica o de política tarifaria. En el horizonte hermenéutico del relato bíblico de la creación, el problema de la diferenciación cualitativa del tiempo es resuelto como una cuestión divina.

Estemos o no ligados a la Iglesia, vivimos en el marco de estos horizontes transmitidos por nuestra cultura occidental, así como respiramos en una atmósfera que por lo común no es tema de nuestra conversación. Nuestra concepción de Dios y del hombre, que discurre por los cauces marcados, se nos torna consciente sólo cuando meditamos sobre ella y establecemos comparaciones: Dios y el hombre están desde ahora fundamentalmente determinados por el tiempo, y su encuentro acontece en un tiempo orientado a la consumación. Cada vez que llega el séptimo día, la meta de la historia humana ingresa en la corriente del tiempo. En un pasaje del Éxodo, el día séptimo es representado como "señal", dicho teológicamente, como "sacramento" que reúne al hombre con Dios: "Los israelitas guardarán el sábado celebrándolo de generación en generación como alianza perpetua. Será entre yo y los israelitas una señal perpetua, pues en seis días hizo Yahveh los cielos y la tierra, y el día séptimo descansó y tomó respiro." (Ex 31, 16-17)

La historia de la creación no relata cómo se gestó todo. No le preocupa la descripción y explicación de los procesos naturales; su interés es más preciso: infundir sentido, recogiendo una institución social como la diferenciación de trabajo y no-trabajo y, por así decirlo, abrirla, hacia lo alto, vale decir, a Dios. La consumación no está en el hacer; el sentido está en un más allá. El orden del hacer en introducido en un orden distinto, superior. Pero ese orden no existe como un orden de supraordinación y subordinación de los seres vivos, como orden de poder, sino como orden de tiempo para todos.

En la amenaza actual que experimentan los últimos espacios libres del mundo y la vida humana debido a un capitalismo que se ha hecho salvaje, puede tenerse una vislumbre del potencial crítico de un proyecto tal. Hablando teológicamente: Dios crea un espacio de encuentro más allá del poder de disposición del ser humano. Así él deja que las cosas sean. ¡Cuán triste y desolado sería el mundo sin la luz que resplandece para todos en un tiempo estructurado! ¿Es superfluo ese Dios que se nos acerca tanto mediante el tiempo? ¿Qué otro bien tan grande habría que pudiera reemplazarlo? ¿Podemos renunciar a la promesa y a la posibilidad que subyace para todos en el tiempo organizado? ¿Hacia dónde lleva nuestro "hacer" cuando no está más enmarcado en un orden del "dejar ser"?

Vivir con el ritmo de la creación

Alois Seuferling, Anselm Grün

San Benito tenía en su mira la medida justa cuando ordena y prescribe el transcurso del día al que se ceñirá el monje. Lo hace acogiendo la tradición del monacato que establece que los monjes se levanten antes del amanecer para velar y orar en la vigilia nocturna. Pero san Benito ordena tiempos de oración y tiempos de trabajo. Lo hace con mesura y, sobre todo, respetando el ritmo natural del ser humano.

El término "ritmo" tiene un significado similar a *mensura*:[1] la misma medida, armonía, proporción adecuada. Proviene del griego "rythmizo", que significa ordenar convenientemente según una medida de tiempo, según una medida adecuada.

El ritmo de tiempo que ordena la vida de los monjes es un orden natural. Los monjes viven su día en armonía con la naturaleza y su ritmo. Gerhard Vescovi, médico, subraya en una conferencia que el horario benedictino está en correspondencia con el biorritmo del ser humano. Todo hombre tiene un biorritmo. Tiene horas en las cuales está muy despierto, y horas en las cuales sus fuerzas decaen. No tiene mucho sentido vivir en oposición a su ritmo interior. Muchos tratan de imponerle a su vida un ritmo distinto del que corresponde a su naturaleza. Y así se mantienen despiertos con café y cigarrillos. Pero de ese modo agotan las fuerzas de su naturaleza. El hombre vive sano sólo cuando reconoce su propio ritmo y vive ajustándose a él.

San Benito ordena el día según las horas romanas. Para los griegos, las Horas eran diosas que acompañaban el año regalándole "florecimiento, crecimiento y fruto."[2] Hesíodo menciona tres Horas, considerándolas hijas de Zeus: "Eunomia, Dike e Eirene: medida justa, derecho y paz; o bien: justa distribución, igualdad y acuerdo."[3] Las Horas

---

[1] Vocablo latino, "medida" (N. del T.).
[2] Löhr, A., *Abend und Morgen ein Tag*, (Y atardeció y amaneció: día primero), Regensburgo, 1955, pág. 20.
[3] Ibídem, pág. 20 s.

garantizan el ciclo regular de florecimiento y maduración, y velan entre los hombres por norma y proporción, por orden y paz. Para los griegos la palabra *horaios* (lo que es propio de las Horas) significa a la vez "hermoso". Lo que acontece en su tiempo justo es hermoso y bueno. "Todo lo no mesurado, lo exagerado, lo caótico y descomunal es *aoros*, no es propio de las Horas, es feo y repugnante."[4]

Los himnos de las horas del oficio divino alaban a Dios por fijar los tiempos del día y de ese modo evitar toda monotonía. El creador de todas las cosas ordena el tiempo para que sea un pregustar la eternidad. En estas expresiones hímnicas se advierte el parentesco con la mitología griega que cuenta a las Horas entre las diosas del crecimiento y de la maduración. Démeter, la verdadera diosa de la fertilidad, es para los griegos a la vez "la que trae las Horas". Así pues, una espiritualidad que tome en cuenta cada una de las horas con su respectiva originalidad será una típica espiritualidad creacional.

Los cristianos de la Iglesia primitiva unen la espiritualidad griega de la fecundidad con el "año de salvación", tal como lo describe san Lucas en la vida de Jesús. Por eso cada hora tiene una relación propia con la obra de salvación de Jesucristo. Las vigilias, las horas de vela nocturna, nos recuerdan el gallo que nos despierta, una imagen de Cristo que nos levanta del sueño. El rayar del alba es signo de la resurrección de Jesús. En ese momento los monjes cantan Laudes, la alabanza del Resucitado. Tercia es la hora del Espíritu Santo que desciende sobre los discípulos. Sexta nos recuerda la crucifixión. Nona, la muerte de Jesús en la cruz. La hora duodécima es la hora de la alabanza vespertina, Vísperas. En ese momento se alaba a Cristo que enciende en nuestros corazones una luz eterna que arderá también en medio de las tinieblas de la noche. Completas es la última oración, concluye el día y lo pone en las manos de Dios.

Cada tiempo de oración corresponde, con sus himnos y salmos, a la originalidad de la hora respectiva. Pero san Benito ordena también todo el día en cuanto a su alternancia de oración y trabajo, meditación y recreación, de tal manera que corresponda al ritmo interior del hombre. Así las horas de la madrugada quedan reservadas para la oración

---

[4] Ibídem, pág. 23.

y la meditación. Son desde siempre las horas más adecuadas para meditar. Porque en ese momento todo está aún en silencio, el día acaba de despuntar, y el hombre puede sumergirse en la presencia de Dios sin ser molestado. La meditación es como una fuente de la que el monje bebe para conectarse con la fuente interior, la que jamás se seca porque es divina. Ahí entonces el monje experimenta a Dios como un Dios que es eternamente joven, que no se consume, que es eterno. Un Dios que está en nosotros y que todo lo renueva a nuestro alrededor.

Luego siguen las horas del trabajo. La mañana es el tiempo más apropiado. La labor es interrumpida por breves momentos de oración. Pero tales momentos de oración toman en consideración el ritmo de trabajo: quien trabaja en el campo no tiene que volver al monasterio para rezar allí, sino que reza al aire libre. En su ordenamiento del día, san Benito además toma en cuenta si se está en verano o en invierno. En verano se trabaja durante más tiempo, en cambio en invierno existe más tiempo para la lectura y la meditación. Lo cual está en consonancia con el estado de ánimo del hombre, que en verano es extrovertido y en invierno, introvertido. El monje no se hace esclavo del horario que se le impone sino que fluye por el cauce del ritmo del día. De ese modo puede desarrollar un sentido para la originalidad de cada hora.

A la madrugada percibe la juventud y frescura del día. En el calor del mediodía el himno de sexta reflexiona sobre el hecho de que los roces diarios provocan sentimientos acalorados en el corazón. Por eso al mediodía se necesita refrescar nuestro corazón acalorado mediante la oración que nos brinda una pausa saludable, un respiro en el trabajo. La tarde tiene sus propias características. El hombre experimenta ya el cansancio. El caer de la tarde es apropiado para una nueva alabanza de Dios. En ese momento el monje contempla con gratitud la obra realizada a lo largo del día y alaba al Creador por las maravillas de su creación. Y al comenzar la noche el monje pide a Dios en la oración que lo proteja en el sueño, que envíe sus santos ángeles para que le hablen en sueños. El horario de san Benito invita al monje a incorporarse al ritmo de la naturaleza con sus distintas estaciones, y al ritmo del día con la característica y temple de cada una de sus horas.

No sólo existen los relojes mecánicos sino también los que están dentro de nosotros y le proporcionan a nuestro organismo una estructuración del tiempo. La medicina actual los llama relojes biológicos. Ellos determinan los procesos de vida del cuerpo y del alma que transcurren sujetándose a ritmos y fases temporales. Los relojes internos dependen del ritmo del cosmos. Para san Benito el ritmo de vida humano y el ritmo cósmico están en consonancia. Nuestra salud corporal y espiritual depende de que vivamos en armonía con el ritmo biológico y cósmico. Según Ludwig Klages el ritmo es "la manifestación primordial de la vida". Y Nietzsche dice: "No sólo la marcha de los pies sino el alma misma está sujeta al ritmo." San Benito lo sabía. Ajustó a un ritmo toda la vida de los monjes: al ritmo que subyace en el mismo cosmos. Vescovi afirma que san Benito configuró un horario del día "rítmico" que, en aspectos fundamentales, es una genial anticipación de conocimientos elaborados por la ciencia actual. Investigaciones llevadas a cabo en los EE. UU. han demostrado que las personas que viven en una comunidad religiosa ajustándose a un muy determinado ritmo de vida, viven más sana y largamente que quienes llevan una vida arrítmica. Allí donde la fe y la oración marcan el ritmo de la vida, vale decir, el ritmo del día, de la semana y del año, el hombre dispone de un camino hacia su identidad e integridad, su armonía social, su salvación.

La espiritualidad creacional de san Benito se pone de manifiesto además en la ritualización de la vida. Todo tiene su forma: la oración, las comidas, el trabajo, la recreación. El servicio de cocina semanal, por ejemplo, comienza y concluye con un ritual muy preciso. "El que sale como el que ha de entrar (al servicio) laven los pies a todos. Entregue al mayordomo limpios y sanos los utensilios de su ministerio; y el mayordomo, a su vez, entréguelos al que entra" (Regla de san Benito 35, 9-11). Aún cuando no realicemos hoy esos rituales de esa forma, ellos nos indican algo esencial para un feliz desarrollo de nuestra vida. Cuando se ritualiza la vida, resplandece el sentido que está detrás de todo. Y la ritualización redunda en un sentimiento de "sentirse en casa" en nuestro ritmo de vida; y eso hace bien a nuestro cuerpo y a nuestra alma. Estamos cobijados en el ritmo del tiempo y en una forma sana de vida.

Los ritos están presentes no sólo en el trato cuidadoso con las cosas sino también en la relación con el prójimo. El lavado de los pies era considerado a menudo en la Iglesia primitiva como un sacramento, porque había sido realizado por el mismo Jesús. En el lavado de los pies se hace patente de qué se trata todo servicio: nos inclinamos para atender las heridas del prójimo y las limpiamos para que sanen. Todo servicio apunta a levantar y curar al prójimo. El significado espiritual del servicio se hace también visible cuando san Benito establece que el servidor de las mesas, al finalizar su servicio semanal, ore del siguiente modo: "El que sale de semanero diga este verso: 'Bendito seas, Señor Dios, que me has ayudado y consolado'. Habiéndolo dicho tres veces, recibe la bendición de finalización del servicio. Sígale luego el que entra y diga: 'Dios mío ven en mi ayuda; Señor apresúrate a socorrerme'" (Regla de san Benito, 35, 16 s.).

En el servicio se trata de consolar a los hombres asistiéndolos. El servicio es comenzado con las mismas palabras con las cuales el monje inicia cada tiempo de oración. Porque el trabajo tiene el mismo carácter de oración. En el trabajo se trata de convertirse en bendición unos para los otros, a través del servicio. Los ritos de inicio y conclusión de los servicios semanales ponen de manifiesto el íntimo misterio de la espiritualidad creacional: que nosotros, los hombres, podemos ser fuente de bendición unos para los otros.

San Benito habla a menudo de bendición. *"Benedicere"* significa decir, hablar cosas buenas, obsequiarse unos a otros con la plenitud de la bendición divina. Cuando un hombre puede ser bendición para el otro, siente gratitud en su corazón. No se desvaloriza a sí mismo sino que agradece a Dios por el valor del que es depositario. En esa teología de la bendición se advierte nuevamente la imagen optimista de hombre que tiene san Benito. La espiritualidad creacional contempla al ser humano en su dignidad divina. El hombre es continuamente ángel para su hermano y su hermana. Un ángel que levanta, obsequia y acompaña.

Hoy hemos descubierto una nueva manera de ver los rituales de sanación. Una y otra vez me encuentro con mujeres que ya no saben qué hacer con una espiritualidad de redención, a quienes les resulta difícil asumir la tradicional teología de la cruz que acentúa tanto la expiación por nuestros pecados. Tales mujeres encuentran en la espiritualidad creacional un nuevo acceso al cristianismo. Perciben que las fiestas cristianas tienen un trasfondo cósmico. Viernes Santo y Pascua son para ellas no ante todo la celebración de la muerte de Cristo que expía nuestras culpas en la cruz y de su resurrección, sino la celebración de la muerte y la resurrección tal como puede apreciarse también en la naturaleza. La cruz es para ellas un símbolo del morir que experimentan continuamente en su vida y en la naturaleza. Y la resurrección se convierte en una imagen de la naturaleza que florece y en signo de esperanza: en medio de su vacío y rigidez, germina nueva vida; Dios en ellas pone un nuevo comienzo, rompe las cadenas que las apartaba de la vida.

Con estas imágenes teológico-creacionales no se trata de descuidar la redención que nos ha regalado Cristo, sino de descubrir en ellas su dimensión cósmica. Eso significaría para muchas personas un nuevo acceso para comprender también el misterio de la redención tal cual ha acontecido en Jesucristo. No sólo la redención del hombre pecador sino la redención de la creación, "pues la ansiosa espera de la creación desea vivamente la revelación de los hijos de Dios" (Rm 8, 19 y 22). Redención significa para la teología griega sobre todo que Jesucristo ha renovado maravillosamente al hombre. El hombre estaba desfigurado por el pecado. Se había hecho extraño a sí mismo y al mundo. Vivía fuera de sí mismo. Mediante su predicación, mediante su actividad sanadora y mediante su triunfo sobre la muerte, Jesús restaura su belleza y dignidad originales.

¿Quién es el hombre que quiere la vida?

Meinrad Dufner

// ¿ Quién es el hombre que quiere la vida?"... Esta pregunta no está tomada de la tapa de un bestseller hedonista sino del prólogo de la Regla de san Benito, fundador del monacato occidental. ¿Por qué es tan importante este querer la vida? Porque Dios mismo es amor a la vida. De lo contrario, ¿cómo habría podido dimanar de su fuerza creadora esa variedad que nos muestra el cosmos? ¿Cómo habría nacido, como de un seno materno, todo lo que llamamos materia?

Dios no pudo haber sido un asceta, porque de lo contrario no habría llenado el mundo con tantos colores, aromas atractivos, música continua y silencios. Creó el disfrute y el disfrutar porque la alegría de ser no es una alegría meramente pensada. Es un buen vino tinto que llena la boca de sabores. Es un pan que huele deliciosamente como también puede hacerlo un cuerpo humano. Es un abrazo en el cual hago donación de mí mismo y se me hace el regalo de experimentar que yo existo. Querer la vida es existir, querer la vida es algo audible, palpable, real, operante.

Esa variedad de la existencia, del gusto de existir, es una realidad ya dada. No necesito buscarla, conquistarla, ganarla, ni menos aún crearla. El Dios que la creó le dijo un "sí" a todo, un sí que levanta y despierta. No es uno de esos puritanos que necesitan podar todo por temor de que les oscurezca su imagen de Dios. Y así, cuando se pecaba por perderse en las cosas y el placer, se pecaba también por el desprecio de las cosas y del placer. En cambio, la pobreza de san Francisco era una boda placentera con la Señora Pobreza. Era una fiesta en el aquí y ahora, un alegrarse por la abundancia y la escasez, una desnudez ante la vida y ante la muerte.

Querer la vida es una actitud creadora. Hace algo de cada cosa y también deja ser a cada cosa. No vivir de la negación, no vivir del problema, no vivir de la renuncia, sino de la libertad para con todo.

Para el hombre creativo hasta los contratiempos son oportunidad de intentar algo nuevo. Ciertamente el cosmos está entretejido de leyes. Pero son leyes vivas que se apartan siempre de la rigidez de la muerte. Y cuando algo ya no resulta, la vida se despeja otro camino, busca otra forma, intenta cosas nuevas.

El Dios que ha creado es también el Dios que permite continuamente la transformación. Más aún, la transformación parece ser el juego perenne de la creación. No se trata de "aniquilarse" en la vida. Se trata de intercambiar y transformarse; lo llamamos entrega o amor. Se trata de una continua recreación. Por eso una cruz no puede ser jamás la estación final. Es siempre forma transitoria que lleva a un amanecer de Pascua. Hemos dejado aburguesar y anquilosar un poco la imagen de Dios Padre con sus leyes eternas. Y de esa manera quedó en la estacada el Dios Espíritu, el que está en continuo devenir y transformación, el que infunde vida y renueva.

Espiritualidad creacional benedictina

Alois Seuferling, Anselm Grün

La vida espiritual que corresponde a la espiritualidad creacional benedictina consiste sobre todo en el cuidado, en el trato atento con la creación, con las cosas, con las personas; la escucha atenta de Dios en todas las circunstancias. Quien vive con atención, vive en contacto consigo mismo, con la creación, con Dios y con los hombres. La verdadera enfermedad de nuestro tiempo es la falta de vinculación. El hombre ha perdido la vinculación consigo mismo y con la creación, por eso pasa rápidamente de un contacto a otro sólo para poder sentirse un poco a sí mismo. Pero si yo necesito relacionarme con una persona para poder conectarme conmigo mismo, entonces estaré utilizando a esa persona, explotándola, sobreexigiéndola. Y porque muchos ya no están en contacto con las cosas, las tratan con brutalidad. Las usan sólo para sus propios fines, las explotan, las destruyen. Hoy se observa esa falta de vinculación en muchos jóvenes. Los docentes podrían relatar muchas cosas al respecto, por ejemplo, cómo los alumnos tratan las instalaciones de la escuela. No es maldad, sino expresión de falta de vinculación.

La falta de vinculación desemboca hoy en otro fenómeno muy difundido: la inquietud. Al no estar conectado consigo mismo, al no vivir el momento, el hombre necesita estímulos cada vez mayores para sentirse a sí mismo. Por eso, debe pasar las vacaciones en algún lugar lo más remoto posible, practicar deportes del mayor riesgo posible para experimentarse vivo. Pero quien está conectado consigo mismo sentirá intensamente la vida en un simple paseo por el bosque. Está vinculado a la naturaleza, huele el peculiar aroma de la madera, del suelo del bosque, de las flores. Escucha el gorjeo de los pájaros y el zumbido de los insectos. Inspira vida y en ello encuentra todo lo que anhela. Vive en contacto con los árboles, habla con ellos, siente su irradiación. Se siente parte de la creación, amparado, sostenido, se siente valioso y vivo.

La vida espiritual es para san Benito una vida de atención y una ejercitación de la capacidad de vincularse, de vincularse con uno mismo, con Dios, con la creación y con el prójimo. El arte de la vida espiritual consiste en transitar el camino de la atención y desarrollar un sentido para Dios. Estar atento significa prestar atención a lo que existe. El término alemán "atención"[5] proviene de la raíz indogermánica "ok" y significa reflexionar, meditar. Tomo conciencia de lo que existe. No vivo al día sino que reflexiono sobre lo que hago, sobre lo que me sale al encuentro. Atención significa también: despertar, ver la realidad tal cual es. A menudo asociamos atención con cuidado y tenemos la impresión de que se trata de algo suave y tierno. Pero la atención puede tener también que ver con el espanto. A veces nuestras propias ilusiones nos han adormecido tanto respecto de la realidad que debemos espantarnos para despertar. Dios, nos dice la psicología de la religión, no sólo es el Dios dulce y tierno, sino también, siempre, el Dios frente al cual me lleno de espanto. Dios es a la vez, el *tremendum et fascinosum*. Quien experimenta a Dios es atraído y fascinado por él, pero también tiembla ante él. Por lo común pasamos delante de Dios sin prestarle atención. La actitud de atención es una ejercitación en la realidad fascinante y a la vez aterradora de Dios. Dios es también el que puede calar hasta la médula. Eso es lo que vivió Job cuando Dios le puso ante los ojos la grandeza de la creación. A Job no le quedó otra cosa que caer de rodillas y confesar que hasta ese momento conocía a Dios sólo de oídas, pero que lo había experimentado realmente en la creación: "Yo te conocía sólo de oídas, mas ahora te han visto mis ojos. Por eso me retracto y me arrepiento en el polvo y la ceniza" (Job 42, 5).

En la Biblia la primera reacción del hombre al encuentro con Dios es siempre el temor, el caer de rodillas. Una y otra vez Dios se manifiesta a los hombres con un: "No temas; no tengas miedo." Los discípulos de Jesús hicieron la misma experiencia en el encuentro con su Maestro. Cuando lo experimentaron como el Mesías, como el que cura las heridas o tiene poder sobre el mar y los vientos, cayeron de rodillas ante él y se asustaron.

En el Nuevo Testamento es sobre todo el griego Lucas quien siempre habla del temor de Dios. Ésta es la reacción normal del hombre ante la cercanía de Dios. El temor de Dios no tiene nada que ver con el

---

[5] "Acht" (N. del T.).

miedo sino que expresa la experiencia de ser tocado por Dios hasta la médula. Así el temor asalta a Zacarías cuando ve al ángel del Señor (Lc 1, 12). Los pastores se espantan cuando los ángeles les anuncian el nacimiento del Mesías. Su temor da profundidad e intensidad a su alegría. Pedro cae de rodillas ante Jesús sintiéndose un hombre pecador (Lc 5, 8).

Luego de la curación del paralítico, todos se llenan de temor y decían: "Hoy hemos visto cosas increíbles" (Lc 5, 26). En griego se usa aquí el término *ekstasis*, que significa ser arrancado de uno mismo, arrancado del sueño de la cotidianidad y abrirse al misterio de Dios. El temor se apoderó de todos cuando Jesús resucitó al joven de Naím (Lc 7, 16). Todos quedaron poseídos de gran temor cuando Jesús curó al endemoniado de Gerasa (Lc 8, 37).

El griego Lucas sabe que la experiencia de Dios tiene que ver a la vez con espanto y con fascinación. Dios es una fuerza que cautiva y se apodera del hombre. Lo mismo vale también para la experiencia de Jesucristo: cuando los discípulos lo experimentan, son presa de temor. El temor es la condición para percibir que Jesús es distinto, es divino, para asombrarse de su misterio.

San Benito considera el monacato como una ejercitación en la experiencia de Dios. Prestar atención a la presencia de Dios. En su regla habla una y otra vez sobre la presencia de Dios en la cual debemos vivir. Entiende la vida espiritual como un atender al Dios presente. Eso se aprecia sobre todo en el prólogo: "Levantémonos entonces de una vez, pues la escritura nos estimula diciéndonos: 'Ya es hora de levantarnos del sueño.' Y abiertos los ojos a la luz divina, oigamos lo que diariamente nos amonesta la voz divina clamando y diciendo: 'Hoy si oyereis su voz, no endurezcáis vuestros corazones'" (Regla de san Benito, prólogo, 8-10).

Vida espiritual significa despertar del sueño. El jesuita indio Anthony de Mello dice que muchos hombres están dormidos. Se hacen ilusiones sobre sí y su vida y viven en ese sueño de sus ilusiones. Creen que su vida consiste sólo en trabajo, relaciones, éxitos y fracasos, sentirse bien, tener una existencia asegurada. Ser monje no es huida de la realidad sino despertar a la realidad. La auténtica realidad es Dios. Ser monje es por lo tanto un despertar a Dios, un tomar en serio su realidad.

San Benito suele expresar esa actitud de atención con el término *custodire*: guardar, velar, percibir conscientemente las cosas. En el cuarto capítulo, san Benito exhorta al monje a velar sobre los actos de su vida (Regla de san Benito, 4, 48). Deben ser cuidadosos en su obrar y no dejarse arrastrar. Igualmente cuidadoso debe ser el monje con su lengua: "Guardar (*custodire*) su boca de conversación mala o perversa" (Regla de san Benito, 4, 51). El silencio es una ejercitación en el velar. Por eso san Benito comienza el capítulo sobre el silencio de la siguiente manera: "Hagamos lo que dice el Profeta: 'Dije: guardaré mis pasos para no pecar con mi lengua; puse guarda a mi boca'" (Regla de san Benito 6, 1). La imagen del guardia era común en el monacato. Evagrio utiliza la imagen del portero que examina cada pensamiento que quiere ingresar a la casa de la mente, y le pregunta si pertenece al dueño de la casa o si es un intruso que quiere ingresar ilícitamente. El portero rechaza todos los pensamientos no convenientes para que nosotros sigamos siendo realmente el señor de nuestra casa, para que la habitemos nosotros mismos y de esa manera Dios habite en ella.

Custodire no significa controlar sino estar despiertos, vigilantes, atentos, saber de la presencia de Dios, saber del misterio de Dios que nos resplandece en todo. El monje no debe controlar sus pensamientos y sentimientos con violencia. Porque de ese modo seguramente escaparán a su control. Pero guardará la casa de su corazón y examinará con sumo cuidado los pensamientos que quieren entrar a su casa, para ver si le hacen bien o no. Observará sobre qué fuerzas quieren llamarle la atención sus pensamientos y sentimientos, fuerzas que buscan un cauce en su vida.

El capítulo sobre la humildad habla una y otra vez sobre esa atención. Se puede interpretar de diferentes maneras este extenso e importantísimo capítulo de la espiritualidad benedictina. Una interpretación posible lo considera como un camino de ejercitación en la atención y en la capacidad de vinculación.

El primer grado de humildad consiste en tener siempre ante los ojos el temor de Dios y no olvidar nunca a Dios (Regla de san Benito 7, 10). Los ojos del Señor vigilan lo bueno y lo malo, por eso "hay que guardarse, hermanos, a toda hora, como dice el Profeta en el Salmo, no sea que nos inclinemos hacia el mal y, hechos inútiles, nos mire

Dios en cualquier instante" (Regla de san Benito, 7, 29). Todo lo que hacemos y pensamos, acontece delante de los ojos de Dios. Vivir espiritualmente significa vivir conscientes de la presencia de Dios, vivir delante de los ojos de Dios que me contempla benevolente y amorosamente, que cala en lo profundo de mí, delante de quien no puedo esconder nada. El monje es una persona que conscientemente quiere vivir delante de Dios y con Dios, que toma en serio la realidad de Dios.

San Benito no apunta ante todo a determinados logros ascéticos, sino a que se tome en serio a Dios. El primer grado de humildad nos dice que Dios está siempre presente, que en todo estamos relacionados con Él. Dios está en nuestros pensamientos, en nuestros anhelos, en nuestras pasiones, en nuestra voluntad y en nuestros deseos. En todo estamos ante Dios y relacionados con él. Por eso debemos guardarnos de retirarnos a los recintos privados de nuestros pensamientos y emociones a los cuales no dejamos ingresar a nadie. Porque Dios mora ya en todas los aposentos de nuestra casa interior antes de que nosotros habitemos cabalmente en ella. Si no olvidamos a ese Dios, si prestamos atención a su presencia, si en todo estamos relacionados con él, viviremos entonces como debe ser.

En el segundo grado de humildad se trata de que, en lo que respecta a nuestra voluntad, no cedamos a la arbitrariedad, no obremos según nuestros gustos y ganas, sino que tomemos como norte la voluntad de Dios. La voluntad de Dios no nos es impuesta desde afuera sino que nos conecta con lo que queremos en el fondo de nuestro corazón. Nos conecta con nosotros mismos y nuestra verdad.

El tercer grado nos habla de escuchar y obedecer. Al escuchar prestamos atención y nos conectamos con Dios, también y justamente en situaciones que parecen oscurecernos a Dios, tal como lo pinta vivamente el cuarto grado. Precisamente cuando somos objeto de injusticia o incomprensión no abandonaremos el lugar de la prueba sino que permaneceremos allí, en nosotros, en conexión con nuestro verdadero núcleo. Sólo entonces, dice san Benito, seremos *salvus*, salvos, íntegros (Regla de san Benito 7, 36). Nada, ni el fuego ni el agua, ni la injusticia ni tribulación alguna podrá arrancarnos de la vinculación a Dios. Nada "podrá separarnos del amor de Dios manifestado en Cristo Jesús Señor nuestro" (Rm 8, 39).

El quinto grado consiste en decirle al padre espiritual todo lo que aflore en mí, todos los pensamientos y sentimientos, todas las pasiones y necesidades. No huiré de mí mismo y de mi verdad. Al manifestar lo que hay en mí, quedo en conexión conmigo mismo y establezco también, con mi más íntima realidad, una relación más profunda con mi prójimo.

El sexto grado nos señala que asimismo en el vacío y banalidad de la rutina diaria podemos permanecer en conexión con Dios y con nosotros mismos. En situaciones en las cuales todo me parece vacío y árido, en las cuales siento agotadas las energías en mí, me han ayudado a menudo las siguientes palabras de san Benito: "Soy como un jumento ante ti, con todo yo siempre estoy contigo" (Regla de san Benito 7, 50). Tampoco tales momentos de desgano podrán apartarme de mi vinculación a Dios.

El séptimo grado me introduce en la experiencia de que ni aún el fracaso me puede apartar de Dios. Muchos huyen de sí mismos cuando algo sale mal. San Benito nos alienta a que, incluso cuando nos demos de narices, permanezcamos conectados con nosotros mismos y con Dios. Para ayudarnos en este sentido nos invita a meditar las palabras del salmo: "Bien me ha estado que me humillases, para que aprenda tus mandamientos" (Regla de san Benito 7, 54). Así entonces experimentaré a Dios incluso en mis fracasos.

El octavo grado parece exigir, a primera vista, una reducción de la creatividad humana. El monje sólo debe hacer "lo que recomienda la Regla común del monasterio y los ejemplos de los mayores" (Regla de san Benito 7, 55). Pero aquí se trata de no llamar la atención mediante cosas exteriores ni abandonar la conexión con la realidad por un afán de novedades. Más bien la renuncia al afán de notoriedad nos vincula con la verdadera realidad, con lo que somos en lo más profundo, con la verdadera fuente del espíritu divino que palpita en nosotros.

El noveno y décimo grado desarrollan el anterior proponiendo la renuncia a la palabrería y a la risa fuerte. En el silencio permanecemos en contacto con el misterio de Dios y de su creación, mientras que en las muchas palabras y en la risa fuerte a menudo estamos huyendo de nosotros mismos.

El undécimo grado nos invita a decir pocas palabras *humiliter cum gravitate*. Se lo podría traducir así: al hablar, el monje debe permanecer vinculado a la tierra, a la creación y al Creador. *Gravitas* significa siempre el sentido para percibir la presencia de Dios. Eso hace sabio al monje, *sapiens*, para que guste a Dios en todo y en todas partes.

En el duodécimo grado, el monje debe expresar también con su cuerpo ese sentido para la presencia de Dios. Hoy sabemos que por la postura corporal se puede reconocer si un hombre está vinculado consigo mismo, con Dios y con las cosas, si está en su centro o ha salido de él cayendo en la dispersión, en la falta de formas. El hombre debe mantener en todo esa conexión con Dios: "En la Obra de Dios, en el oratorio, en el monasterio, en el huerto, en el camino, en el campo, o donde quiera se halle, sentado, andando o de pie" (Regla de san Benito 7, 63).

Para san Benito la meta de este camino de humildad es cumplir (*custodire*) lo que Dios manda, no por miedo sino "sin ningún trabajo, como naturalmente, por fuerza de la costumbre... por amor de Cristo" (Regla de san Benito 7, 68 s.), estar íntimamente atentos a las motivaciones que diariamente nos da Dios en las silenciosas mociones de nuestro corazón. Los doce grados de esta ejercitación espiritual han de llevarnos hacia el perfecto amor de Dios, hacia una unión con Dios (*consuetudo*: vivir juntos). Si en alas del amor vivimos junto con Cristo en nuestro corazón, entonces estaremos conectados con nosotros mismos y así nos deleitaremos en las virtudes (*dilectatione virtutum*), nos llenaremos de alegría al ver que nuestra vida es útil y fructífera, y se afirmará una conducta correcta que brote de lo hondo de nosotros mismos. No precisamos obligarnos a cumplir los mandamientos de Cristo sino que por vía de nuestra ejercitación nos iremos uniendo a él. Renaceremos, estaremos colmados del espíritu de Cristo. Estaremos conectados con nuestro corazón y, en él, con Dios que mora en nosotros. Y a través de Dios lograremos una nueva vinculación con el prójimo y con la creación.

Al entender la espiritualidad sobre todo como cultivo de una atención cabal, san Benito nos guía hacia una actitud de libertad interior. En la labor de acompañamiento espiritual observo con frecuencia personas que tienen un concepto erróneo de espiritualidad, considerándola como hacer y lograr cosas. Piensan que tienen que lograr cosas para presentárselas a Dios, realizar muchas prácticas de devoción, rezar mucho y vencer más y más todas sus fallas. Una vida espiritual entendida de ese modo es muy fatigosa y muchos se sienten enseguida sobreexigidos.

La espiritualidad en cuanto atención no quiere sobreexigirnos sino más bien enseñarnos el arte de vivir intensamente, invitarnos a "querer la vida". Quien vive a fondo en el momento, será capaz de gozarlo enteramente; la experiencia de Dios se le convertirá a la vez en experiencia de vida plena, de vida en plenitud. En cambio a quien considere su vida espiritual sobre todo como lograr cosas para presentar a Dios y a su mala conciencia, su religiosidad se le convertirá con frecuencia en obstáculo para la vida. No vivirá realmente sino que se refugiará en su quehacer religioso como en un sustituto de la vida. Y así no tendrá ni gusto en Dios ni en sí mismo ni en su vida.

Para san Benito se trata de aprender a querer la vida en la escuela del Señor. Cristo mismo nos exhorta: ¿Quién es el hombre que quiere la vida? Y sobre esa voz de Cristo que nos invita a la vida nos dice san Benito: "¿Qué cosa más dulce para nosotros, carísimos hermanos, que esta voz del Señor que nos invita? Ved cómo, por su piedad, nos muestra el Señor el camino de la vida" (Regla de san Benito, prólogo, 19 s.).

San Benito también presenta la atención como un guardar la vida (*custodire*). En este sentido entiende la Cuaresma como un tiempo en el cual nos ejercitamos conscientemente en esa vigilancia. Así pues nos aconseja "que todos guarden (*custodire*) su vida con toda pureza en estos días de Cuaresma" (Regla de san Benito 49, 2).

Según Casiano, discípulo de Evagrio Póntico, pureza de corazón, *puritas cordis*, es la meta del camino espiritual. San Benito sigue en gran parte a Casiano en su doctrina espiritual. Pureza de corazón significa que el monje sea totalmente permeable a Dios, límpido, transparente, vinculado a Dios en todo, transido de Dios. La Cuaresma es un tiempo en el cual el monje vive con mayor conciencia y atención, en el cual se ejercita en la libertad interior. Atención y libertad van juntas. Quien vive atentamente, quien está despierto, es también libre, no se deja determinar por otros, ya no es más esclavo del pecado o de la ley (en el sentido de san Pablo), ya no depende más de ninguna expectativa interior o exterior. Más bien es libre, *eleutheros*, vale decir, puede ir donde quiera. Y experimentará la *libertas*, vale decir, la disposición sobre sí mismo, en lugar de que otros dispongan sobre él.

Ser libre y hacerse uno son las dos metas más importantes de una vida atenta. Y son también los dos anhelos más hondos del ser humano, a los cuales san Benito quiere dar una respuesta con su Regla. El monje debe despertar del sueño de la falta de libertad, para vivir despierto y atento. Debe abandonar la dispersión y la alienación y regresar a Dios, junto a quien puede estar realmente en casa, junto a quien puede llegar a ser el que debe ser según el designio divino. Debe hacerse uno consigo mismo, con su verdadera esencia, y a la vez hacerse uno con Dios, con el prójimo y con la creación. La atención y la observancia nos presentan el arte de vivir en el momento, de hacerse uno consigo mismo, hacerse uno con lo que realizo, toco y trato en este preciso momento. Justamente ese anhelo de unidad fue característico de los griegos.

Los griegos experimentaron el desgarramiento que sufre el ser humano, ese debatirse entre diferentes necesidades y emociones. El ser humano siente muchos deseos y tiene muchos pensamientos que a menudo no tienen relación entre sí. No puede reunirlos, conciliarlos. Así pues se siente desgarrado, partido, escindido. Y ésa no sólo es la experiencia de los griegos sino también la del hombre actual. Se siente desgarrado. Y en su desgarramiento desgarra también el mundo a su alrededor.

La curación del desgarramiento de cada hombre cura también su relación con el mundo. Es una contribución para una protección duradera del ambiente. Porque si se pregona la protección del ambiente sólo como postulado moral, no se tendrá éxito. Porque proseguiremos debatiéndonos entre la necesidad percibida de proteger el ambiente y nuestra necesidad de utilizar todo para nuestro provecho. Sólo cuando el hombre sale de su desgarramiento y logra hacerse uno, será también uno con la creación. Así entonces su actividad ecológica no será un apaciguamiento de su mala conciencia sino expresión de su unidad con todo. Si con nuestra protección del ambiente sólo aplacamos nuestra mala conciencia, a la larga no preservaremos la creación. Sólo si actuamos fundados en la libertad interior y en la experiencia de comunión, nuestra acción será bendición para nosotros y para el mundo.

La senda para salir del desgarramiento es la senda de la atención. Ésta consiste en estar plenamente presente en el momento, en el gesto, en la respiración, en los sentidos. Si camino por la naturaleza estando enteramente presente en el cuerpo, en mis sentidos, me sentiré uno con todo, con Dios, con la creación y, en ella, con todos los hombres, que son parte de esa admirable y misteriosa creación. Estar atentos significa conciliar todo lo contradictorio que hay en mí y a mi alrededor. Nicolás de Cusa nos dice que Dios es la *coincidentia oppositorum*, la coincidencia de los opuestos. Sin Dios no podemos conciliar los antagonismos que detectamos en nosotros y en nuestro mundo. Pero en Dios se concilian. Por eso para Nicolás de Cusa la experiencia de Dios en cuanto *coincidentia oppositorum* es la condición para conciliar los antagonismos de este mundo. La atención es el camino para experimentar la unidad de pasado, presente y futuro, la unidad de Dios y hombre, y de hombre y creación. La atención es el arte de la presencia pura. Si estoy plenamente presente, plenamente en el momento, seré uno con todo. Entonces el trato atento con la creación será expresión de mi experiencia, de la experiencia de estar totalmente presente.

◆ El arduo camino hacia la espiritualidad creacional

La espiritualidad creacional de san Benito no elude la cruz. El camino de aceptación de la creación y el trato cuidadoso con ella exige también renuncia a ciertas necesidades y reclama una continua purificación. Porque nuestro corazón una y otra vez se contamina con emociones que se generan en nosotros cuando se nos hiere y ofende. El corazón contaminado atrae todo lo negativo que hay a su alrededor y que enturbia el entorno. San Benito sabe que necesitamos continuamente del perdón, de la purificación de todas las turbiedades que desfiguran en nosotros la imagen original de Dios.

San Benito en su Regla no se hace ilusiones respecto del mundo. Más bien cuenta con los conflictos y roces diarios dentro de la comunidad. De ello dan fe los capítulos donde se trata de los castigos. En ellos le inculca al abad que se ocupe de los hermanos que cometieron faltas, que están heridos interiormente y por eso lesionan el orden. Y de ello da fe asimismo la recomendación de que, al finalizar Laudes y

Vísperas, el abad rece en voz alta el Padrenuestro, "por razón de las espinas de los escándalos que suelen originarse, para que, aleccionados por la promesa de la misma oración en la que dicen: 'perdónanos como nosotros perdonamos', se purifiquen de semejante vicio" (Regla de san Benito 13, 12 s.). Es necesario una y otra vez el mutuo perdón para poder vivir humana y fraternalmente en comunidad. De lo contrario se generará en la comunidad un caldo de emociones que dificultará una convivencia transparente.

San Benito sabe que el camino de transformación del monje es fatigoso. El mundo está marcado por el pecado. Por el pecado nos alejamos de Dios, del origen de toda creación. El camino de transformación es, por lo tanto, el camino de la obediencia. Y este camino es arduo. Así dice san Benito en el prólogo: "... para que vuelvas, por el trabajo de la obediencia (*per oboedientiae laborem*), a Aquel de quien te habías alejado por la desidia de la desobediencia" (Regla de san Benito, prólogo, 2).

De este modo tocamos un tema importante de la espiritualidad benedictina. Nos hemos apartado de la vinculación con Dios. No hemos escuchado a Dios y por eso no lo obedecimos. Más bien fuimos esclavos de nuestra desatención, de nuestras pasiones, de nuestro pecado. La obediencia es el camino para volver a vivir fundados en la vinculación a Dios. La obediencia es el camino del regreso. La alienación nos ha hecho abandonar la conexión con Dios y, por ende, con nosotros mismos. Nos hicimos extraños a nosotros mismos. Otros dispusieron sobre nosotros. Por el camino de la obediencia volvemos a dejarnos guiar por Dios. Sólo cuando pertenezcamos a Dios por el hecho de escuchar y obedecer a Dios, volveremos a pertenecernos a nosotros mismos, seremos verdaderamente libres. Este camino de salida de la esclavitud hacia la libertad, de la desobediencia hacia la obediencia, cuesta esfuerzos y lleva por en medio del dolor.

San Benito describe el esfuerzo de la vida espiritual como lucha, como *militia Christi*, como servicio militar que se tributa al verdadero rey. Seis veces habla en su Regla sobre el servicio militar que hemos de tributarle a Cristo Rey. La Regla es la ley que rige nuestra lucha. La obediencia es el arma predilecta en este servicio militar. La otra es la decisión, la disposición a luchar contra los malos pensamientos. Sólo podrá vivir en la casa de Dios "el que, rechazando de la mirada de su corazón al diablo maligno que lo incita con sus sugestiones a algún mal, lo reduce a la nada y toma sus nacientes pensamientos y los estrella contra Cristo" (Regla de san Benito, prólogo, 28).

San Benito instruye al monje en el arte del servicio militar cristiano. Pero no manda cosas duras: "Si, dictándolo la razón de la equidad, se presentase algo un poco más estrecho para enmienda de los vicios y conservación de la caridad, no huyas enseguida, aterrado, del camino de salvación, que no puede empezarse sino por un principio angosto" (Regla de san Benito, prólogo, 47 s.).

Cuando san Benito asume una postura de severidad, no lo hace por tener una imagen de un Dios severo, sino porque sabe que la purificación del hombre también puede ser dolorosa. Exhorta al hombre a someterse íntegramente a la purificación y depuración.

Tres veces habla san Benito del camino angosto, haciendo referencia a las palabras de Jesús en el Sermón de la Montaña (cf. Mt 7, 13 s.). El camino ancho es el camino que recorre la masa, el que se transita simplemente porque todos lo transitan. El camino angosto es el de la obediencia, en el cual acato la voz de Dios que resuena dentro de mí. El camino angosto nos señala que no basta con cumplir los mandamientos o darse por satisfecho sólo con la Regla. Más bien debo recorrer mi camino personalísimo. He de vivir la vida irrepetible que Dios ha pensado para mí. Cuesta sus fatigas acatar ese designio divino y andar el camino. Nos exige una decisión clara. Porque el camino ancho se recorre sin habernos decidido jamás por nada.

Para san Benito el camino estrecho es el camino que va del desorden interior al orden, de la desobediencia a la obediencia, de la oscuridad a la claridad, de la turbiedad a la pureza, del país extranjero a la patria. Un camino que pasa por muchos sufrimientos. Por eso san Benito invita al monje a asociarse a los padecimientos de Cristo. Sólo de esa manera participará de Su reino, sólo así alcanzará la verdadera libertad: "De modo que, no apartándonos nunca de su magisterio y perseverando en su doctrina hasta la muerte en el monasterio, participemos de los sufrimientos de Cristo por la paciencia y merezcamos acompañarlo en su reino" (Regla de san Benito, prólogo, 50). San Benito retoma aquí la imagen del monje como mártir. Una vez que el cristianismo se convirtió en religión oficial del imperio y de esa manera se debilitó su fuerza espiritual, los monjes se consideraron sucesores de los mártires. Si bien no padecían una muerte violenta por amor de Cristo, estaban crucificados para el mundo como los mártires, y con toda su existencia querían dar testimonio de Cristo. El mundo ya no tenía más poder sobre ellos. Así pues eran verdaderamente libres y estaban abiertos para Jesucristo. Con su límpida irradiación se convertían en testigos de Cristo.

El monje no se busca los padecimientos; no es masoquista. Pero sabe que las dificultades son parte de la vida. No las esquiva sino que las enfrenta. Porque sabe que con la fuerza de Jesucristo puede superar los problemas y que en esa lucha encontrará de manera especial a Cristo. Soportar y resistir tiene una meta: la transformación. Al exponer cómo el monje debe abordar los conflictos diarios, incluso las injusticias de parte de sus hermanos, san Benito cita el salmo 66: "Probástenos, oh Dios; nos acrisolaste al fuego como al fuego se acrisola la plata; nos hiciste caer en el lazo; pusiste tribulaciones sobre nuestra espalda" (Regla de san Benito 7, 40). El dolor nos purifica. Es un proceso de transformación en virtud del cual la plata que hay en nosotros llega a resplandecer con su auténtico brillo, es depurada de todo lo que oscurecía su esplendor. El salmo 66 continúa diciendo: "Por el fuego y por el agua atravesamos; mas luego nos sacaste a la libertad" (Sal 66, 12). La meta de la asunción de los padecimientos es la libertad a la cual Dios nos conduce. Quien elude continuamente todo dolor, no es libre, sino que está condicionado por el miedo al dolor. En cambio quien aborda los padecimientos que la vida trae consigo, experimentará una profunda libertad interior.

Para Matthew Fox la asunción del dolor es parte de la espiritualidad creacional. Si no lo asumimos nos perseguirá como una pesadilla. No debemos buscar el dolor. Pero cuando nos alcance, hemos de pasar por él. El dolor nos vacía, nos abre para Dios. Y eso sólo podrá hacerlo si nos reconciliamos con el dolor, si ingresamos a él y nos hacemos amigos de él. Si huimos causaremos dolor a otros y a nosotros mismos. Si no contemplamos las heridas que recibimos a lo largo de nuestra vida y nos reconciliamos con ellas, estaremos condenados a herir continuamente a otros o a nosotros mismos. La aceptación del dolor nos ayudará a comprender al otro y compartir con él nuestro dolor. En lugar de seguir hiriendo, de nosotros se irradiará una fuerza sanadora.[6]

San Benito cuenta con el sufrimiento originado por los conflictos diarios de una comunidad. Cuenta con el sufrimiento que pueden generar los superiores, cuando no son suficientemente sensibles para con sus monjes. Y sabe que la estructura humana del individuo, con su propia historia de vida, con sus heridas recibidas ya desde la infancia, conlleva dolor. Quien asuma su condición de ser humano, quien quiera recorrer el camino de la atención y de la obediencia, se topará con sus bloqueos interiores, sus heridas, sus miedos, sus aferramientos. Será un camino doloroso que lo irá liberando gradualmente de sus cadenas, haciéndolo permeable a Dios.

Parte del dolor ligado necesariamente a nuestra existencia humana son, sobre todo, las ofensas y el trato injusto que puede recibirse. San Benito recomienda a los monjes: "Pero cumpliendo, además, por la paciencia, el precepto del Señor en las adversidades y en las injurias, heridos en una mejilla, presentan la otra; sueltan la capa a quien les roba la túnica; obligados a andar una milla, van dos; soportan con el Apóstol Pablo a los falsos hermanos y bendicen a los que los maldicen" (Regla de san Benito 7, 42).

En este punto, sólo seguir el ejemplo de Jesús nos ayudará a asumir las heridas que nos inflijan diariamente hermanos y hermanas heridos. San Benito cita aquí el Sermón de la Montaña. En él, Jesús señala un camino para curar por el amor un íntimo desgarramiento que afecta a toda la sociedad humana. Precisamente hoy este camino reviste una renovada actualidad. Porque experimentamos hasta el hartazgo cómo la violencia genera violencia y desemboca en un círculo vicioso de mutua enemistad. Es necesaria entonces la actitud del Sermón de la Montaña que san Benito recomienda a sus monjes. Pero quien emprenda ese camino asociándose a Jesús, encontrará, como Jesús, la cruz; la cruz de la soledad y del abandono, la cruz del dolor y del escarnio.

---

[6] M. Fox, *Der grosse Segen. Umarmt von der Schöpfung* (La gran bendición. Abrazado por la creación), Múnich, 1991, págs. 162 ss.

Para C. G. Jung el futuro del mundo depende de cómo abordemos el problema del dolor. Jung dice que Oriente solucionaría el problema del dolor abandonando el contacto con el mundo. Entonces ya no le importa en absoluto el dolor. En cambio Occidente lo reprimiría recurriendo a drogas. Sin embargo el único camino posible es pasar por el dolor y superarlo. En cierta conversación con un teólogo evangelista, Jung dijo que aprendemos de Cristo esa actitud. Y señaló la cruz que pendía sobre una pared de su escritorio. Si dejamos de lado el dolor, si consideramos que el hombre no puede asumir el dolor, entonces la sociedad se brutalizará. La sociedad se "desentenderá" de las personas que sufren. Y con ello estará negando el camino de maduración que debe recorrer el individuo y la sociedad para poder vivir en este mundo de una manera digna del ser humano.

San Benito nos exhorta a bendecir a los que nos maldicen. Diciendo cosas buenas sobre ellos transformaremos lo malo que los impulsa a maldecir. Con su espiritualidad creacional san Benito procura que transformemos la injusticia en justicia divina, el mal en bien, el dolor en amor, la maldición en bendición, la oscuridad del corazón humano en la luz de la gloria divina. El camino de transformación es doloroso para nosotros, pero conduce hacia una nueva convivencia en la comunidad humana. Más aún, transforma también nuestra relación con la creación. Hará que el amor divino penetre en las zonas oscuras de la creación.

San Benito también apunta a la transformación de las zonas oscuras de nuestro mundo cuando habla a menudo sobre el soportar con paciencia. Parte de las herramientas del arte de la espiritualidad es: "No hacer injuria, sino soportar pacientemente las que le hicieren" (Regla de san Benito 4, 30). La comunidad debe "soportar con paciencia" precisamente a los enfermos difíciles y descontentos (Regla de san Benito 36, 5). No se le debe hacer fácil al novicio el ingreso a la vida monástica. Primero debe ser probado, para ver si "lleva pacientemente (*patienter portare*) las injurias hechas y la dificultad de la entrada" (Regla de san Benito 58, 3).

En el testamento a sus monjes, en el capítulo 72, san Benito vuelve a exhortar: "Tolérense pacientísimamente sus flaquezas, así corporales como morales (*patientissime tolerent*)" (Regla de san Benito 72, 5). Sobrellevar las debilidades de los hermanos significa aceptar al otro a pesar de sus defectos y debilidades, brindarle el espacio que necesita para sí. San Benito hace referencia aquí a la Carta a los Efesios 4, 2. Para Heinrich Schlier esta exhortación significa "la liberación de la relación humana de un moralismo destructivo."[7]

En lugar de juzgarse unos a otros, los hermanos deben sobrellevarse, tolerarse, aceptarse. No se trata de un resignado soportar algo que no se puede cambiar, sino un sobrellevar que posibilita algo nuevo, que transforma las flaquezas por la paciencia y el amor. Si continuamente queremos cambiarnos unos a los otros, nada podrá transformarse. Porque si siento que se me acepta sólo si cambio, entonces me replegaré sobre mí mismo. Pero cuando la comunidad me sobrelleva con mis defectos y debilidades, entonces algo cambia en mí. Si se toleran las flaquezas, entonces ya no estaré fijado en ellas, mis heridas se transformarán en perlas y las debilidades en fortalezas. Una sociedad sólo puede existir si es capaz de sobrellevar también las debilidades. Eso vale para la sociedad en general pero también para todo grupo, empresa y comunidad.

Debemos custodiar y cultivar la creación, brindarle un trato cuidadoso y atento, a fin de que florezca en todo su esplendor. San Benito nos pide que dispensemos ese mismo trato a los hermanos que debemos sobrellevar, para que en ellos crezca el bien. San Benito no apunta a grandes logros ascéticos, sino más bien a que se persevere pacientemente en la tarea de soportarse a sí mismo, lo que implica asumir el dolor hasta el final, y sobrellevar con paciencia al prójimo. Esa labor nos asociará a los sufrimientos de Cristo. Parte de la espiritualidad creacional es también decir "sí" al vía crucis ligado necesariamente a nuestra existencia humana. Porque quien se acepta a sí mismo con sus defectos y flaquezas, sentirá muy rápidamente que acepta la cruz, que acepta los opuestos que halla en sí mismo y que no puede eludir. La paciente perseverancia en el monasterio con su forma de vida concreta transformará más y más el desgarramiento interior del monje, conduciéndolo hacia la unidad consigo mismo, con Dios, con los hombres y con la creación.

---

[7] Schlier, E., *Der Brief an die Epheser* (La Carta a los Efesios), Düsseldorf, 1957, pág. 184.

FUENTES

(por orden de aparición en este libro)

Johann Domek, *"Wo unsere Schwächen liegen, da liegen auch unsere Stärken"*, en Johanna Domek, "Gott führt uns hinaus ins Weite" (Münsterschwarzacher Kleinschriften, vol. 41).

Reinhard Abeln, Anton Kner, *"Sagen Sie ja zu sich selbst!"*, en R. Abeln, A. Kner, "Wie werde ich fertig mit meinem Alter?" (Münsterschwarzacher Kleinschriften, vol. 66).

Anselm Grün, *"Sich selbst Freund sein"*, en: Anselm Grün, "Ich wünsch' dir einen Freund".

Anselm Grün, *"Glauben als Weg zum wahren Selbst"*, en: Anselm Grün, "Dimensionen des Glaubens" (Münsterschwarzacher Kleinschriften, vol. 39).

Bertold Ulsamer, *"Sorge dich um deinen Nächsten so wie um dich selbst"*, en: Bertold Ulsamer, "Zum Helfen geboren?" (Münsterschwarzacher Kleinschriften, vol. 144).

Meinrad Dufner, Anselm Grün, *"Der Dialog mit meinen Gedanken und Gefühlen"*, en: M. Dufner, "Spiritualität von unten" (Münsterschwarzacher Kleinschriften, vol. 82).

Mauritius Wilde *"Das Gehemnis des anderen"*, en: Mauritius Wilde, "Ich verstehe dich nicht" (Münsterschwarzacher Kleinschriften, vol. 84).

Anselm Grün, *"Den Bruder und die Schwester lieben"*, en: Anselm Grün, "Glauben als Umdeuten" (Münsterschwarzacher Kleinschriften, vol. 32).

Lothar, Kuld, *"Mitleid zeigen und Barmherzigkeit tun"*, en: Lothar, Kuld, "Compassion-Raus aus der Ego-Falle" (Münsterschwarzacher Kleinschriften, vol. 138).

Alois Seuferling, Anselm Grün, *"Ehrfurcht vor den Menschen"*, en: A. Seuferling, A. Grün "Benediktinische Schöpfungsspiritualität" (Münsterschwarzacher Kleinschriften, vol. 100).

Fidelis Ruppert, Anselm Grün, *"Dem Nächsten vergeben"*, en: Fidelis Ruppert, Anselm Grün "Christus im Bruder" (Münsterschwarzacher Kleinschriften, vol. 3).

Domitilla Veith, *"Selig die Barmherzigen, denn sie werden Barmherzigkeit finden"*, en: Máire Hickey, Hubert Luthe, "Selig bist du" (Münsterschwarzacher Kleinschriften, vol. 135).

Anselm Grün, *"Gotteserfahrung in alltäglichen Erlebnissen"*, en: Anselm Grün "Wenn du Gott erfahren willst".

Meinrad Dufner, *"Sonntag-Heilige Zeit"*, en: Meinrad Dufner "Christliche Meditation".

Peter Abel, *"Gott neu finden"* en: Peter Abel "Neuanfang in der Lebensmitte" (Münsterschwarzacher Kleinschriften, vol. 139).

Fidelis Ruppert, Anselm Grün, *"Die Notwendigkeit der Arbeit für das geisttliche Leben"*, en: F. Ruppert, A. Grün, "Bete und Arbeite" (Münsterschwarzacher Kleinschriften, vol. 17).

Guido Kreppold *"Die Einsamkeit und die Suche nach Gott"*, en: Guido Kreppold "Esoterik – Die Vergessene Herausforderung" (Münsterschwarzacher Kleinschriften, vol. 129).

Johanna Domek, *"Wie lange noch...?"*, en: Johanna Domek "Befreiungen".

Anselm Grün, *"Die Wahrheit wird euch freimachen"*, en: Anselm Grün "Wege zur Freiheit" (Münsterschwarzacher Kleinschriften, vol. 102).

Margareta Gruber, *"Die Ohnmacht des Menschensohns"*, en: M. Gruger, G. Steins "Mit Gott fangen die Schwierigkeiten erst an" (Münsterschwarzacher Kleinschriften, vol. 147).

Guido Kreppold, *"Glaubenskrise – Versagen oder Gnade?"*, en: Guido Kreppold "Krisen – Wendezeiten im Leben" (Münsterschwarzacher Kleinschriften, vol. 103).

Irmgard und Peter Abel, *"In Gottes Gegenwart leben"*, en: Irmgard y Peter Abel "Familienleben" (Münsterschwarzacher Kleinschriften, vol. 104).

Anselm Grün, *"Gotteserfahrung und Selbsterfahrung"*, en: Anselm Grün "Wenn du Gott erfahren willst".

Georg Braulik, *"Wenn Gott uns tröstet"*, en: Georg Braulik "Zivilisation der Liebe" (Münsterschwarzacher Kleinschriften, vol. 110).

Basilius Doppelfeld, *"Der treue Gott"*, en: Basilius Doppelfeld "Loslassen und neu anfangen" (Münsterschwarzacher Kleinschriften, vol. 124).

Christa Carina Kokol, *"Wie hilft Gott?"*, en: Christa Carina Kokol "Wie bist du, Gott? "(Münsterschwarzacher Kleinschriften, vol. 117).

Klaus-Stefan Krieger, *"Gottes Gewalt gegen unserer Gewalt"*, en: Klaus-Stefan Krieger "Gewalt in der Bibel" (Münsterschwarzacher Kleinschriften, vol. 134).

Pierre Stutz, *"Vertrauen, auch wenn es Nacht ist"*, en: Pierre Stutz "Licht in dunkelster Nacht" (Münsterschwarzacher Kleinschriften, vol. 126).

Wunibald Müller, *"Sich im Beten Gott überlassen"*, en: Wunibald Müller "Dein Weg aus der Angst" (Münsterschwarzacher Kleinschriften, vol. 140).

Alfred Läpple, *"Gott erhört mich nicht?"*, en: Alfred Läpple "Der überraschende Gott" (Münsterschwarzacher Kleinschriften, vol. 132).

Anselm Grün, *"Das Gespräch mit Gott"*, en: Anselm Grün "Gebet als Begegnung" (Münsterschwarzacher Kleinschriften, vol. 60).

Reinhard Abeln, Anton Kner, *"Gebet – Atem der Seele"*, en: Reinhard Abeln, Anton Kner "Das Geschenk der Geborgenheit".

Reinhard Abeln, Anton Kner, *"Beten macht menschlich"*, en: Reinhard Abeln, Anton Kner "Was im Leben wichtig ist".

Karin Johne, *"Gebet in der Gemeinschaft und Kontemplation"*, en: Karin Johne "Wortgeber und Schweigegebet" (Münsterschwarzacher Kleinschriften, vol. 98).

Anselm Grün, *"Chorgebet und Kontemplation bei Benedikt"*, en: Anselm Grün "Chorgebet und Kontemplation" (Münsterschwarzacher Kleinschriften, vol. 50).

Wunibald Müller, *"Aufgehoben im See der Zeit"*, en: Wunibald Müller "Meine Seele weint" (Münsterschwarzacher Kleinschriften, vol. 73).

Anselm Grün. *"Gebet, Meditation und Schweigen"*, en: Anselm Grün "Damit mein Leben Freiheit atmet".

Meinrad Dufner, *"Mit dem Leib beten"*, en: Meinrad Dufner "Christliche Meditation".

Irmgard y Peter Abel, *"Vom Umgang mit den Dingen"*, en: Irmgard y Peter Abel "Familienleben" (Münsterschwarzacher Kleinschriften, vol. 104).

Gerhard Riedl, Anselm Grün, *"Mystik und Eros in der Familie"*, en: Gerhard Riedl, Anselm Grün "Mystik und Eros" (Münsterschwarzacher Kleinschriften, vol. 76).

Anselm Grüm *"Gotteserfahrung in alltäglichen Erlebnissen"*, en: Anselm Grün "Wenn du Gott erfahren willst".

Meinrad Dufner, *"Sonntag - Heilige Zeit"*, en: Meinrad Dufner "Christliche Meditation".

Wunibald Müller, *"Einfluss auf die Gestaltung des Tages nehmen"*, en: Wunibald Müller "Gönne dich dir selbst".

Peter Modler, *"Getragen von längst gewohnten Botschaften und dem Chor vieler Stimmen"*, en: Peter Modler "Lebenskraft Tradition" (Münsterschwarzacher Kleinschriften, vol. 146).

Ursula y Wolfgang Gast, *"Zeit und augenblick"*, en: Ursula y Wolfgang Gast "Glücklich sein mit Sisyphuys".

Johanna Domek, *"Über die Sehnsucht"*, en: Johanna Domek "Die Sehnsucht weiß mehr" (Münsterschwarzacher Kleinschriften, vol. 133).

Georg Steins, *"Die Entdeckung der Zeit als Ort Gottes"*, en: M. Gruber, G. Steins "Mit Gott fangen die Schwierigkeiten erst an" (Münsterschwarzacher Kleinschriften, vol. 147).

Alois Seuferling, Anselm Grün, *"Leben im Rhythmus der Schöpgung"* en: A. Seuferling, A. Grün "Benediktinische Schöpfungsspiritualität" (Münsterschwarzacher Kleinschriften, vol. 100).

Meinrad Dufner, *"Wer ist der Mensch, der Lust hat am Leben?"*, en: Meinrad Dufner "Schöpferisch sein" (Münsterschwarzacher Kleinschriften, vol. 136).

Alois Seuferling, Anselm Grün, *"Benediktinische Schöpgungsspiritualitär"* (Münsterschwarzacher Kleinschriften, vol. 100).

LOS AUTORES

Peter Abeln: Doctor en teología, nacido en 1960, casado con I. Abel, padre de tres hijos, licenciado en pedagogía, docente de teología pastoral en el Instituto de Pastoral de Hildesheim.

Irmgard Abel: Licenciada en teología, casada con P. Abel, realiza acompañamiento pastoral, docente en el Instituto de Pastoral de Hildesheim.

Reinhard Abeln: Dr. Phil., nacido en 1938, padre de familia, realizó estudios de filosofía, psicología, pedagogía y antropología, desde 1970 es periodista de la prensa católica y consultor en temas de enseñanza de adultos.

P. Georg Braulik OSB: Prof. Dr. en teología, nacido en 1941, desde 1959 es monje benedictino de la Abadía zu den Schotten, en Viena, profesor de exégesis del Antiguo Testamento en la Universidad de Viena.

Hna. Johanna Domek OSB: Nacida en 1954, desde 1986 es priora del Monasterio Benedictino de la Adoración Perpetua, en Raderberg, Colonia.

P. Basilius Doppelfeld OSB: Doctor en teología, nacido en 1943 en Bélgica, desde 1963 es monje de Münsterschwarzach. Durante cuatro años fue misionero en Tanzania, hasta 2002 se desempeñó como procurador de las misiones, actualmente en el priorato de Damme.

P. Meinrad Dufner OSB: Nacido en 1946, monje desde 1966, realizó estudios de filosofía y teología, se desempeñó en el monasterio y la escuela, es artista y acompañante espiritual en la Casa de Retiros de Münsterschwarzach.

Ursula Gast: Casada con W. Gast, traductora y publicista.

Wolfgang Gast: Doctor en derecho, casado con U. Gast; desde 1981 es profesor en la Universidad de Mannheim, publicista y escritor.

Hna. Margarita Gruber OFM: Doctora en teología, nacida en 1961, desde 1983 es religiosa franciscana en el convento de Siessen, estudió teología en Tubinga, Jerusalén y Francfort. En el convento trabaja con la juventud y en la predicación de ejercicios espirituales.

P. Anselm Grün OSB: Doctor en teología, nacido en 1945, es monje desde 1965, estudió filosofía, teología y economía. Es ecónomo de Münsterschwarzach y uno de los escritores cristianos más leídos de la actualidad.

Abadesa Máire Hickey OSB: Nacida en 1938 en Dublín, estudió lenguas clásicas en Inglaterra, desde 1975 es monja benedictina y, desde 1983, abadesa de la Abadía de Santa Escolástica, en Dinklage.

Karin Johne: Pastora evangélica, estudió teología, es acompañante espiritual, dirige cursos de meditación y escribe sobre temas de meditación y ejercicios espirituales.

Mons. Anton Kner (1911 – 2002): Párroco, capellán de hospital, predicador de ejercicios espirituales y retiros.

Christa Carina Kokol: Nacida en 1953, estudió filosofía y artes gráficas, consultora en labor parroquial externa de la diócesis de Graz Seckau, estudió teología, dirige seminarios y es escritora.

P. Guido Kreppold OFM cap.: Licenciado en psicología, nacido en 1939, apreciado acompañante espiritual y director de cursos.

Klaus Stefan Krieger: Doctor en teología, consultor en trabajo externo del arzobispado de Bamberg, consultor en enseñanza de adultos.

Lothar Kuld: Doctor en teología, nacido en 1950, profesor de teología católica y pedagogía de la religión en el Instituto Superior de Pedagogía de Karlsruhe, cofundador del proyecto "Compasión".

Alfred Läpple: Prof. Dr. en teología, nacido en 1915, estudió filosofía, pedagogía, psicología, teología e historia del arte; es sacerdote, profesor de religión, escritor y profesor de la Universidad de Salzburgo.

Hubert Luthe: Doctor en teología, nacido en 1927, estudió filosofía y teología, fue Obispo de Essen de 1991 a 2002.

Peter Modler: Doctor en teología, nacido en 1955, se desempeñó en diferentes puestos directivos en el área de economía de los medios de comunicación, y es consultor empresarial.

Wunibald Müller: Doctor en teología, nacido en 1950, licenciado en psicología. Es psicoterapeuta, fundador y director de la Casa de Retiros de Münsterschwarzach, centro terapéutico espiritual.

Gerhard Riedl: Nacido en 1950, casado y padre de cinco hijos, es consultor en temas de matrimonio, familia y vida, y se desempeñó como acompañante espiritual.

Abad Fidelis Ruppert OSB: Doctor en teología, nacido en 1938, es monje en Münsterschwarzach desde 1959, estudió teología, desempeña numerosas actividades en el monasterio, desde 1982 es abad de Münsterschwarzach.

P. Alois Seuferling OSB: Nacido en 1931, es sacerdote y monje de Münsterschwarzach. Desde hace más de cuarenta años se halla en Corea.

Georg Steins: Prof. Dr. en teología, nacido en 1959, estudió teología y filosofía. Desde 2002 es profesor de la Universidad de Osnabrück.

Pierre Stutz: Nacido en 1953 en Suiza, estudió teología, se desempeña en la pastoral de la juventud, es docente de la Facultad de Teología de Lucerna, fundador de un monasterio abierto, acompañante espiritual y escritor.

Bertold Ulsamer: Doctor en derecho, licenciado en psicología, psicoterapeuta y escritor de exitosos libros, desde 1995 da seminarios y cursos de perfeccionamiento en varios países.

Abadesa Domitilla Veith OSB: Nacida en 1928, estudió germanística y anglística, ingresó a la abadía de Frauenwörth, Chiemsee, directora de escuela e internado. Desde 1980 es abadesa del monasterio.

P. Mauritius Wilde OSB: Doctor en teología, nacido en 1965. Sacerdote, desde 1985 es monje en Münsterschwarzach, escritor, director de seminarios. Desde 1999 es director de la Editorial Vier Türme.

Índice

Prólogo   5

Sigue tu propio camino con la frente alta,
en el trato con uno mismo

*Allí donde está nuestra flaqueza,
allí radica también nuestra fortaleza*
Johanna Domek   7

Dígase "sí"
Reinhard Abeln, Anton Kner   11

Ser amigo de uno mismo
Anselm Grün   15

La fe como camino hacia el verdadero yo
Anselm Grün   17

Preocúpate de tu prójimo como de ti mismo
Bertold Ulsamer   28

El diálogo con mis pensamientos y sentimientos
Meinrad Dufner, Anselm Grün   31

Sigue tu propio camino con la frente alta,
en el trato con los demás

El misterio del otro
Mauritius Wilde   41

Amar al hermano y a la hermana
Anselm Grün   44

Ser compasivos y poner en práctica la misericordia

Lothar Kuld 47

Respeto por los hombres

Alois Seuferling, Anselm Grün 57

Perdonar al prójimo

Fidelis Ruppert, Anselm Grün 62

Bienaventurados los misericordiosos,
porque ellos alcanzarán misericordia (Mt 5, 7)

Domitila Veith 67

Sigue tu propio camino con la frente alta
en la búsqueda de Dios

Redescubrir a Dios

Peter Abel 77

La necesidad del trabajo para la vida espiritual

Fidelis Ruppert, Anselm Grün 84

La soledad y la búsqueda de Dios

Guido Kreppold 93

¿Hasta cuándo..? (Sal 13)

Johanna Domek 97

La verdad los hará libres

Anselm Grün 99

La impotencia del Hijo del hombre:
Las tentaciones de Jesús

Margareta Gruber 109

Crisis de fe: ¿Fracaso o gracia?

Guido Kreppold 118

SIGUE TU PROPIO CAMINO CON LA FRENTE ALTA, EN LA VIDA CON DIOS

Vivir en la presencia de Dios
Peter Abel 123

Experiencia de Dios y experiencia de sí mismo
Anselm Grün 129

Cuando Dios nos consuela
Georg Braulik 131

El Dios fiel
Basilius Doppelfeld 138

¿Cómo ayuda Dios?
Christa Carina Kokol 141

Violencia de Dios en lugar de violencia nuestra
Klaus Stefan Krieger 144

Confiar, aunque es de noche:
Querido san Juan de la Cruz...
Pierre Stutz 147

SIGUE TU PROPIO CAMINO CON LA FRENTE ALTA, EN EL DIÁLOGO CON DIOS

Confiarse a Dios en la oración
Wunibald Müller 155

¿Me escucha Dios?
Alfred Läpple 159

El diálogo con Dios
Anselm Grün 163

La oración, respiración del alma
Reinhard Abeln, Anton Kner 169

Orar nos humaniza
Reinhard Abeln, Anton Kner 172

SIGUE TU PROPIO CAMINO CON LA FRENTE ALTA,
EN LA ORACIÓN Y LA CONTEMPLACIÓN
Oración comunitaria y contemplación
Karin Johne 175

Oración de coro y contemplación en san Benito
Anselm Grün 179

A salvo en el mar del tiempo
Wunibald Müller 189

Oración, meditación y silencio
Anselm Grün 191

Orar con el cuerpo
Meinrad Dufner 196

SIGUE TU PROPIO CAMINO CON LA FRENTE ALTA,
EN LA VIDA COTIDIANA Y LA FAMILIA
Sobre el trato con las cosas
Irmgard y Peter Abel 203

Mística y eros en la familia
Gerhard Riedl 205

Experiencia de Dios en las vivencias cotidianas
Anselm Grün 212

Domingo, tiempo sagrado
Meinrad Dufner   215

Participar en el diseño del día
Wunibald Müller   219

Sostenido por mensajes sabidos
Peter Modler   222

Tiempo y momento
Ursula y Wolfgang Gast   227

Sobre el anhelo
Johanna Domek   234

SIGUE TU PROPIO CAMINO CON LA FRENTE ALTA, EN EL TRATO CON LA CREACIÓN DE DIOS
El descubrimiento del tiempo como lugar de Dios o Dios en cuanto Creador
Georg Steins   237

Vivir con el ritmo de la creación
Alois Seuferling, Anselm Grün   242

¿Quién es el hombre que quiere la vida?
Meinrad Dufner   248

Espiritualidad creacional benedictina
Alois Seuferling, Anselm Grün   250

FUENTES   267
LOS AUTORES   271

LIBRIS S.R.L.
MENDOZA 1523
(B1824FJI)
LANÚS OESTE
BUENOS AIRES
REPÚBLICA ARGENTINA